# 商务礼仪

## （第二版）

秦　丹　胡东莉　主　编
张　颖　涂章桥　曹　俊　副主编

中国财经出版传媒集团

经济科学出版社
Economic Science Press

图书在版编目（CIP）数据

商务礼仪／秦丹，胡东莉主编 . —2 版 . —北京：
经济科学出版社，2019.12（2025.9 重印）
ISBN 978 - 7 - 5218 - 1190 - 2

Ⅰ.①商…　Ⅱ.①秦…②胡…　Ⅲ.①商务 - 礼仪 -
教材　Ⅳ.①F718

中国版本图书馆 CIP 数据核字（2020）第 016600 号

责任编辑：侯晓霞　凌　敏
责任校对：刘　昕
责任印制：张佳裕

**商务礼仪（第二版）**

秦　丹　胡东莉　主编

经济科学出版社出版、发行　新华书店经销

社址：北京市海淀区阜成路甲 28 号　邮编：100142

总编部电话：010 - 88191217　发行部电话：010 - 88191522

网址：www. esp. com. cn

电子邮件：esp@ esp. com. cn

天猫网店：经济科学出版社旗舰店

网址：http：//jjkxcbs. tmall. com

北京季蜂印刷有限公司印装

787 × 1092　16 开　13.5 印张　340000 字

2019 年 12 月第 2 版　2025 年 9 月第 7 次印刷

ISBN 978 - 7 - 5218 - 1190 - 2　定价：42.00 元

（图书出现印装问题，本社负责调换。电话：010 - 88191510）

（版权所有　侵权必究　打击盗版　举报热线：010 - 88191661

QQ：2242791300　营销中心电话：010 - 88191537

电子邮箱：dbts@esp. com. cn）

# 前　言

无"礼"寸步难行，有"礼"走遍天下！

礼仪是关乎组织和个人形象塑造的重要内容，从某种意义上说，礼仪比智慧和学识更为重要。中国素来就有"礼仪之邦"的美誉，讲礼仪是中国各民族的优秀传统。市场竞争首先是一种形象竞争，如果每一个人都能够做到待人接物时着装得体、举止文明、谈吐高雅、彬彬有礼，那么，就会赢得社会的信赖、认同和支持。商务礼仪是商务从业人员以及其他从事经济活动者在商务活动中约定俗成的礼仪规则。随着中国经济的发展，商务活动已成为企事业单位工作及民众生活中不可或缺的内容。从个人的角度来看，掌握一定的商务礼仪有助于提高自身修养、美化自身、美化生活；从企业的角度来说，掌握必要的商务礼仪不仅可以塑造企业形象，提高顾客满意度和美誉度，还能最终达到提升企业的经济效益和社会效益的目的。商务礼仪是企业文化、企业精神的重要内容，是企业形象的主要附着点。

我们经过对大量有关礼仪学资料的搜集、筛选、提炼后，编写出这部商务礼仪教材。本书基于新时代商务人员的商务交往需要，根据学生的认知规律，本着"必需、够用"的原则，循序渐进、由浅入深地阐述了商务人员从事商务活动的基本礼仪，力求技能为上、学用结合。同时根据商务礼仪所服务的企业岗位群和高职高专相关专业学生的特点，依据与企业专家共同开发的"商务礼仪"课程标准，以商务活动内容为导向，以塑造良好的商务人员形象为要求，紧密结合商务活动的各个领域，体现了工学结合、任务驱动、项目教学的教材编写模式。本书由认知、实训、选介三个模块，礼仪与商务礼仪概述、商务人员的形象礼仪、商务人员的语言礼仪、商务人员社交礼仪、商务宴请礼仪、商务人员求职礼仪、商务人员的公共礼仪、涉外礼仪8个项目组成，每个项目内包含2~5个学习任务，强调学、做、行一体化，采取学训结合的方式，让学生在学中做，做中行。本书旨在使读者通过学习，能够在任何商务场合与环境下都能应用自如，成为一名商务礼仪高手，同时对提高自身的综合素质及修养也能有极大的帮助。本书涉及面广、实用性强，不仅可以作为高职院校学生的教材，同时也可以作为高等专科学校、成人高校、本科院校的技术学院、继续教育学院和各类培训机构的教材或参考用书，也可用做自学的参考书籍。

本书编者由高职院校多年从事礼仪教学的教师和旅游企业的行家组成。本书由秦丹、胡东莉（九江市旅游局导游服务中心副主任）担任主编，张颖、涂章桥、曹俊（九江青旅国际旅行社副总经理）担任副主编。参与本书编写的还有刘锋华、龚立恒、柴国伟（宁波华侨豪生大酒店人力资源部总监）、李丽（上犹县旅游局）。

本书在编写过程中，得到学院领导的关心和指导，得到了九江市导游服务中心、九江青旅国际旅行社、宁波华侨豪生大酒店等校企合作基地的大力支持，他们为教材的编写提供了大量的素材和建议。同时本书编写过程中，参阅了大量的相关文献资料，限于篇幅只列出了主要参考书目，在此，谨向有关作者表示真诚的感谢！

　　由于作者水平有限，书中难免存在瑕疵，敬请读者和专家学者不吝赐教，以便今后的修正和完善。

编　者

2019 年 12 月

# 目录

# 模块三     选介篇

# 模块一

认 知 篇

# 礼仪与商务礼仪概述

## 项目目标

知识目标：熟悉和掌握礼仪与商务礼仪的含义、特征、功能和原则。

素质目标：掌握理论知识的同时，树立礼仪意识，培养职业情感，并明确礼仪在生活中的重要作用。增强自身沟通能力、社会交际能力，以及运用礼仪知识处理问题的能力。

教学重点：商务礼仪的含义与基本原则。

## 导入案例

### 张良"圯桥进履"

张良是汉朝的大智谋家，曾辅佐汉高祖刘邦破秦灭楚、建立汉王朝，立下过汗马功劳。公元前218年秦始皇东游到博浪沙，张良与力士椎击秦始皇失败逃匿到下邳。一天散步时正好见一个穿着很寒酸的老人的鞋子从桥上掉落桥下，老人抬头看见张良便命他下桥为自己捡鞋。张良见他年已老迈，便勉强下桥为他捡起了鞋，老人伸出脚又要求他给穿上，张良好事做到底，便跪下给他穿好。老人大笑而去，然后复返对他说五天后一早在桥上见面，张良很惊奇，便忙跪下答应。五天后，张良赴约，老人已先在那里了，老人发怒说："跟老人约会为什么迟到，五天后早点来。"到时，张良鸡叫便去，却又落于老人后面。再到下一个五天，张良不到半夜就去约会，等了一会儿老人才来，见张良已在，老人高兴地说道："孺子可教也。"于是，传给张良一部竹简书，名曰《太公兵法》。此后，张良经常恭习诵读，终于成为一位大智谋家，为汉王朝立下大功。

评析：这则故事虽然是轶闻，且有相当的传奇色彩，但终为历代所称颂。不讲礼貌，不尊重别人的人是无法得到他人真诚的帮助和指点的。

思考：从张良"圯桥进履"的故事中，你得到了什么启示？

### 威尔逊的宽容

有一天，英国首相威尔逊在一个广场上举行公开演说。当时广场上聚集了数千人，突然从听众中扔来一个鸡蛋，正好打中他的脸，安全人员马上下去搜寻闹事者，结果发现扔鸡蛋的是一个小孩。威尔逊得知之后，先是指示属下放走小孩，后来马上又叫住了小孩，并当众叫助手记录下小孩的名字、家里的电话与地址。

台下听众猜想威尔逊可能要处罚小孩子，开始有些骚动起来。这时威尔逊对大家说："我的人生哲学是要在对方的错误中，去发现我的责任。方才那位小朋友用鸡蛋打我，这种行为是很不礼貌的。虽然他的行为不对，但是身为一国首相，我有责任为国家储备人才。那位小朋友从下面那么远的地方，能够将鸡蛋扔得这么准，证明他可能是一个很好的人才，所以我要将他的名字记下来，以便让体育大臣注意栽培他，将来也许能成为棒球选手，为国效力。"威尔逊的一席话，把听众都说乐了，接下来的演说更有亲和力。

**评析：**宽容是美德，也是人际交往的润滑剂。威尔逊用自己的机智和宽容化解了尴尬，展现了良好的风度和个人魅力。

**思考：**与他人的相处中，我们应该如何做到宽容？

古代中国素以"礼仪之邦"而著称于世，讲"礼"重"仪"是中华民族世代沿袭的传统，礼仪是文明社会的重要标志，随着社会的不断发展，礼仪已经贯穿于人们的生活、学习和工作的各个方面。"无礼不成家，无礼不成国"。就个人而言，礼仪是内在道德修养的外在体现，是展现个人仪表、风度，融洽人际关系，实现人生追求目标的重要手段。

# 任务1　礼仪概述

**任务目标：**了解礼仪的产生、发展历程，掌握礼仪的含义，了解礼仪的功能和作用。

**案例1-1**

## 孟子休妻

据《大戴礼记》记载：战国时期的一天，孟子的妻子独自一人待在屋里，孟子从外面突然闯进来，瞧见她姿势不雅，顿时无名火起，立即跑到母亲面前告状。他说："老婆对我无礼，我今天非把她赶出家门不可！"孟母问："究竟是出了什么事，惹得你要休妻呀？"孟子答道："刚才她蹲在屋里，那姿态真叫难看，这是对我无礼，妻子不尊重丈夫，我必须休了她！"孟母听这话有点蹊跷，继续追问道："你说说，你是怎么发现她蹲在屋里的？"孟子满有理由地回答："这都是我亲眼所见，我刚才一推门看……""别说了，我听明白了。"孟母问明了情况，大声斥责儿子说："这分明是你无礼，不是你妻子无礼！"孟子有些茫然，他不服气。孟母接着解释说："不是有这样几句俗话嘛：'将入门，问孰存；将上堂，声必扬；将入户，视必下'。不管是进谁的门，都要事先敲一下门，或者大声地咳嗽一声，好叫人家知道有人来了。不能乘人不备，来个突然闯入。这是常人都懂得的礼貌规矩。可你倒好，到你妻子的燕私之处，进门前不敲门，不声不响地往里闯，见了你妻子蹲着，你得赶紧先退出去一会儿，你却还在看，这叫你妻子怎么办？这不正是你无礼吗？怎么能说是你妻子无礼呢？"

**思考：**谈谈孟子休妻的故事体现了古人怎样的礼仪观？

中国是历史悠久的文明古国，几千年来创造了灿烂的文化，形成了高尚的道德准则和完整的礼仪规范，被世人称为"礼仪之邦"。我们的祖先自古就十分重视社会的文明，并重视其表现形式——礼仪。讲究礼仪不仅仅是个人生活小节，更是一个国家社会风气的现实反映，是一个民族精神文明和进步的重要标志。对于社会来说，礼仪能改善人们的道德观念，净化社会风气，提高社会文化素质；对于个人来说，礼仪可以增强自重、自信、自爱，处理好各种关系。一个人具有良好的礼仪修养，能使其行为举止留给人们美好的印象，有助于获得交往活动的成功。

礼在中国文化中具有重要的地位。礼的含义也非常丰富，在政治、经济、文化等方面对社会产生了重要影响。中国现代化的发展，不仅需要物质文明，也需要精神文明，更需要公德心。礼仪体现一个人的修养、体现一个民族的素质。

[**知识链接**] 中国古代非常讲究礼仪。站有站相，坐有坐相。古人正规的坐姿是跪坐，即臀部放在脚跟上，跪坐是对对方表示尊重的坐姿，也叫正坐。正坐时，上身挺直，双手放于膝上，身体端正，目不斜视。有时为了表达说话的郑重，臀部离开脚跟，叫长跪，也叫起。

# 一、礼仪的起源与发展

## （一）中华礼仪的起源与发展

### 1. 中华礼仪的起源

关于礼的起源说法不一。归纳起来有五种起源说：一是天神生礼仪；二是礼为天地人的统一体；三是礼产生于人的自然本性；四是礼为人性和环境矛盾的产物；五是礼生于理，起源于俗。

从理论上说，礼的产生是人类为了协调主客观矛盾的需要。首先，礼的产生是为了维护自然的"人伦秩序"的需要。人类为了生存和发展，必须与大自然抗争，不得不以群居的形式相互依存，人类的群居性使得人与人之间相互依赖又相互制约。在群体生活中，男女有别，老少有异，既是一种天然的人伦秩序，又是一种需要被所有成员共同认定、保证和维护的社会秩序。人类面临着内部关系必须妥善处理，因此，人们逐步认识、积累和自然约定出一系列"人伦秩序"，这就是最初的礼。其次，起源于人类寻求满足自身欲望与实现欲望的条件之间动态平衡的需要。人对欲望的追求是人的本能，人们在追寻实现欲望的过程中，人与人之间难免会发生矛盾和冲突，为了避免这些矛盾和冲突，就需要为"止欲制乱"而制礼。

从具体的仪式上看，礼产生于原始宗教的祭祀活动。原始宗教的祭祀活动都是最早也是最简单的祭天、敬神为主要内容的"礼"。这些活动在历史发展中逐步完善了相应的规范和制度，正式形成祭祀礼仪。随着人类对自然与社会各种关系的认识的逐步深入，仅以祭祀天地鬼神祖先为礼，已经不能满足人类日益发展的精神需要和调节日益复杂的现实关系。于是，人们将事神致福活动中的一系列行为，从内容和形式扩展到了各种人际交往活动，从最初的祭祀之礼扩展到社会各个领域的各种各样的礼仪。

礼仪在中华文化的历史演进过程中，起着积极的推动作用。古人言，中国有礼仪之大，故称夏，有服章之美，故称华。古代华夏族正是以丰富的礼仪文化而受到周边其他民族的赞誉。

早在孔子以前，已有夏礼、殷礼、周礼三代之礼，因革相沿，到周公时代的周礼，已比较完善。孔子是中国历史上第一位礼仪学专家，他把"礼"作为治国安邦的基础。他主张"为国以礼""克己复礼"，并积极倡导人们"约之以礼"，做"文质彬彬"的君子。孟子也重视"礼",并把仁、义、礼、智作为基本道德规范,他还认为"辞让之心"和"恭敬之心"是礼的发端和核心。荀子则比孟子更重视"礼",他著有《礼论》,论证了礼的起源和社会作用。他说:"礼者,人道之极也。"把礼看作做人的根本目的和最高理想,把识礼、循礼与否作为衡量人的贤愚和高低贵贱的标准。因而他强调:"人无礼则不生,事无礼则不成,国无礼则不宁。"管仲则把礼看作人生的指导思想和维持国运的支柱。他说:"礼义廉耻,国之四维,四维不张,国乃灭亡。"从这些思想家的言论中,不难看出,礼仪是适应调节人际关系的需要而产生和发展的。

现代人类学、考古学、历史学的研究成果表明,礼仪是伴随着人类的产生而产生,伴随人类的漫长发展史走向成熟的。

礼的起源是由习俗演变而来的。通观世界各地文化,可以说有人类必有俗,有俗必有礼,有礼必有治。《易经》说:"有天地,然后有万物;有万物,然后有男女;有男女,然后有夫妇;有夫妇,然后有父子;有父子,然后有君臣;有君臣,然后有上下;有上下,然后礼仪有所措。"

在远古时代,人类生活在蛮荒之中,只知捕鱼猎兽,采食果实,但为了适应环境,抗拒自然界的危险,形成了群居的生活,再经过漫长的演变,有了氏族公社,再由氏族发展成部落。人类形成群居之后,经过长期的共同生活,逐渐形成了共同生活的习惯,这种习惯就是风俗,也就是习俗,这种习俗经长期使用并统一规范,就变成了礼。

礼的形成,源于俗。礼俗源于自然界,是古人敬天畏神的观念和认识的反映。在大自然中有许多人力无法克服的现象,如电闪雷鸣、地震等,这些现象使人们感到恐惧,因此相信在天地间有神的存在。对超乎人类的神,各地的人们都普遍崇拜和尊敬。人们以大自然的秩序法则,用于家庭伦理,再扩大用于政治伦理,就形成了"父子有亲,君臣有义,夫妇有别,长幼有序,朋友有信"的道德标准。这也就是礼的基本法则所在。

由于古人的敬天畏神,也就产生了祭天拜祖的习俗。所以礼的本身,取意于拜天祭神。东汉许慎的《说文解字》对"礼"字的解释是这样的:"履也,所以事神致福也"。意思是实践约定的事情,用来给神灵看,以求得赐福。"礼"字是会意字,与古代祭祀神灵的仪式有关。古时祭祀活动不是随意进行的,它是严格地按照一定的程序、一定的方式进行的。郭沫若在《十批判书》中指出:"礼之起,起于祀神,故其字后来从示,其后扩展而为人,更其后扩展而为吉、凶、军、宾、嘉等多种仪制。"这里讲到了礼仪的起源,以及礼仪的发展过程。

[知识链接] 在商代,社会结构逐渐紧密稳固,道德文明也逐渐形成。到了周朝,制礼作乐,以礼治天下,使中国成为礼仪之邦,为中华文化奠定了文明的根基。《周礼》为典章制度之本,将百官所学,详为记载。《仪礼》一书,为人事、举止进退制定了相关社会的规范。《礼记》是阐释礼仪的经义,记述礼的制度。孔子也十分注重礼教,礼也成为儒家中心思想之一,克己复礼为仁,使礼不但是用来克己,而且用来节众。礼仪孕育于商,成于周,发扬于孔子,一直延续到现代。当然并不是古代的礼仪到现在还全部存在,随着社会的发展,许多古礼现在已经不存在了。

人是不能离开社会和群体的,人与人在长期的交往活动中,渐渐地产生了一些约定俗成的习惯,久而久之这些习惯成为了人与人交际的规范,当这些交往习惯以文字的形式被记录并同时被人们自觉地遵守后，就逐渐成为人们交际交往的固定礼仪。遵守礼仪，不仅使人们的社会交往活动变得有序，有章可循，同时也能使人与人在交往中更具有亲和力。普遍意义的传统文明礼仪，如尊老敬贤、仪尚适宜、礼貌待人、容仪有整等，对于培养良好的个人修养，协调和谐人际关系，塑造文明的社会风气就有积极的作用。

在中国古代，"礼"有三层含义：一是政治制度，二是礼貌礼节，三是礼物。"仪"也有三层含义：一是指容貌和外表，二是指仪式和礼节，三是指准则和法度。

**2. 中华礼仪的发展**

礼作为中华民族核心文化之一，在不断地改造旧习俗，适应新秩序的文化渐进、因袭变革的过程中，形成了其精深的体系和博大的规模。下面将中华礼仪的发展分为了 8 个时期。从中可以看出中华礼仪的发展从无到有、从低级到高级、从零散到完整的渐进过程。

(1) 礼仪的萌芽时期（公元前 5 万年～公元前 1 万年）。礼仪起源于原始社会时期，在长达 100 多万年的原始社会历史中，人类逐渐开化。在原始社会中、晚期（约旧石器时期）出现了早期礼仪的萌芽。例如，生活在距今约 1.8 万年前的北京周口店山顶洞人，就已经知道打扮自己。他们用穿孔的兽齿、石珠作为装饰品，挂在脖子上。而在他们去世的族人身旁撒放赤铁矿粉，举行原始宗教仪式，这是迄今为止在中国发现的最早的葬仪。

(2) 礼仪的草创时期（公元前 1 万年～公元前 22 世纪）。公元前 1 万年左右，人类进入新石器时期，不仅能制作精细的磨光石器，并且开始从事农耕和畜牧。在其后数千年岁月里，原始礼仪渐具雏形。例如，在今西安附近的半坡遗址中，发现了半坡村人的公共墓地。墓地中坑位排列有序，死者的身份有所区别，有带殉葬品的仰身葬，还有无殉葬品的俯身葬等，此外，仰韶文化时期的其他遗址及有关资料表明，当时人们已经注意尊卑有序、男女有别。而长辈坐上席，晚辈坐下席；男子坐左边，女子坐右边等礼仪日趋明确。

(3) 礼仪的形成时期（公元前 21 世纪～公元前 771 年）。约公元前 21 世纪至公元前 771 年，中国由金石并用时代进入青铜时代。金属器的使用，使农业、畜牧业、手工业生产跃上一个新台阶。随着生活水平的提高，社会财富除消费外有了剩余并逐渐集中在少数人手里，因而出现阶级对立，原始社会由此解体。

公元前 21 世纪至公元前 15 世纪的夏代，中国开始从原始社会末期向早期奴隶社会过渡。在此期间，尊神活动升温。

在原始社会，由于缺乏科学知识，人们不理解一些自然现象。他们猜想，照耀大地的太阳是神，风有风神，河有河神……因此，他们敬畏"天神"，祭祀"天神"。从某种意义上来说，早期礼仪包含原始社会人类生活的若干准则，又是原始社会宗教信仰的产物。礼的繁体字"禮"，左边是奉祀之神，右边是奉祀行礼之器。

以殷墟为中心展开活动的殷人，在公元前 14 世纪至公元前 11 世纪活跃在华夏大地。他们建造了地处现河南安阳的殷都，而他们在婚礼习俗上的建树，被其尊神、信鬼的狂热所掩盖。

殷王朝被取而代之的周朝，对礼仪建树颇多。特别是周武王的兄弟、辅佐周成王的周公，对周代礼制的确立起了重要作用。他制作礼乐，将人们的行为举止、心理情操等统统纳入一个尊卑有序的模式之中。全面介绍周朝制度的《周礼》，是中国流传至今的第一部礼仪专著。《周礼》（又名《周官》），本为一官职表，后经整理，成为讲述周朝典章制度的书。《周礼》原有 6 篇，详介六类官名及其职权，现存 5 篇，第 6 篇用《考工记》弥补。六官分别称为天官、地官、春官、夏官、秋官、冬官。其中，天官主管宫事、财货等；地官主管教育、市政等；春官主管五礼、乐舞等；夏官主管军旅、边防等；秋官主管刑法、外交等；冬官主管土木、建筑等。

春官主管的五礼即吉礼、凶礼、宾礼、军礼、嘉礼，是周朝礼仪制度的重要方面。吉礼，指祭祀的典礼；凶礼，主要指丧葬礼仪；宾礼，指诸侯对天子的朝觐及诸侯之间的会盟等礼节；军礼，主要包括阅兵、出师等仪式；嘉礼，包括冠礼、婚礼、乡饮酒礼等。由此可见，许多基本礼仪在商末周初已基本形成。此外，成书于西周的《易经》和在周朝大体定型的《诗经》，也有一些涉及礼仪的内容。

在西周，青铜礼器是个人身份的表征。礼器的多寡代表身份地位高低，形制的大小显示权力等级。当时，贵族佩带成组饰玉为风气。而相见礼和婚礼（包括纳采、问名、纳吉、纳征、请期、亲迎"六礼"）成为定式，流行民间。此外，尊老爱幼等礼仪，也已明显确立。

（4）礼仪的发展、变革时期（公元前 770 年～公元前 221 年）。西周末期，王室衰微，诸侯纷起争霸。公元前 770 年，周平王东迁洛邑，史称东周。承继西周的东周王朝已无力全面恪守传统礼制，出现了所谓"礼崩乐坏"的局面。

春秋战国时期是我国的奴隶社会向封建社会转型的时期。在此期间，相继涌现出孔子、孟子、荀子等思想巨人，发展和革新了礼仪理论。

孔子（公元前 551 年～公元前 479 年）是中国古代大思想家、大教育家，他首开私人讲学之风，打破贵族垄断教育的局面。他修订《诗》《书》《礼》《乐》《周易》《春秋》，为历史文化的整理和保存做出了重要贡献。他编订的《仪礼》，详细记录了战国以前贵族生活的各种礼节仪式。

孔子认为，"不学礼，无以立"[1]。"质胜文则野，文胜质则史。文质彬彬，然后君子"[2]。他要求人们用道德规范约束自己的行为，要做到"非礼勿视，非礼勿听，非礼勿言，非礼勿动"[3]。他倡导的"仁者爱人"，强调人与人之间要有同情心，要互相关心，彼此尊重。总之，孔子较系统地阐述了礼及礼仪的本质与功能，把礼仪理论提升到一个新的高度。

孟子（公元前 372 年～公元前 289 年）是战国时期儒家主要代表人物。在政治思想上，孟子把孔子的"仁学"思想加以发展，提出了"王道""仁政"的学说和民贵君轻说，主张"以德服人"，在道德修养方面，他主张"舍生而取义"[4]，讲究"修身"和培养"浩然之气"等。

荀子（公元前 313 年～公元前 238 年）是战国末期的大思想家。他主张"隆礼""重法"，提倡礼法并重。他说："礼者，贵贱有等，长幼有差，贫富轻重皆有称者也"[5]。荀子指出："礼之于正国家也，如权衡之于轻重也，如绳墨之于曲直也。故人无礼不生，事无礼不成，国家无礼不宁"[6]。荀子还提出，不仅要有礼治，还要有法治。只有尊崇礼，法制完

① 《论语·季氏篇》。
② 《论语·雍也》。
③ 《论语·颜渊》。
④ 《孟子·告子上》。
⑤ 《荀子·富国》。
⑥ 《荀子·大略》。

备，国家才能安宁。荀子重视客观环境对人性的影响，倡导学而至善。

（5）礼仪的强化时期（公元前 221 年～1796 年）。公元前 221 年，秦王嬴政最终吞并六国，统一中国，建立起中国历史上第一个中央集权的封建王朝，秦始皇在全国推行"书同文""车同轨""行同伦"。秦朝制定的集权制度，成为后来延续两千余年的封建体制的基础。

西汉初期，叔孙通协助汉高帝刘邦制定了朝礼之仪，突出发展了礼的仪式和礼节。而西汉思想家董仲舒（公元前 179 年～公元前 104 年），把封建专制制度的理论系统化，提出"唯天子受命于天，天下受命于天子"的"天人感应"之说（《汉书·董仲舒传》）。他把儒家礼仪具体概况为"三纲五常"。"三纲"即"君为臣纲，父为子纲，夫为妻纲。""五常"即仁、义、礼、智、信。汉武帝刘彻采纳董仲舒"罢黜百家，独尊儒术"的建议，使儒家礼教成为定制。

汉代时，孔门后学编撰的《礼记》问世。《礼记》共计 49 篇，包罗宏富。其中，有讲述古代风俗的《曲礼》（第 1 篇）；有谈论古代饮食居住进化概况的《礼运》（第 9 篇）；有记录家庭礼仪的《内则》（第 12 篇）；有记载服饰制度的《玉澡》（第 13 篇）；有论述师生关系的《学记》（第 18 篇）；还有教导人们道德修养的途径和方法，即"修身、齐家、治国、平天下"的《大学》（第 42 篇）等。总之，《礼记》堪称集上古礼仪之大成，上承奴隶社会、下启封建社会的礼仪汇集，是封建时代礼仪的主要源泉。

盛唐时期，《礼记》由"记"上升为"经"，成为"礼经"三书之一（另外两本为《周礼》和《仪礼》）。

宋代时，出现了以儒家思想为基础，兼容道学、佛学思想的理学，程颐兄弟和朱熹（1130～1200 年）为其主要代表。"二程"认为，"父子君臣，天下之定理，无所逃于天地间"（《二程遗书》卷五）。"礼即是理也"（《二程遗书》卷二十五）。朱熹进一步指出，"仁莫大于父子，义莫大于君臣，是谓三纲之要，五常之本。人伦天理之至，无所逃于天地间"（《朱子文集·未垂拱奏礼·二》）。朱熹的论述使二程的"天理"说更加严密、精致。

家庭礼仪研究硕果累累，是宋代礼仪发展的另一个特点。在大量家庭礼仪著作中，以撰《资治通鉴》而名垂青史的北宋史学家司马光（1019～1086 年）的《涑水记闻》和以《四书集注》名扬天下的南宋理学家朱熹（1130～1200 年）的《朱子家礼》最著名。

明代时，交友之礼更加完善，而忠、孝、节、义等礼仪日趋繁多。

（6）礼仪的衰落时期（1796～1911 年）。满族入关后，逐渐接受了汉族的礼制，并且使其复杂化，导致一些礼仪显得虚浮、繁琐。例如，清代的品官相见礼，当品级低者向品级高者行拜礼时，动辄一跪三叩，重则三跪九叩（《大清会典》）。清代后期，清王朝政权腐败，民不聊生。古代礼仪盛极而衰。而伴随着西学东渐，一些西方礼仪传入中国，北洋新军时期的陆军便采用西方军队的举手礼等，以代替不合时宜的打千礼等。

（7）现代礼仪时期（1911～1949 年）。1911 年末，清王朝土崩瓦解，当时远在美国的孙中山先生（1866～1925 年）火速赶回祖国，于 1912 年 1 月 1 日在南京就任中华民国临时大总统。孙中山先生和战友们破旧立新，用民权代替君权，用自由、平等取代宗法等级制度；普及教育，废除祭孔读经；改易陋俗，剪辫子、禁缠足等，从而正式拉开现代礼仪的帷幕。

民国期间，由西方传入中国的握手礼开始流行于上层社会，后逐渐普及民间。

　　20世纪三四十年代，在中国共产党领导的苏区、解放区，重视文化教育事业及移风易俗，进而谱写了现代礼仪的新篇章。

　　(8) 当代礼仪时期 (1949年至今)。1949年10月1日，中华人民共和国宣告成立，中国的礼仪文化从此进入一个崭新的历史时期。1949～1966年，是中国当代礼仪发展史上的革新阶段。此间，摒弃了昔日束缚人们的"神权天命""愚忠愚孝"以及严重束缚妇女的"三从四德"等封建礼教，确立了同志式的合作互助关系和男女平等的新型社会关系，而尊老爱幼、讲究信义、以诚待人、先人后己、礼尚往来等中国传统礼仪中的精华，则得到继承和发展。

　　1978年党的十一届三中全会以来，改革开放的春风吹遍了祖国大地，中国的礼仪文化进入全面发展的时期。从推行文明礼貌用语到积极树立行业新风，从开展"18岁成人仪式教育活动"到制定市民文明公约，各行各业的礼仪规范纷纷出台，岗位培训、礼仪教育日趋红火，讲文明、重礼貌蔚然成风。《公共关系报》《现代交际》等一批涉及礼仪的报刊应运而生，《中国应用礼仪大全》《称谓大辞典》《外国习俗与礼仪》等介绍、研究礼仪的图书、辞典、教材不断问世。广阔的华夏大地上再度兴起礼仪文化热，具有优良文化传统的中华民族又掀起了精神文明建设的新高潮……

## (二) 西方礼仪的起源与发展

### 1. 西方礼仪的起源

　　在欧洲，"礼仪"一词最早见于法语的"etiquette"，原意是"法庭上的通行证"。

　　作为法庭，无论是在古代还是在现代，为了展示司法活动的威严性，保证审判活动能够合法有序地进行，总是既安排得庄严肃穆，又要求所有进入法庭的人员必须十分严格地遵守法庭纪律。例如，按照中华人民共和国《刑事诉讼法》和《人民法院组织法》等法律法规，为了保证法庭的特有气氛和特殊秩序，开庭之前应由书记员当庭宣读法庭纪律。这些纪律包括：不准大声喧哗，未经审判长许可不准提问，未经法庭许可不准摄影、录像等。

　　古代的法国法庭也有类似的规定，不过它不是当庭宣读，而是将其写在或印在一张长方形的通行证 (即"etiquette") 上，发给进入法庭的每一个人，作为其入庭后必须遵守的规矩或行为准则。

　　由于在社会交往中，人们也必须遵守一定的规矩和准则，才能体现人之所以为人的特有风范，才能保证文明社会得以正常维系和发展，所以，当"etiquette"一词进入英文后，便有了"礼仪"的含义，意即"人际交往的通行证"。后来，经过不断地演变和发展，"礼仪"一词的含义逐渐变得明确起来，并独立出来。

### 2. 西方礼仪的发展

　　西方的文明史，同样在很大程度上表现着人类对礼仪追求及演进的历史。人类为了维持与发展血缘亲情以外的各种人际关系，避免"格斗"或"战争"，逐步形成了各种与"格斗""战争"有关的动态礼仪。如为了表示自己手里没有武器，让对方感觉到自己没有恶意而创造了举手礼，后来演进为握手。为了表示自己的友好与尊重，愿在对方面前"丢盔卸甲"，于是创造了脱帽礼等。

　　在古希腊的文献典籍中，如苏格拉底、柏拉图、亚里士多德等先哲的著述中，都有很多关于礼仪的论述。可以说古希腊是西方文明的发源地，也是礼仪文明的发祥地。其礼仪思想发展的成就集中体现在以下几个方面：首先，美德在先，美德与礼仪相结合。其次，美德与和谐的统一，美德与秩序的统一。再次，美德即知识，美德即规矩。最后，美德教育优于法律约束，礼仪是道德达到最高峰的保证。中世纪更是礼仪发展的鼎盛时代。中世纪（约476~1453年），开始于西罗马帝国灭亡，结束于文艺复兴和大航海时代。欧洲的中世纪是神学统治的时代。神学为建立和维护封建的等级制度做了理论上的注脚，而与封建等级制度相适应的严格繁琐的礼仪，更使这种等级制度组织化、社会化、规范化、习惯化、牢固化。按其封建等级制度礼仪繁简程度的差异，按照封建社会封建主对其重视的程度，以及礼仪在社会生活中的影响大小来区分，封建社会的欧洲，较有影响意义的礼仪有"皇家宫廷礼""臣服礼""骑士礼"等。"皇家宫廷礼"是中世纪欧洲最烦琐、最讲究，也是最规范的礼仪。如法国封建社会中的宫廷礼仪，无论是王子、公主，奴仆在不同的时间地点，举手投足的细节规范都有明确的规定。"臣服礼"也称"封礼"，是在贵族中形成的礼仪，是授受封土，建立封主与附庸关系时要举行的隆重的礼仪仪式。"骑士礼"是贵族必须从小接受"骑士教育"，学会适合做一个战士、绅士的标准和技能，即打猎、角力、骑马、跳舞、唱歌、一般礼仪、和蔼行为以及少量的文学知识。在骑士教育中影响较为深远的是"骑士风度"，即在交际生活中给予贵族妇女以种种礼遇，尊重女士，女士优先。文艺复兴以后，欧美的礼仪有了新的发展，从上层社会对遵循礼节的烦琐要求到20世纪中期对优美举止的赞赏，一直到适应社会平等关系的比较简单的礼仪规则。历史发展到今天，传统的礼仪文化不但没有随着市场经济发展和科技现代化而被抛弃，反而更加多姿多彩，国家有国家的礼制，民族有民族独特的礼仪习俗，各行各业都有自己的礼仪规范程式，国际上也有各国共同遵守的礼仪惯例等。

## 二、礼的概念与内涵

### （一）礼、礼貌、礼节与礼仪

#### 1. 礼

礼的本意为敬神，后引申为表示敬意的通称。礼的含义比较丰富，它既可以指表示敬意和隆重而举行的仪式，也可以泛指社会交往中的礼貌礼节，是人们在长期的生活实践中约定俗成、共同认可的行为规范；还特指奴隶社会、封建社会等级森严的社会规范和道德规范。在《中国礼仪大辞典》中，"礼"定义为特定的民族、人群或国家基于客观历史传统而形成的价值观念、道德规范以及与之相适应的典章制度和行为方式。礼的本质是"诚"，有敬重、友好、谦恭、关心、体贴之意。"礼"是人际间乃至国际交往中，相互表示尊重、亲善和友好的行为。

#### 2. 礼貌

礼貌是人们在交往过程中相互表示敬意和友好的行为准则和精神风貌，是一个人在待人接物时的外在表现。它通过仪表及言谈举止来表示对交往对象的尊重。它反映了时代的风尚与道德水准，体现了人们的文化层次和文明程度。

#### 3. 礼节

礼节是指人们在日常生活中，特别是在交际场合中，相互表示问候、致意、祝愿、慰问以及给予必要的协助与照料的惯用形式。礼节是礼貌的具体表现，具有形式化的特点，主要指日常生活中的个体礼貌行为。

**4. 礼仪**

礼仪包括"礼"和"仪"两部分。"礼"，即礼貌、礼节；"仪"即仪表、仪态、仪式、仪容，是对礼节、仪式的统称。

礼仪是人们在各种社会的具体交往中，为了相互尊重，在仪表、仪态、仪式、仪容、言谈举止等方面约定俗成的、共同认可的规范和程序。

从广义的角度看，它泛指人们在社会交往中的行为规范和交际艺术。

狭义的礼仪通常是指在较大或隆重的正式场合，为表示敬意、尊重、重视等所举行的合乎社交规范和道德规范的仪式。

[知识链接] 欢迎贵宾时鸣放礼炮，已有400多年的历史，始于航海业发达的欧洲。鸣放礼炮起源于英国。据说400多年前英国海军用的是火炮。当战舰进入友好国家的港口之前，或在公海上与友好国家的舰船相遇时，为了表示没有敌意，便把船上大炮内的炮弹统统放掉，对方的海岸炮舰船也同样做以表示回报。这既是一种自我解除武装的友好表示，也是一种向对方致敬的表示。由于当时最大的战舰装有大炮21门，所以鸣炮21响就成了一种最高礼节。1772年，英国规定，鸣放礼炮21响，为欢迎国王和王后的礼仪。1875年，美国国务院与英国驻美公使达成协议，规定按照海军习惯，鸣放礼炮作为迎接贵宾的最隆重礼节，21响最隆重，也称为皇家礼炮（有款威士忌也叫皇家礼炮，就是经过21年的酿制），19响次之。国家元首来访鸣放礼炮21响，政府首脑鸣放19响。现在鸣放礼炮已成为国际上欢迎国宾的礼仪惯例。

一般情况下，我们根据礼仪的适用对象、适用范围不同，将礼仪分为政务礼仪、商务礼仪、服务礼仪、社交礼仪等五种形式。但是也不是绝对的只有这五种，例如我们还有校园礼仪、教师礼仪、餐桌礼仪、涉外礼仪等不同的分类。

## (二) 礼、礼貌、礼节、礼仪之间的关系

礼是一种社会道德规范，是人们社会交际中的行为准则。礼、礼貌、礼节、礼仪都属于礼的范畴。礼貌是表示尊重的言行规范，礼节是表示尊重的惯用形式和具体要求，礼仪是由一系列具体表示礼貌的礼节所构成的完整过程。"礼貌""礼节"和"礼仪"三者尽管名称不同，但都是人们在相互交往中表示尊敬、友好的行为，其本质都是尊重人、关心人。三者相辅相成，密不可分。有礼貌而不懂礼节，往往容易失礼；谙熟礼节却流于形式，充其量只是客套。由此可见，礼貌是礼仪的基础，礼节是礼仪的基本组成部分。礼是仪的本质，而仪则是礼的外在表现。礼仪在层次上要高于礼貌礼节，其内涵更深、更广，它是由一系列具体的礼貌礼节所构成；礼节只是一种具体的做法，而礼仪则是一个表示礼貌的系统、完整的过程。

## 三、礼仪的特征

礼仪作为一门独立的学科有其漫长的社会存在，并有明显的国际性、民族性、继承性、时代性和多样性等特征。

## （一）国际性

礼仪作为一种文化现象，是全人类的共同财富，它跨越了国家和地区的界线。尽管不同国家、不同社会制度所构成的礼仪有一定的差异性，但在讲文明、讲礼仪、相互尊重原则基础上形成并完善的规范化的国际礼仪，已为世界各国人民所接受和广泛使用。现代礼仪兼容并蓄，融世界各国礼仪之长，从而使现代礼仪更加国际化，国际礼仪更加趋同化。

## （二）民族性

礼仪的民族性是指礼仪在形式及其代表的意义上都受到民族因素的影响。同一内容在不同民族中可以有着不同的表现形式，同一形式在不同民族中也可以代表不同的意义，各个民族都有着自己一些独特的、成系列的且世代相传又有所变化的礼仪。如同见面礼仪，中国较为通行的是握手，日本则是多以鞠躬，而欧美各国普遍采用的是拥抱。

## （三）继承性

礼仪的形成和完善，是历史发展的产物。但礼仪一旦形成，通常会长期沿袭，经久不衰。没有继承性，民族性就不存在。今天是过去的延续，每一民族的礼仪都是这个民族历史的产物。如中国古代流传至今的尊老敬贤、父慈子孝、礼尚往来等反映民族传统美德的礼仪，一代一代地流传下来，今后也必将代代相传，发扬光大。

## （四）时代性

礼仪随着时代的发展而发展，与时俱进。现代生活具有多元、丰富、多变的特点，因此，现代礼仪必须正面反映时代精神，体现新的社会道德规范，确立新型的人际关系，并在实践中不断更新其内容，改变其形式。

## （五）多样性

古今中外，各种礼仪浩如烟海，并存在于社会生活的各个领域，上至国家下至家庭，从内务到外交，从军营到学校，从商业到旅游，礼仪无时不在，无处不有。从适用范围上讲，礼仪可以分为外事礼仪、商务礼仪、学校礼仪、军队礼仪、家庭礼仪、公共场所礼仪、习俗礼仪等；就形式而言，同一感情又可以用多种形式表达，如赞许，可以竖大拇指，可以微笑，可以击掌，还可以点头等，这些均体现了礼仪的多样性。

# 四、礼仪的功能与原则

## （一）礼仪的功能

### 1. 教育功能

礼仪是人类社会进步的产物，是传统文化的重要组成部分。礼仪蕴涵着丰富的文化内涵，体现着社会的要求与时代精神。礼仪通过评价、劝阻、示范等教育形式纠正人们不正确的行为习惯，指导人们按礼仪规范的要求去协调人际关系，维护社会正常生活。让国民都来接受礼仪教育，可以从整体上提高国民的综合素质。

**2. 沟通功能**

礼仪行为是一种信息性很强的行为，每一种礼仪行为都表达一种甚至多种信息。在人际交往中，交往双方只有按照礼仪的要求，才能更有效地向交往对象表达自己的尊敬、敬佩、善意和友好，人际交往才可以顺利进行和延续。热情的问候、友善的目光、亲切的微笑、文雅的谈吐、得体的举止等，不仅能唤起人们的沟通欲望，彼此建立起好感和信任，而且可以促成交流的成功和范围的扩大，进而有助于事业的发展。

**3. 协调功能**

在人际交往中，不论体现的是何种关系，维系人际间沟通与交往的礼仪，都承担着十分重要的"润滑剂"作用。礼仪的原则和规范，约束着人们的动机，指导着人们立身处世的行为方式。如果交往的双方都能够按照礼仪的规范约束自己的言行，不仅可以避免某些不必要的感情对立与矛盾冲突，还有助于建立和加强人与人之间相互尊重、友好合作的新型关系，使人际关系更加和谐，社会秩序更加有序。

**4. 塑造功能**

礼仪讲究和谐，重视内在美和外在美的统一。礼仪在行为美学方面指导着人们不断地充实和完善自我并潜移默化地熏陶着人们的心灵。人们的谈吐变得越来越文明，人们的装饰打扮变得越来越富有个性，举止仪态越来越优雅，并符合大众的审美原则，体现出时代的特色和精神风貌。

**5. 维护功能**

礼仪作为社会行为规范，对人们的行为有很强的约束力。在维护社会秩序方面，礼仪起着法律所起不到的作用。社会的发展与稳定，家庭的和谐与安宁，邻里的和谐，同事之间的信任与合作，都依赖于人们共同遵守礼仪的规范与要求。社会上讲礼仪的人越多，社会便会更加和谐稳定。

## （二）礼仪的原则

在日常生活当中，学习和应用礼仪有必要在宏观上掌握一些具有普遍性、共同性和指导性的礼仪规律。这些礼仪规律，即礼仪的原则。

**1. 尊重原则**

孔子说："礼者，敬人也。"这是对礼仪核心思想的高度概括。尊重是礼仪的本质，礼仪本身从内容到形式都是尊重他人的具体体现。

人际交往必须尊重对方的人格，尊重是礼仪的感情基础。人与人之间彼此相互尊重，才能保持和谐愉快的人际关系。做到敬人之心常存，处处不可失敬于人。失敬就是失礼，尤其是要注意不可侮辱对方的人格。

**2. 平等原则**

平等原则指的是人们以礼待人，对任何交往对象都要一视同仁，给予同等程度的礼遇。平等原则是现代礼仪区别传统礼仪的最主要的原则。

在人际交往中，不应该因为交往对象彼此之间在年龄、性别、种族、国籍、文化、职业、身份、地位、财富以及与自己的关系亲疏远近等方面的不同，就厚此薄彼、区别对待。平等原则要求我们做到对所有交往对象都要尊重，都要一视同仁地讲礼貌，不要怠慢他人。

### 3. 真诚原则

礼仪讲究"诚于中，形于外"，心中有"礼"，言行才能有"礼"。人际交往的品德因素中，真诚是基本的一项。真诚原则要求应用礼仪时，务必做到诚心待人，心口如一。口是心非、言行不一、弄虚作假，不利于人际关系的营造和个人形象及组织形象的塑造。

### 4. 宽容原则

宽容是一种美德。在人际交往过程中，由于个人经历、文化、修养等因素而产生的差异不可能消除，这就需要求同存异、相互包容。宽容的原则要求人们在交往活动中运用礼仪时，不过分计较对方礼仪上的过失，有容人之雅量，多替他人着想，严于律己，宽以待人。

[知识链接] 西汉宣帝刘询为推行尊老爱幼的社会风尚、祝福高龄老者延年益寿，定于每年清理户口时给全国年满 70 岁的老人赐予王杖。王杖长九尺，顶端刻有鸠鸟头形，因为鸠鸟是"不噎之鸟"，所以这种手杖含有祝愿老人不噎之意。同时诏令全国：凡持有木鸠王杖的老者都要受到全社会的敬重，享有特殊的地位和荣誉。并规定：王杖相当于年薪六百石粮食的官吏，种田不交租，经商不纳税，可与朝廷要员同路，允许自由出入官府，等等。

# 任务 2　商务礼仪概述

任务目标：掌握商务礼仪的含义、特点、基本原则和作用。

**案例 1 - 2**

失"礼"误大事

有一位年轻的白领准备出国参加会议。一天，他去该国驻华使馆办理出国手续，使馆的接待人员正在处理别的事情，请他稍候。这位先生坐了片刻，颇感无聊，便随心所欲地翻阅办公室的报纸杂志。后来，工作人员问他问题，他也心不在焉的，还总是打断对方的问话，并表示出极度的不耐烦。为此，该国领事馆认为此人不具备参加会议的条件，要求换人。

**评析：** 本案例中，主人公在办事过程中没有注意自己的言行举止，不懂得礼仪规范，待人没有遵守礼仪，所以很难赢得别人的尊重，以致自己也失去了出国参加会议的机会。

**思考：** 案例中的白领犯了哪些错误，为什么？

**案例 1 - 3**

礼仪无小事

国内有一家生产医疗设备的厂家，准备和国外的客商进行长期合作。在双方的业务洽谈中，厂长通晓生产线行情，考虑问题缜密，给外商以精明能干的良好印象，双方决定第二天正式签约。由于时间尚充裕，厂长请外商到车间参观。车间秩序井然，外商也感到满意。不料，就在这时厂长突然感到喉咙不适，本能地咳了一下，到车间的墙角吐了一口痰，然后连忙用鞋擦去，地上留下一片痰迹。第二天一早，翻译送来了外商写来的一封信，信中写道："尊敬的厂长先生，我十分佩服您的才智和精明，但是您在车间里吐痰的一幕使我彻夜难眠。恕我直言，一个厂长的卫生习惯可以反映一个工厂的管理素质。况且，我们今后将生产的是用于治病的输液管。贵国的成语说得好：人命关天！请原谅我的不辞而别。否则，上帝会惩罚我的……"

**评析：**这则案例告诉我们，礼仪无小事，特别是在国际性的商务往来活动中，更要注意自己的言行举止，遵守相应的国际礼仪原则，用礼仪准则规范自身。

**思考：**从这个案例你得到了什么启示？

通过以上两个案例，我们看到了商务活动中，个人与企业礼仪的重要性。

## 一、商务礼仪的含义

现代礼仪大致可分为以下几种：

(1) 按性质分，可以细分为个人礼仪、家庭礼仪、社交礼仪、公务礼仪、公关礼仪、商务礼仪、外事礼仪、旅游礼仪、求职礼仪、宗教礼仪等。

(2) 按场合分，分为家庭礼仪、学校礼仪、办公室礼仪、公共场所礼仪等。

(3) 按身份分，分为教师礼仪、学生礼仪、营业员礼仪、司门员礼仪、主持人礼仪等。

(4) 按表现形式分，分为交谈礼仪、待客礼仪、书信礼仪、电话礼仪、交换名片礼仪等。

商务礼仪是指商务人员在从事商务活动的过程中应使用的礼仪规范。当前，我国正处于改革开放的崭新历史时期，对外实行全面的开放政策，各行各业都有许多国际商务往来的机会，此时的礼仪已然超越了一地、一国的范围。因此，从事商务活动的业内人士，只有掌握国际通用的商务礼仪知识，通识各国特有的风俗文化，才能更有效地进行国际的交往，与国际上的商家友好合作、才能真正实现有"礼"走遍天下。

成功学大师拿破仑·希尔顿写道："世界上最廉价，而且能够获得最大收益的就是礼节。"礼仪作为一种行为规范和准则，在我们的生活、学习、工作中发挥着极其重要的作用。它的重要性更深层次地体现在它是事业成功不可或缺的核心因素。美国希尔顿饭店董事长康纳德·希尔顿在50多年里，不断地到他设在世界各地的希尔顿饭店视察，视察中，他经常问到的一句话是："今天你对客人微笑了没有？"也正是因为在工作过程中对日常基本礼仪的注重，希尔顿饭店在全球客户中树立了良好的商业形象，这使得希尔顿饭店知名度不断提升，如今已经誉满全球。这种声誉所带来的必然是更多的客户群以及更大的经济效益。

## 二、商务礼仪的内容

商务礼仪是人们在商务活动中，对交往对象表示尊重和友好的行为规范和活动程序，包括商务礼节和商务仪式两方面的内容。

商务礼节就是人们在商务交往活动中，为表示尊重对方而采取的规范形式，如着装礼仪、举止礼仪等。

商务仪式是按照一定程序进行的商务活动形式。如签字仪式、开业仪式、庆典仪式等。商务礼仪是在商务活动中体现相互尊重的行为准则。商务礼仪的核心是一种行为的准则，用来约束我们日常商务活动的方方面面。商务礼仪的核心作用是为了体现人与人之间的相互尊重。在商务活动中，合乎礼仪的举止在很大程度上影响到活动的成败，这对商务人员的礼仪素质提出了较高的要求。

有人说，"长远的目光、睿智的头脑、机敏的谈吐"是商场上的三大利器。但是，作为人类交流感情、建立友谊、开展各种活动的桥梁和纽带的商务礼仪，也同样是商务活动中必不可少的第四大利器，甚至从某种程度上来说，商务礼仪是从事商务活动的必备利器。

## 三、商务礼仪的特点

### （一）普遍认同性

商务礼仪随着时代的发展，目前是全世界商务活动领域都通行的礼仪规范和准则。已经成为不同国家、不同民族和不同地区人们之间开展商务交往的"通行证"。所谓认同性是全社会的约定俗成，是全社会共同认可、普遍遵守的准则。一般来说，礼仪代表一个国家、一个民族、一个地区的文化习俗特征。但我们也看到不少礼仪是全世界通用的，具有全人类的共同性。例如，问候、打招呼、礼貌用语、各种庆典仪式、签字仪式等，大体是世界通用的。

礼仪的普遍认同性，主要源于共同的经济生活和文化生活。经济的共同性必然导致礼仪的变化。比如现代经济的快节奏、高效率，使现代礼仪向简洁、务实方向发展。共同的文化孕育了共同的礼仪。礼仪的普遍认同性表明社会中的规范和准则，必须得到全社会的认同，才能在全社会中通用。

### （二）形式规范性

所谓规范性，主要是指它对具体的交际行为具有规范性和制约性。这种规范性本身所反映的实质是一种被广泛认同的社会价值取向和对他人的态度。无论是具体言行还是具体的姿态，均可反映出行为主体的包括思想、道德等内在品质和外在的行为标准。

商务礼仪的规范性，实际上就是强调商务礼仪是商务人员待人接物的标准做法，是标准化要求。商务礼仪的规范性和其他的规范是有所区别的，商务礼仪是一种自我约束。在商务活动中，不遵守商务礼仪的行为会产生不良影响和后果。

### （三）时代变化性

礼仪是一种社会历史发展的产物，并具有鲜明的时代特点。一方面它是在人类的交际活动实践之中形成、发展、完善起来的；另一方面，社会的发展，历史的进步，由此而引起的众多社交活动的新特点、新问题的出现，又要求礼仪有所变化，这就使礼仪具有相对的变化性。商务礼仪的发展趋势是越来越实用化。

### （四）地域差异性

不同的文化背景，会产生不同的地域文化，商务礼仪的内容和形式也会变化。礼仪作为一种行为准则和规范是约定俗成的，这是各民族礼仪文化的一个共性。但是对于礼仪和具体运用，则会因现实条件的不同而呈现出差异性。这主要表现在，同一礼仪形式常常会因时间地点的不同使其意义出现差异。礼仪的差异性，还表现为同一礼仪形式，在不同场合，针对不同对象，会有细微差别。同样是握手，男女之间力度就不同，新老朋友之间亦有差别。同样打招呼，不同地区、不同民族也不同。

## (五) 文化交融性

商务礼仪是在商务交往活动中形成和发展的，也必然受到世界经济发展的影响。英美等国家在过去的几个世纪里引领了世界经济的发展，所以我们看到的现代商务礼仪也带有浓厚的英美文化特点。但是随着世界经济的进一步发展，礼仪的文化交融性变得更强。在商务场合，按照国际惯例，男士要穿深色西服套装，但是在阿拉伯国家可以穿长袍，在我国可以穿中山装。

## 四、商务礼仪的原则

在商务活动中应用礼仪，有必要在宏观上掌握一些具有普遍性、共同性和指导性的礼仪规律。这些礼仪规律，也就是礼仪的原则。

### (一) 认清主客立场

#### 1. 主方保护客方

商务礼仪中，主方的立场是保护者，而客方的立场是被保护者。在很多方面要体现出主宾之别。在国际礼仪中讲究以右为尊、为大、为上，以左为卑、为小、为下。在接待时，主人往往走在来宾的左后方。宾主会晤时，主人往往安排来宾在自己右侧就座；乘车时，右手的位置也是留给最尊贵的客人的；行走时，也将同行者中身份、地位高者安排在右侧。但是，特别需要注意的是，中国的传统做法是"以左为尊"，在国际往来中，商务人员虽然要注意"内外有别"，但仍然应该按照国际惯例的要求，坚持"以右为尊"。在细节上，主方应表现出对客人的关心和照顾。

#### 2. 客随主便

在商务交往中，处于客位的当事人应该尊重当地的风俗和主人的规范，也就是要做到客随主便。客随主便既是对主人的尊重，也是对客人行为的限制。但是，要注意，客随主便有一个前提，主人必须尊重客人的民族、气节和人格。否则，是不适用的。

**案例 1 - 4**

脱鞋

国内某鞋业集团总经理汪先生赴美国考察期间，在新闻发布会上遭遇到一位美国记者提问："先生，您自己脚上穿的是什么鞋?"用意非常明了，如果汪先生没有穿自己企业的鞋子，还谈什么"潇洒走世界"(该品牌广告语是"穿上××鞋，潇洒走世界")。对此，汪先生十分沉着自信地说："在贵国这种场合脱鞋是不礼貌的，但这位先生既然问起，我就破例了。"说完他脱下鞋并高高举起，大声读出鞋上的中国品牌商标，现场响起了热烈的掌声。美国媒体评述到："在美国脱鞋的社会主义国家的人有两个：一个是苏联领导人，他脱鞋并用其敲击表现出一个大国的傲慢无礼；另一个是中国内地鞋业集团的总经理，他脱鞋表明了中国商品要征服美国市场的雄心。"汪先生维护自身尊严、不卑不亢的言行，表现了中国人可贵的民族气节和礼仪修养，赢得了美国人对他本人和公司产品的赞誉。

## （二）自律原则

自律就是自我约束，自我控制，自我对照，自我反省、自我检点。君子不失足于人，不失色于人，不失口于人，言语之美，穆穆惶惶。现代商务活动中与他人交往，同样不可随心所欲，要做到自律和自重。礼仪规范由对待个人的要求与对待他人的做法两大部分构成。对待个人的要求，是礼仪的基础和出发点。学习、应用礼仪，最重要的就是要自我要求、自我约束、自我控制、自我对照、自我反省、自我检点。

## （三）尊重他人

尊重他人是礼仪的本质，是礼仪的情感基础。是否尊重他人是一个人的文化素养的体现，是一个人的精神境界的写照，是一个人有无社会经验的表现。在礼仪的两大构成部分中，有关对待他人的做法这一部分，比对待个人的要求更为重要，这一部分实际上是礼仪的重点与核心。对待他人的诸多做法之中最要紧的一条，就是要常存敬人之心，处处不可失敬于人，不可伤害他人的个人尊严，更不能侮辱对方的人格。掌握了这一点，就等于掌握了礼仪的灵魂。

[**知识链接**] 当今社会人们越来越注重个人隐私。商务场合更加要注意尊重他人隐私。个人隐私主要包括：个人状况（年龄、工作、收入、婚姻、子女等）、政治观念（支持或反对何种党派）、宗教信仰（信仰什么宗教）、个人行为动向（去何种地方，与谁交往、通信）等。凡是涉及个人隐私的都不能直接过问。

## （四）真诚原则

真诚是做人之本，也是商务人员立业之道。在商务交往中运用礼仪时，务必诚实无欺，言行一致，表里如一。只有如此，自己在运用礼仪时所表现出来的对交往对象的尊敬与友好，才会更好地被对方理解并接受。

## （五）适度原则

人际交往中要注意保持一定的社交距离，要把握与特定环境相适应的人们彼此之间的情感尺度。待人既要彬彬有礼，又不低三下四；既要殷勤接待，又不失庄重；既要热情大方，又不轻浮谄谀。现代礼仪强调人际间的交往与沟通一定要把握适度性，注意社交距离，控制感情尺度，应牢记过犹不及的道理。因此要特别注意在不同情况下，礼仪程度、礼仪方式的区别，坚持因时、因地、因人的合宜原则。在应用礼仪时，为了保证取得成效，必须注意技巧及其规范，特别要注意做到把握分寸，认真得体。运用礼仪要真正做到恰到好处，恰如其分，只有勤学多练，积极实践。

## （六）遵时守信

任何个人交往或集体交往，必须诚实守信，诚信也是国际商务往来中的重要礼仪原则。

时间就是金钱，时间就是生命，商场上最看重守信和守时。

**案例 1 - 5**

爽约的代价

中国一家拥有 6000 名职工的大型国有企业为了避免濒临破产的局面，想寻找一家资金雄厚的日本企业做合作伙伴。经过多方努力，这家企业终于找到了自己的"意中人"——一家具有国际声望的日本大公司。经过双方长时间的讨价还价的谈判，终于可以草签合约了，全厂职工为之欢欣鼓舞。本以为大功告成的中方人员，没想到在第二天的签字仪式中，公司领导到达签字地点的时间比双方正式约定晚了 10 分钟。等他们走进签字大厅的时候，只见日方人员早已衣冠楚楚地排成一行，正在恭候他们的到来。中方领队请日方上签字台，日方全体人员却整整齐齐、规规矩矩地向他们鞠了一躬，随后便集体退出了签字大厅，搞得中方领导莫名其妙，因为迟到 10 分钟对于他们来说实在不算什么。事后，日方递交给中方一份正式的信函，其中写道："我们绝不会为自己寻找一个没有任何时间观念的生意伙伴。不遵守约定的人，永远都不值得信赖"。

## (七) 入乡随俗和灵活应用原则

古有"入境而问禁，入国而问俗，入门而问讳"之说，在现代商务的各种场合中，我们如果对交往对象所特有的风俗习惯不甚了解，就会无意之间做出一些令对方看来是不可容忍的事情。商务人员在做一些工作的时候，要根据不同的条件和场合灵活掌握和应用各种礼仪规范，没有一成不变的标准。由于国情、民族、文化背景的不同，必须坚持入乡随俗，与绝大多数人的习惯做法保持一致，切勿目中无人、自以为是。

**案例 1 - 6**

左手的禁忌

焦小姐曾经与同事一同前往东南亚的一个国家公干，一到目的地她们便受到了东道主的热烈欢迎。在随后为她们准备的欢迎宴会上，主人亲自为每位来自中国的嘉宾——递上一杯当地特产的饮料，以示敬意。轮到主人向焦小姐递送饮料之时，一直是"左撇子"的焦小姐不假思索地用自己的左手去接饮料。见此情景，主人神色骤变，最后根本没有把那杯饮料真正递到焦小姐伸过去的左手里，而是非常不高兴地将它重重地放在餐桌上，随即理都不理焦小姐，就扬长而去了。

原来，焦小姐伸出左手去接主人递过来的饮料，按照当地人的习俗来看，是一件对主人"大不敬"的严重"犯规"行为。在那个国家，人们的左、右两只手在日常生活中是有明显分工的，并且还有着尊卑之别。在正常情况下，右手被视为"尊贵之手"，可用于进餐、递接物品以及向别人行礼。而左手则被当做"不洁之手"，仅可用于沐浴或"方便"。以左手递接物品，或是与人接触、施礼，在该国被人们公认为是一种蓄意侮辱别人的行为。

# 五、商务礼仪的作用

## (一) 规范行为

商务礼仪有一定的程序和规范，这些内容都是公认的，个人和组织都要在商务活动中遵守这些规范和程序。

## (二) 沟通作用

商务活动是一种双向交往活动，交往的成功与否，首先取决于沟通的效果。由于存在着文化背景差异、地域差异、在商务交往的活动中，沟通有时候是非常不容易的，甚至会产生误解。语言和文化的差异会给商务沟通带来障碍，通过礼仪的学习，可以掌握这些特点，消除差异。

## (三) 塑造形象

礼仪学习的基本目的就是树立和塑造个人和企业的良好形象。在细节中注重礼仪，通过各种商务活动的开展，为自己树立高效、讲信誉、易于交往、善待商业伙伴的形象，就能让自己和企业获得更多的尊重，赢得更多的朋友，获得更多的机会，赢得更大的利益。

商务人员的个人形象也是企业形象的代表。客户将通过商务人员个人的形象来对企业进行判断。很多企业都对自己的员工进行礼仪培训，以此来提高公司的整体形象。

## (四) 联络感情

良好的礼仪就是对交往对象表达一种敬意，有利于双方感情的顺利发展；而不讲礼仪，粗俗的人就容易让别人敬而远之。

# 六、商务礼仪的学习方法

## (一) 学习商务礼仪的方法

### 1. 可以在日常生活中多观察、多学习

"纸上得来终觉浅，绝知此事要躬行。"生活就是最好的老师，我们可以向生活中彬彬有礼的人学习、模仿。也可以观察有哪些行为举止是不符合礼仪规范的，要善于总结，这样在以后的社会生活中就能有效地避免犯错误。看到生活中非常不礼貌的行为举止，我们要学会自我反省与自我批评，反观自己是否能够表现出礼貌的举止和行为。在生活中，我们可能由于不懂礼貌而四面碰壁，这也是以一种直接经验的方式对自我进行教育。

### 2. 利用多种学习资源

从课本中和课堂上学习一定的礼仪知识，在学习的过程中要善于利用多种学习资源，如图书馆的图书资源、网络上的相关礼仪网站、广播电视中的相关教育，系统、全面地了解和学习商务礼仪知识。在学习礼仪的时候，应当将这种学习与其他的科学、文化知识的学习结合起来，这样能够更好地掌握和理解礼仪。

### 3. 商务礼仪的学习关键在于练习

商务礼仪的学习更重要的是能力的训练，而不是知识的学习。如果不将礼仪知识运用到商务实践中，单纯的知识学习是没有更多意义的。我们要善于在礼仪的实践中发现自己的缺点，找出不足，将学习、运用礼仪真正变为个人的自觉行为和习惯做法。通过学习、训练、实践、养成，做到学以致用，提高自己的素质和修养。

## (二) 学习礼仪要注意的问题

在学习礼仪的过程中,我们要注意"过犹不及"的问题,要做到"恰如其分"。如以下几个方面的表现要尽量避免。

(1) 在不需要太多礼仪的地方太注意礼节,让人觉得似乎在卖弄、炫耀。

(2) 在与人交往时,只注重礼节,而忽视相互间的情感交流,让人觉得你只是在做技术性操作,在玩弄技巧,而不是在用心交流。无论是私人交往,还是业务交往,礼仪都只是交往顺利的辅助工具,而不能完全替代交往本身。一个人的外在礼仪表现与自身的实际修养不相符,会让人觉得虚伪做作。

(3) 喜欢用礼仪的尺度去衡量他人的行为。恰当的礼仪要求我们不能把礼仪当作资本在别人面前炫耀,更不能把礼仪当作评判他人的行为的尺度,拿自己的礼仪知识对别人的行为吹毛求疵。

**案例 1-7**

女王的裙装

1986 年,英国女王伊丽莎白二世访问中国。当女王乘坐的专机徐徐降落在北京机场后,走出舱门的英国女王秀丽端庄的面容引起了人们的注目,温存和蔼的微笑也引起了人们的注意,而最引人注目的是女王戴着黄色的帽子和一身黄色的西装套裙,在阳光下显得非常绚丽、典雅。

其实,伊丽莎白二世本人更偏爱天蓝色和红色,在访问其他国家和地区的时候,她很少选穿黄色的服装。但是访问中国,女王的公关顾问特意为她选了这套黄色的裙装作为机场亮相的礼服。除了黄色比较亮丽,能衬托出女王的风采外,更重要的是,黄色是中国历史上帝王的专用色。

伊丽莎白二世身着黄色裙装,不仅体现了自己的高贵,而且也体现出尊重中国文化习俗的姿态。

## 项目实训

1. 请给大家讲一个和礼仪有关的故事。
2. 请给大家推荐一部和礼仪有关的电影。

# 模块二

## 实 训 篇

# 商务人员的形象礼仪

## 项目目标

知识目标：熟悉和掌握商务场合的仪容礼仪、着装礼仪、仪态礼仪以及表情礼仪。

技能目标：熟悉商务人员在着装与服饰、美容与化妆时应注意的事项和主要禁忌。能够娴熟地掌握各种仪态动作，在应用中做到稳重与高雅。

素质目标：掌握书本知识的同时，引起对仪容修饰的重视，了解良好个人形象的重要性，塑造良好的个人形象和专业形象，增强形象沟通能力。掌握商务着装的基本要求和相关原则，根据自身身份、职业、形体等美感需要正确选择着装。了解仪态美的内容与要点，掌握坐姿、站姿、走姿的要求，在交往中，能够根据场合的不同，有针对性地运用体态语言。

教学重点：商务场合的仪容礼仪、着装礼仪、仪态礼仪。

教学难点：商务场合的仪态礼仪、表情礼仪。

## 导入案例

### 以貌取人

刘先生是某服装厂的业务员，论口才、论业务能力，都令老板"一百个放心"。可没有想到，在一次国际性的订货会上，当他风尘仆仆找到一家商场后，接待人员见他胡子拉碴，而且又衣冠不整，看也不看他的样品，就把他给打发走了。因为这家商场认为："就这样一副尊容，厂里能生产出高档服装？"刘先生好窝火，这不是以貌取人吗？可连续跑了几家商场，费尽口舌也没有如愿。一气之下，他来到美容院做了美容，然后换上了本厂生产的服装，气宇轩昂地找到一家商场的总经理。对方见刘先生气度不凡，且其产品质量上乘，当即签订了60万元的订货合同。

评析：仪容仪表在我们每个人的整体形象中占据着最为显著的地位。反映我们每个人的精神面貌，甚至代表着商家的形象。因此，商务人员在商务活动中，要特别注意自己的职业形象。

思考：案例中主人公的遭遇给你怎样的启示？

### 专业人士的形象

赵先生进入一家计算机公司的第一年，必须通过8场简报，才能正式拜访顾客。赵先生的第一场简报是公司简介，他非常慎重地将自己关在小会议室里准备了三天三夜，连前辈的光盘都看过了N遍，动作、台步、语气、开场、串场、结尾、投影仪操作，一再地模仿练习。因为他本来就有主持大型活动的经验，上台讲话并不是难题。不过，简报那天，他虽是当日唯一通过的，评审们却对他的衣着给予了严厉的批评——他留的学生头没有露出额头、领带打得太短、手上拿着圆珠笔还不时拿出来转呀转、皮鞋没擦亮、袜子颜色不对。

评审们问赵先生："知不知道你卖的是什么？"他回答："计算机"。评审又问："总价多少？"他答："几十万元至数百万元。"评审又问："顾客买的时候有没有看到计算机？"他答："没有，半年后才交机。"又问："有没有看到公司？"答："没有。"问："看到谁？"答："我。"最后评审们问："你看起来像是够资格托付几十万元至数百万元生意的专业人士吗？还是只是一个不经世事的毛头小子？"这真的给赵先生上了宝贵的一课！

**评析：**商务人士展示的不仅仅是个人的形象，更是其公司及公司产品的形象，每个专业人士都应重视自己的形象，以通过自己更好地展示企业的形象。

**思考：**你从赵先生的案例学到了什么？

比尔·盖茨曾讲过，企业竞争，是员工素质的竞争，进而到企业，就是企业形象的竞争。教养体现细节，细节展示素质，可见一个人的素养高低对企业的发展是非常重要的。在商务交往中，个人便代表了整体，个人的所作所为，一举一动，一言一行，就是企业的典型活体广告。商务场合的仪容礼仪，不仅反映了个人的精神面貌和内在气质，也代表了公司形象，透视出公司的企业文化。商务场合形象礼仪的基本要求是大方。商务人员应做到举止优雅、风度翩翩，衣着干净整洁、神态表情亲切自然。在商务交往中，人们的认识很大程度上取决于礼仪的表达，高雅庄重的举止和神态是一种无声的语言，反映出个人较高的礼仪修养。

# 任务1　仪容礼仪

**任务目标：**掌握商务场合的仪容礼仪，掌握头发修饰、面容修饰的基本方法。

**案例2-1**

### 松下幸之助的故事

日本松下电器产业株式会社创始人松下幸之助。有一次到理发店理发，当理发师知道这位年轻人正在创办一个全新的企业时，就建议年轻人一定要到东京最好的理发店找最好的理发师理发，他说："你不重视自己的容貌修饰，就好像把产品弄脏一样。你的形象就是企业的形象，所以你一定要以最好的形象展示自己。你作为公司的代表都这样，产品还会有销路吗？"松下幸之助接受了理发师的忠告，从此一改过去的习惯，开始注重自己在公众面前的仪表仪态，生意也随之兴旺起来。并且他知道产品一定要做到最好，因为产品正是企业的形象，所以松下电器的产品总是以最佳状态上市，这使得松下电器虽然在技术上没有索尼那么前沿，但是却一直保持着有利的市场地位。现在，松下电器的产品享誉天下，与松下幸之助长期率先垂范，要求员工懂礼貌、讲礼仪是分不开的。

资料来源：肖一. 松下幸之助理发的故事 [J]. 企业活力，1988（11）.

**思考：**我们需要关注自己的仪容吗？为什么？

商务人员的个人形象重要，是因为商务人员的个人形象代表企业形象、产品形象、服务形象，在跨地区跨文化交往中还代表民族形象、地方形象和国家形象。形象，就是外界对我们的印象和评价。形象就是宣传，形象就是效益，形象就是服务。形象好客户才能接受你的服务。心理学上"首轮效应"告诉我们，在与人交往中，尤其是在初次交往中，第一印象是至关重要的，往往影响双边关系。所以作为商务人员，我们首先要树立起良好的个人形象。仪容是指一个人的容貌，它包括发式、面容、脸色等状态，重点指人的容貌。在人际交往过程中，首先引起对方注意的就是我们的仪容，它反映了一个人的精神面貌，朝气与活力，是传达给接触对象感官的最直接、最生动的第一信息。仪容通过精心修饰体现了仪容美，也展示了仪容礼仪。

## 一、头发的修饰

"完美形象，从头开始"。头发是仪容的起点和制高点，很能吸引他人的注意力。

头发是种族的标记，连着祖脉，藏着民俗，也常常与宗教信仰密切相关。例如，佛教认为头发是烦恼之丝，只有光头才能六根清净，成为真正的佛教徒。基督教早期的"圣彼得发式"标新立异，在后脑勺部位剃掉圆圆的一片，四周却留长发。头发更是女性美的重要标志，秀发如云、青丝如黛常是女性风韵和魅力的标志，古诗云："鬒垂巫山一段云"，是以发示美的佳句。古代头发是爱情的信物，戏曲中将剪发作为山盟海誓的标志，"结发为夫妻，恩爱两不疑"。

整体仪容最基本、最初始的形象是拥有健康干净的头发。今时今日，头发的功能不仅仅是表现出人的性别差异，更多的是反映一个人的道德修养、审美水平、知识层次以及行为规范。人们可以通过一个人的发型来判断其职业、身份、受教育的背景与程度、生活状况以及卫生习惯。同时，也可以感受到他对生活、对工作的态度。系统地学习一些护发、美发礼仪，是非常必要的。

### （一）头发的保养

**1. 保持清洁**

一头光洁顺滑的秀发会给人以健康、舒适、纯美的感觉。健康漂亮的秀发比过多的人工修饰更加美丽动人，更容易博得他人的好感。保持头发的健康、顺滑，最有效的办法就是经常洗发，常洗发可以确保头发不油腻、不打结、无头屑、无异味。

**2. 勤于梳理**

梳发，是保持美发不可缺少的日常修整之一。梳发可以去掉头皮及头发上的浮皮和脏物，并给头皮以适度的刺激，以促进血液循环，使头发柔软而有光泽。

**3. 美发护发**

头皮是秀发生长的源泉，它和头发之间的关系有如土地与植物的关系。因此，秀发保健的关键在于头部皮肤的护理。其一要选择好的洗发产品。其二要调节好水温，一般38℃～40℃为宜。其三要做好护发处理，使用护发素。其四要慎用吹风机。其五要注意使用正确的洗发方法。头发被损伤的人几乎都是因错误的洗发方法造成的，学会正确的洗发方法，才能使头发富有光泽。

**4. 经常按摩**

平常或洗发时适度地用指腹按摩头皮，可以有效地促进头皮的血液循环，让毛囊获得充分的营养，使头发亮丽，另外，也促使头皮的新陈代谢趋于正常。

**5. 注意饮食**

美发护发的同时，还要注意养发。养发的关键在于身体的内部调理。我们一般都有这样的常识，辛辣刺激的食物容易损伤发质，吸烟、饮酒对头发的危害更加严重。所以，要少吃刺激性较强的食物，少吸烟、少饮酒，甚至应尽量不吸烟、不饮酒。此外，要想减少头皮屑，应尽量少吃油性大的食物，多吃含碘丰富的食品。要想让头发更黑更亮，平时可以多吃些富含蛋白质和维生素、微量元素的食物，如核桃之类的坚果，或者黑芝麻一类的"黑色食品"。

## （二）发型得体

发型，即头发的整体造型。选择发型除适当兼顾个人偏好外，最重要的是考虑以下几个要素。其一，发型与脸型要协调。发型对人的容貌有极强的修饰作用，甚至可以"改变"人的容貌。我们应该根据自己的脸型来选择发型。其二，发型要和体型协调。发型的选择是否恰到好处，将会对体形的整体美感产生极大影响。例如，瘦高者适合留长发，矮胖者适合留短发，脖子长的人适合齐颈搭肩舒展或外翘的发型；脖子短粗者适合高而短的发型。其三，发型要与年龄协调。发型是一个人文化修养、社会地位、精神状态的集中反映。通常，年长的女士适合大花型短发或盘发，给人以精神、温婉可亲之感；年轻者则适合活泼、简洁、有活力的发型，给人以清新、自然之感。一般场合下，发型应当传统、庄重，而前卫、怪异的发型只适合于艺术工作者、明星等。

**【小笑话】**                          上下有别

美国军队有一条规定，军人一律不得蓄长发。而黑格将军担任北约部队司令时，却蓄着长长的头发。有一名美国士兵看到画报上黑格将军的相片，便把它撕下来，贴在门上，并画了一个箭头，指着总司令的长发，写了一行字："请看他的长发。"一位将军看了这份别出心裁的"抗议书"，没有说什么，而是将那个箭头延长，指向总司令的领章，也写了一行字："请看他的官衔。"

## 二、面部修饰

面容是人的仪表之首，也是最为动人之处。自古就有"三分相貌，七分打扮"的说法，面容修饰是人整体装扮中的重要环节之一，也是人际沟通中不可缺少的物质条件。粗糙、有瑕疵或过早衰老的皮肤，说明缺乏护理，从某种角度反映着人的生活态度、健康程度以及和周围人的距离。因此，对面部肌肤的护养不仅是为了挽留青春、保持光鲜，更是一种礼仪的需要。

## （一）基本要求

**1. 男士面容的基本要求**

男士应养成每天修面剃须的良好习惯。实在要蓄须的话，也要考虑工作是否允许，并且要经常修剪，保持卫生，不管是留络腮胡还是小胡子，整洁大方是最重要的。蓄须者，切忌胡子拉碴去参加各种社交活动，尤其是外事活动，因为这是对他人不敬的行为。

**2. 女士面容的基本要求**

女士面容的美化主要采取整容与化妆两种方法。整容是通过外科手术来改变人的容貌，如隆鼻、造双眼睑以及纹眉等。整容虽具有一劳永逸的功效，但非个人自行所能完成，且还要冒因手术失败而毁容的风险，故选用者不多。与整容相比，化妆则以其便利、易改、不用求人等优势，受到广大女士的青睐，成为当今面容美化的首选方法。女士工作时应化淡妆，以示对他人的尊重，妆容以淡雅、自然庄重为宜、不得使用色彩夸张的口红、眼影。

## （二）面部保养

**1. 清洁**

人们的面部皮肤总是暴露在空气中，空气中飘浮着的污物、尘埃、细菌，会吸附在皮肤表面，而皮肤自身也会分泌油脂、汗液及产生代谢后的死细胞，如果不及时清除会影响皮肤正常生理功能的发挥，使皮肤失去光泽，出现肤色灰暗，肤质粗糙，甚至引起皮肤感染，造成皮肤发炎，产生痤疮及斑疹等问题。因此，清洁是面部皮肤保养的关键。面部清洁至少保证每天两次。有些人，只习惯早上起床后清洁脸部，而忽略了晚上洗脸，殊不知，晚上清洁面部更为重要，可以让我们的脸部皮肤得到充分的休息与放松。

**2. 护肤**

护肤品的正确使用步骤分为"基础品的使用步骤"和"加入特殊护理品的使用步骤"两大步骤。其中基础品的使用步骤为：清洁（卸妆、洁面）、保湿平衡（水分、油分）、防护。而加入特殊护理品的使用步骤为：清洁（卸妆、洁面）、深层清洁品（磨砂膏）、保湿平衡（水分）、美容液（精华类）、按摩类、保湿平衡（油分）、特护霜类或收敛（紧肤）或眼霜类或面膜类、防护等。鉴于特殊护理品的种类非常丰富，因此应根据个人的肌肤状态和需求随时进行调整。

**3. 化妆**

化妆是一种历史悠久的女性美容技术。古代人们在面部和身上涂上各种颜色和油彩，表示神的化身，以此祛魔逐邪，并显示自己的地位和存在。后来这种装扮渐渐变为具有装饰的意味，一方面在演出时需要改变面貌和装束，以表现剧中人物；另一方面是由于实用而兴起。如古代埃及人在眼睛周围涂上墨色，以使眼睛能避免直射日光的伤害；在身体上涂上香油，以保护皮肤免受日光和昆虫的侵扰，等等。如今，化妆已成为满足女性追求自身美的一种手段，其主要目的是利用化妆品并运用人工技巧来增加天然美。化妆能表现出女性独有的天然丽质，焕发风韵，增添魅力。成功的化妆能唤起女性心理和生理上的潜在活力，增强自信心，使人精神焕发，还有助于消除疲劳，延缓衰老。可以说化妆是一门技术，也是一门艺术，更是一项重要礼节。

（1）要注意的问题。

其一，化妆的浓淡要考虑时间、场合的问题。随着时间与场合的改变，女士化妆应有相应的变化。白天，自然光下，一般女士略施粉黛即可；职业女士的工作妆以淡雅、清新、自然为宜，工作中在脸上涂一层厚厚的粉底，嘴唇鲜红耀眼，这是不懂礼仪的表现。浓妆，多为参加晚间娱乐活动的女士的妆饰。其实，夜色朦胧，不论浓妆还是淡抹都能为众人所接受。在正式场合，女士不化妆会被认为是不礼貌的。外出旅游的过程中，女性可以化淡妆，但是如出席正式的晚宴或观看正式的表演，妆容就应该为浓妆。

其二，在公共场所不能当众化妆或补妆。有些女士，对自己的形象过分在意，不论在什么场合中，一有空闲，就会拿出化妆盒对镜修饰一番，这是不符合礼仪规范的。如真有必要化妆或补妆，最好到洗手间去完成，切莫当众表演。

其三，化妆属消极美容，治"表"而不治本，应提倡积极美容。面部的皮肤是很娇嫩的，任何不科学的外部刺激都会使它受到不同程度的损伤。众所周知，任何化妆品都有一定量的化学物质，这些化学物质对皮肤多少都会有不良的刺激。不少女士喜欢浓妆艳抹，这样也许会为她增添几分妩媚。但事实上，是消极美容。要想使容颜年轻，正确的方法便是采取体内调和、正本清源的积极美容法。首先，在日常生活中，适当参加户外体育活动，促进表皮细胞的繁殖，使表皮形成一层抵御有害物质的天然屏障。其次，保持良好的心境与充足的睡眠，这有助于面部皮肤的新陈代谢，使面容富有光泽。再次，注意合理的饮食，从内部给予皮肤营养。如多饮水，多吃水果蔬菜等含维生素 C 较多的食品，少吃高糖、高脂、辛辣的食物，对皮肤的健康都是有好处的。最后，坚持科学的面部护理与按摩，促进血液循环，以使面容红润。采取积极美容法的关键在于要有信心，只要坚持不懈，定能使自己长久地保持青春的光彩，充满朝气与活力。

（2）化妆的基本步骤。现在化妆已成为一种国际潮流，但我们很多人都不知道该如何化妆，如何化好妆。化妆，就是要匀称、协调。但有时是有条不紊的协调，有时是"不协调"的协调。要深思熟虑，创造出自己独具的魅力。一般情况下，化妆包含以下 7 个步骤。

化妆前先将脸洗净，涂上润肤霜或是润肤露。这一步很关键，好的润肤霜会在涂粉底之前为化妆过程打下一个好底，这样在进行下一步时，脸上就不会起干皮了，而且可以使皮肤看上去晶莹剔透。

**化妆第一步**：饰粉底。很多女性在化妆的时候都跳过这一步，其实这一步很重要。

方法：用豆粒大小的粉底点在脸上，涂抹均匀就可以了。要注意的是一定不能用多了。绿色和蓝色的饰粉底有好的遮盖作用，适合有斑点或其他瑕疵的人用。紫色则比较适合东方人偏黄的皮肤。白色的比较适合透明妆使用。

**化妆第二步**：粉底液。和饰粉底的涂抹方式差不多。

方法：比饰粉底多一倍的量均匀地涂抹在脸部。要注意的是眼部，头发与额头的交界处也要涂抹均匀。

**化妆第三步**：遮瑕霜或者遮瑕液。只为面部有小瑕疵的人准备。

方法：可以用小刷子轻轻地刷在瑕疵以及周围。这样粉底不用打得太厚也可以盖住斑点、痘痘了。还有一种用法是将遮瑕液涂在双眉之间到鼻子 1/3，还有眼睛的下面。这样不仅可以遮盖黑眼圈还可以起到提亮的作用。

**化妆第四步**：粉饼。如果在完成以上三步时，你的妆容已经达到理想效果的话，第四步上粉饼可以省去，直接上散粉，达到提亮的效果就可以了。

方法：用粉扑轻轻地拍打在脸部，注意要均匀上粉，还有要注意的是头部的裸露部分都要上粉，看上去更精神，达到化妆的效果。

**化妆第五步**：散粉。

方法：只要轻轻地扑打上一层散粉就可以了。要注意的是脸与脖子的交界处。

化妆第六步：眼睛的化妆。

A. 眉毛：重要的是眉毛的修剪。第一次修剪眉毛的时候最好找个比较专业的美容师或化妆师进行修剪，以后就可以按照已经修好的形状自己打理了。再用眉刷刷眉粉的话效果就自然很多。

B. 眼影：可以根据不同的服装选择颜色的搭配。化眼影的时候要注意色彩的过渡。例如粉红色的眼影，就要先将整个眼眶都涂上一层淡粉，然后在接近睫毛的地方加深，化完妆后要在眉骨鼻梁上扫上一层白色的散粉。可以达到凸显立体感的效果。

C. 眼线：一般的女性不愿意上眼线，其实上一层好的眼线可以显得眼睛更亮。有一种方法就是用眼线笔在睫毛根部的空当中点眼线。这样看起来会比较自然。下眼线可以用白色的眼线笔画，可以使眼睛显得更大。

化妆第七步：唇部的修饰。很多人认为我们还年轻，用不着涂唇膏，直接涂唇彩或口红就可以了，其实这样不利于唇部皮肤的保护，只要涂些润唇膏，再上些唇彩就可以了。

方法：要注意的是唇彩千万别涂整张嘴，那样看起来像吃完饭没擦一样。如果在唇正中点上唇彩，再抿一下，效果会比较好。

## 三、手部修饰

手、手指和指甲的美，与人体其他部位的美一起，组成了人尤其是女性的整体风采。和脸部、颈部一样，手也常常露在服饰之外，极易被他人所注意也常被人们称为"第二张脸"。因此，适时适度地保护与美化手部是十分必要的。

要经常保持手部的清洁。要养成勤洗手勤剪指甲的良好习惯，因为在人际交往中，清洁、柔软的手，能增添对方对你的好感，手的清洁在某种程度上反映的是一个人的精神风貌。

指甲的美化要慎重，不可随心所欲。现代生活中，不论男女，手部的美化大多侧重于指甲的美化。指甲要常修剪。最好不要留长指甲，指甲长度一般不超过手指尖。平时要注意经常修剪指甲，清除指甲中的脏物。女士可以适当地染指甲，但色彩要保守些，不要过于夸张、前卫和另类。此外，手要常保养。手部皮肤过于粗糙，与他人行握手礼时会给对方以生硬、粗重之感，造成对方心理上的疏远。有些人手心容易出汗，或者手掌脱皮，这些情况最好及时治疗，以免工作中产生尴尬。

## 四、口腔清洁

在日常生活中还要注意常刷牙、勤漱口，坚持每天早晚刷牙，清除口腔异味，维护口腔卫生。重要场合还要注意随时留意观察，及时清除牙齿间的残留物，防止给他人留下不良印象。最好在用餐后刷一次牙，如果条件允许，简单地用水漱口应该是必要的程序。

此外，平时尽量少抽烟，少喝或不喝浓茶，以减少牙齿变黑、发黄的概率。平时最好不吃葱蒜一类带刺激性气味的食物。每日清晨，最好空腹喝一杯淡盐水，平常还可以经常用淡盐水漱口，这样可以有效地控制口腔异味。最好随身携带口香糖，以备不时之需。但要注意的是，不要当着他人的面大嚼口香糖，特别是在正式社交场合，边嚼口香糖边与人交谈，是非常不礼貌的行为。

除此之外，我们还要注意平时的一些不良的小动作和不好的习惯，比如在公共场合掏耳朵、抠鼻孔、挠痒痒等，这都是不讲卫生的习惯，会给别人留下不良印象，是我们要克服和避免的。

**案例 2 – 2**

《镜箴》

在周恩来青少年时就读的南开中学，各教学楼门口都有一面大镜子，上面写着引人注目的《镜箴》——"面必净，发必理，衣必整，钮必结，头容正，肩容平，胸容宽，背容直。气象：勿傲，勿暴，勿怠。颜色：宜和，宜静，宜庄"。周恩来毕生注重彬彬有礼的风度，保持光彩动人的形象与他在南开中学所受的礼仪熏陶是分不开的。

## 单项实训

### 实训目标

通过实训，使学生明确商务人员仪容礼仪必须遵循干净、整洁的基本原则，培养学生良好的仪容礼仪和观念，掌握发型选择及容貌修饰的方法。

### 场景设置

假设你要代表公司参加一次谈判活动，请你为自己选择合适的发型，并进行仪容的修饰化妆。具体要求如下：

（1）教师简要介绍本任务实训的内容。

（2）每位同学先分别为自己进行发型设计，梳理出该发型，并进行适当的化妆修饰。

（3）把全班同学分为 3 人一组。以小组为单位，小组成员间互评打分。参照小组成员的打分和建议，考虑如何改进自己的仪容。

### 实训步骤

（1）教师示范讲解发型的选择，容貌修饰的方法及注意事项。

（2）观看有关形象设计的录像资料。

（3）学生进行个人仪容修饰、发型设计。

（4）展示互评。

（5）教师考核。

### 效果评价（见表 2 – 1）

表 2 – 1　　　　　　　　　　商务人员仪容礼仪效果评价表

姓名：　　　　　　　　　　　　　　　　　　　　　　　　　　　　　　时间：

| 评价项目与内容 | | 应得分 | 扣分 | 实得分 |
|---|---|---|---|---|
| 整体修饰 | 整洁、干练、形象清爽 | 10 | | |
| 发型 | 头发清洁、长短适中 | 10 | | |
| | 能够选择适合自己及场合的发型 | 10 | | |
| 面部修饰 | 清洁干净，肤色健康 | 10 | | |
| | 化妆自然、符合场合 | 10 | | |

续表

| 评价项目与内容 | | 应得分 | 扣分 | 实得分 |
|---|---|---|---|---|
| 手部修饰 | 指甲长度适中，干净 | 10 | | |
| | 饰品佩戴合适 | 10 | | |
| 个人卫生 | 眼、耳、鼻、颈部干净，口无异味 | 10 | | |
| 实训报告 | 字迹清楚、填写规范、内容详尽完整 | 5 | | |
| | 实训分析总结正确 | 5 | | |
| | 能提出合理化建议和创新见解 | 5 | | |
| | 按规定时间上交 | 5 | | |
| 合计 | | 100 | | |

注：考评满分为100分，60~70分为中等，81~90分为良好，91分及以上为优秀。

教师签名：

# 任务2 着装礼仪

任务目标：掌握商务人员着装的基本要求和相关礼仪。

**案例2-3**

不成功的合作

国内一家效益很好的大型企业的总经理叶明，经过多方努力和上级有关部门的牵线搭桥终于使德国一家著名的家电企业董事长愿意与自己的企业合作。谈判时为了给对方留下精明强干、时尚新潮的好印象，叶明上身穿了一件T恤衫，下穿一条牛仔裤，脚穿一双旅游鞋。当他精神抖擞、兴高采烈地带着秘书出现在对方面前时，对方瞪着不解的眼睛看着他上下打量了半天，非常不满意。这次合作没能成功。

**思考：**你知道为什么叶明此次合作不能成功吗？

## 一、着装的基本规范

服饰是人形体的外延，包括衣、裤、裙、帽、袜、手套及各类服饰。它们一同起着遮体御寒、美化人体的作用。服饰又是一种无声的语言，它显示着一个人的个性、身份、涵养及其心理状态等多种信息。服饰往往可以表现人格，一个人穿戴什么样的服饰，直接关系到别人对其个人形象的评价。伟大的英国作家莎士比亚曾经说："一个人的穿着打扮，就是他的教养、品位、地位的最真实的写照。"服饰作为一门艺术，具有重要的精神功能。在社交礼仪活动中，服饰可以反映出一个国家的政治经济状况，科学技术发展水平，一个民族的文化素养。从个人方面着眼，服饰可以体现一个人的文化修养、品位等内在特征。在日常工作和交往中，尤其是在正规的场合，穿着打扮的问题正越来越引起现代人的重视。

　　当服饰与穿戴者的气质、个性、身份、年龄、职业以及穿戴的环境、时间协调一致时，就能真正达到美的境界。古希腊"和谐就是美"的美学观点在服饰美中得到了最充分的体现。服饰的美要达到和谐统一的整体视觉效果，人们就应恪守服饰穿戴的基本原则。

[知识链接] 列夫·托尔斯泰的《安娜·卡列尼娜》有这样一段情节：在安娜和渥伦斯基相识的舞会上，安娜穿着全黑的天鹅绒长裙，长裙上镶威尼斯花边，闪亮的边饰把黑色点缀得既美丽安详，又显得神秘幽深，这同安娜那张富有个性的脸庞十分相称，当安娜出现在舞会的门口，吸引了在场所有人的视线，吉蒂看到安娜的装束后，也强烈地感受到安娜比自己美。安娜的黑色长裙在轻淡柔曼的裙海中显得高贵典雅，与众不同，也与安娜藐视世俗的个性融为一体。

## (一) 服饰的作用

　　服装有三个功能：第一个功能，重在实用；第二个功能，表示地位和身份；第三个功能，表示审美。商务人士的服饰应该要体现出职业化特征，体现公司的形象和个人的职业特征。

## (二) 服饰穿戴选择的基本原则

### 1. 服饰的选择要与穿戴者所处的环境相协调

　　人置身于不同的环境、不同的场合时，就应该有不同的服饰穿戴，要注意所穿戴的服饰与周围环境的和谐。例如，身居家中，可以穿随意舒适的休闲服。办公上班，则需身着端庄典雅的职业装。出席婚礼，服饰的色彩可鲜亮点，而参加吊唁活动，则以凝重为宜。

### 2. 服饰的选择要与穿戴者的社会角色相协调

　　在社会生活中，每个人都扮演着不同的角色。不同的社会角色必须有不同的社会行为规范，在服饰的穿戴方面自然也有规范。例如，一位女性，在家身为太太时可以自由穿戴；上街购物，作为顾客，不做精心修饰也无可厚非，然而作为"上班族"的一员出现在工作场所，面对她的同事与上司时，就不能无所顾忌，随心所欲了。总之，无论你出现在哪里，无论你干什么，一定要弄明白自己扮演的角色是什么，然后再考虑挑选一套适合于这个角色的服饰来装饰自己，这会使自己增强自信，更会使旁人对自己多几分好感。

### 3. 服饰的选择要与穿戴者的自身条件相协调

　　人们追求服饰美，就是要借服饰之美来装扮人自身，即利用服饰的质地、色彩、图案、造型和工艺等因素的变化引起他人的各种错觉，从而美化自己。在了解服饰诸因素的同时，人们必须充分了解自身的特点，只有这样，才能达到扬长避短、扬己之美避己之丑的目的。比如，身材矮小者适宜穿着造型简洁、色彩明快、小花形图案的服饰。肤色偏黄者，最好不要选与肤色相近的或较深暗的服色，如棕色、土黄、深灰、蓝紫色等，它们容易使人显得缺乏生机。"V"型夹克衫较适合双肩过窄的男性穿着，而"H"型套裙对腰粗腹大的女性来说是再合适不过了。

### 4. 服饰的选择要与穿戴的时节相协调

　　注重了环境、场合、社会角色和自身条件而不顾时节变化的服饰穿戴，自然也是不可取的。比如，寒风凛凛中身穿一条超短"迷你"裙的做法是不可取的。比较理想的穿戴，不仅要考虑到服饰的保暖性和透气性，而且在其色彩的选择上也应注意与季节相适宜。如春秋季宜选穿中浅色调的服饰，如驼色、棕色、浅灰色等；冬季服饰色调以偏深色为宜，如咖啡、藏青、深褐等色；夏装可选丝棉织物，色调以淡雅为宜。

以上是服饰穿戴最基本的原则。除此之外，还应特别注意保持服饰的清洁与整齐。

**【小笑话】**　　　　　　　　　　　　　　　没通过

"糟糕，这次面试又没有通过！"小王失望地对小李说。

"为什么呢？这次你不是穿着西服去的吗？"小李问。

"是啊，不过这次人家招聘的是健身教练。"小王说。


## 二、色彩与着装

色彩是服装的"灵魂"。在构成服装的诸因素中，色彩比款式更引人注目，因为人对服装的第一印象就是进行色彩判断。所以说，颜色对于服装的感觉效果有着举足轻重的作用。

### （一）服装色彩的表现力

服装的颜色在刺激人们视觉的同时，也具有一定的象征性和表情性作用。因为，色彩的表情性具有表达人们兴奋与冷静、活泼与忧郁、豪华与朴实、前进与后退等情绪的作用，色彩的象征性表现和各种色彩在人们的心理上会产生一定的联想和感觉。一般来说，色彩鲜艳的服装给人以振奋和充满朝气的感觉，而色彩灰暗的服装会给人以低调和抑郁的感觉。冷暖颜色的服装在季节的变化中起着举足轻重的作用，有助于人们对外界环境的适应。服装颜色的选择能反映出一个人的气质和心理特征。如喜欢红色的人情感丰富、性格开朗、精力充沛、任性冲动；喜欢黄色服装的人，身心健康，做事潇洒自如；喜欢黑色者大多性格执著、孤傲清高；喜欢棕色者情绪较安逸祥和；热衷紫色的人一般具有权欲、贵族意识和神秘感；而喜爱白色的女子多纯朴、圣洁。当然这些不是绝对的，任何一种颜色和款式的衣服都可以培养一个人的高雅情趣和健康心理。

服装的色彩还能够造成旁观者的视觉，从而改变着装者的体型。

一般来说，浅色服装可以给人以丰满感。因为浅色服装，即暖色调和亮度大的服装，具有一种扩大物体体积的作用。如红色、黄色等，能使人显得高大丰满，最适宜于身材瘦小者穿着。对于体型太胖的人来说，最好选择冷色调的衣服，如果在夏天穿上白色、浅灰等颜色的裤子，冬天穿上浅色的外衣或罩衣，看上去会显得比其本来面貌更雍肿、更笨拙。体型过高的人最好也避免穿浅色调和大花朵等色彩鲜艳、亮度大的服装，而选择深色、单色或色调柔和的衣服，会显得稳重、娴静、安详可亲。

与此相反，深色调的服装则可以给人以窄小感。如深绿、暗蓝、紫蓝等，能使人显得瘦削、矮小，适宜体型高大和过胖的人穿着。例如，体型肥胖的人，适宜深蓝、墨绿、深黑色、咖啡色的服装，而不宜穿色彩太多、太鲜艳、冷暖对比太强烈或横条纹、大方格的服装。身体瘦削的人，应尽量避免穿色调过于灰暗的衣服，而应选择浅色即暖色调的衣服，或花色鲜艳些、花朵大一些的服装，以使人看上去显得丰满些，穿横条纹或方格花纹的服装，也能显出匀称和健美。对于矮个子来说，最好不要穿深色调或灰暗的衣服，不妨选择色调浅、亮度大的服装，例如穿上浅灰色的衣服，再配上亮度大的帽子，会显得比原来高一些，但切勿将亮度大的鞋子和帽子配在一起穿戴，否则，就会产生相反的效果，会显得比原来更矮。

## (二) 服装色彩的选择

我国隋代以前，人们往往可以随意选择服装的颜色，朱、紫、玄、黄，任己所好。那时帝王穿的衣服，庶民百姓照样可以穿。春秋战国时，齐桓公喜欢穿紫色衣裳，百姓也随之仿效。可到了隋代，服装的色彩则成了区分"高低贵贱"的标志，紫色和白袍规定为五品以上官员服装，六品以下穿绯红色官服。唐代不仅继承了隋代的服装颜色等级制度，而且进一步明确规定，除皇帝可穿黄颜色服装外，"士庶不得以赤黄为衣"，并规定了一至九品官服的颜色，如果穿错颜色，就是违抗圣命，要治罪。明、清时期与隋、唐相比，更是有过之无不及。据载，明代画家戴进画《秋江独钓图》，因为给画中的老翁披了件红袍，宣宗皇帝便以"将朝廷品服套在钓鱼人身上大失体统"为由，将他逐出画院。画尚且如此，要是真有不识趣的垂钓老者，穿着红袍招摇过市，其结局不是杀头便是坐牢了。现代文明社会，人们选择服装色彩虽已无坐牢杀头之虞，但仍要考虑自己的年龄、职业、体型及着装的季节等诸多因素，尤其应该使服装色彩与自己的肤色相协调。

一般说来，皮肤比较白的人，对服装色彩要求不那么严格，白色衣料由于反射光线的能力较强，几乎穿在各色皮肤人的身上都比较协调。另外，海蓝色服装也适用于大多数人。皮肤黑黄的人，如穿灰调颜色的衣服，会显得更黑，因而适合穿以纯黑为主，以红、绿、紫为陪衬的服装；黄橙一类的暖色调也可以，但忌穿粉红、淡红和淡绿色的服装。皮肤暗褐的人，不要选择咖啡色。脸色苍白的人，最好穿淡紫色、黄色、浅橙色、淡玫瑰红、浅绿和白色的服装。颜面粗糙的人，不宜选配粉红、鹅黄色一类嫩色衣服和围巾，以免对比之下，更突出皮肤的粗糙性。

东方人的皮肤大都呈黄色，这种肤色在绚丽阳光照射下虽然很美，但如果处理不好，却会让人觉得不够健康。因而肤色发黄的人不宜选择艳丽的蓝色和紫色，也不要选黄色，还应注意尽量少穿绿色或灰色调的衣服，因为那样会使皮肤显得更黄，甚至会显出"病容"。最适宜的色彩是粉红色、橘红色等柔和的暖色。

另外，皮肤的色型与服装色彩的配合，还要顾及头发、眼睛的颜色，以及面料的花形和光泽等因素。只有不断地认识自我形象，找出服装的个性，才能使穿着体现出万千仪态，达到理想的装扮效果。

# 三、男士着装

案例 2-4

艺术家的服饰尴尬

2002 年，表演艺术家程先生在香港遭遇了着装带给他的窘境。那次境遇让程先生改变了一成不变的老观念：穿衣服确实不能忽视场合。当时，正在香港的某影星获悉程先生也到了香港，邀请他出席胞兄的画展，并嘱咐他一定去帮忙"捧场"。程先生到展厅的时间不早不晚，展厅里的人熙熙攘攘，程先生深深地感到人们的装束无不得体异常，而自己的一身打扮实在有失体面。

程先生回想起当时的情景还感慨不已："我身边的几位老总穿得都很到位：精制西装，风度翩翩，头发抹的光亮整齐，整齐得能看出梳子在头发上划过的一绺绺痕迹。那位明星一头短发，上衣的两个大尖领，像两把刀一样锋利地伸向两肩，腴白的脖子上是金光闪闪的小珠子项链。女星身穿明艳的晚礼服，黑色套头衫，显得那么帅气，那么干练。我呢，尽管西服料子不错，也合体，只是在香港穿了一个星期没离身，裤线早没了，上衣的兜盖不知怎么的反了向了，兜口老是张着，领带呢，恰巧又忘了系。"

程先生说最发怵的是头和脚。头发乱，因为他从来不抹油，习惯于早上起床后用梳子随便扒两下就算完事。"当时，头发都各自为政地在头上横躺竖卧，尤其是脑后'旋儿'旁边的那一绺，高高地矗着，不照镜子都能'心知肚明'。脚下一双皮鞋更显得寒酸，因为我穿着它已经走了整整一个星期。不亮不说，整个都走了形，像两个大鲶鱼头套在脚上。"

程先生说他感到了一种不自在，一种被环境隔离开来的不自在。更不自在的是很多人都认识他，这个握手，那个交谈，问这问那，他则答非所问，因为脑子里老想着头上"旋儿"边的那一绺站立着的头发……

从那以后，程先生非常注意在不同时间、不同场合、不同环境的服饰穿着和饰物的搭配，使自己的形象更完美。

**思考：** 从以上案例中，你得到了什么启示？

## （一）西装

西装，又名西服，顾名思义是西洋式的服装，它起源于欧洲。相传，那里的渔民因常年风里来浪里去，往返于海上，穿着领子敞开、纽扣少些的上衣比较方便，于是出现了现代西装上衣的雏形。同时，欧洲的马车夫为了驾驭方便，又在上装后襟上开了叉，这就成了西装中佼佼者——燕尾服的前身。今日的西装就是从那时的基础上发展起来的，并逐渐增加了佩戴领带或领结。晚清时，西装传入我国，被当时激进的青年作为接受新思想的一个象征。目前，在世界各地，西装已成为男士必备的国际性服装。而且尽管时装流行变化无穷，西装始终保持其基本造型的稳定不变。甚至很多职业女性对西装或套装也情有独钟。这是因为西装活泼而不失稳重，严肃而不呆板，西装造型美观、大方，给人以可靠有力之感，在正式社交场合不失高雅的风格，在办工场合也不失严肃性。

### 1. 西装的穿着礼仪

（1）西装的分类。西装可以分为礼服和便服。其中礼服又可以分为常礼服（又叫晨礼服，白天、日常穿）、小礼服（又叫晚礼服，晚间穿）、燕尾服。礼服要求面料必须是毛料，纯黑，需配黑皮鞋、黑袜子、白衬衣、黑领结。便服又分为便装和正装。商务人员一般穿着的都是正装。正装必须是西服套装，指两件套、三件套西装。在参与高层次的商务活动时，以穿三件套西服套装为最佳。便装指单件西装，即一件与裤子不配套的西装上衣，仅适用于非正式场合。

（2）西装的款式。男士的西装在款式上有欧式、英式、美式和日式。

欧式西装领型狭长，腰身中等。袖笼与垫肩较高，上衣呈倒梯形，多为双排扣；英式西装的外观和欧式西装相仿，但其垫肩较薄，后背开叉，穿起来比较绅士；美式西装的领型比较宽大，它垫肩适中，腰部略收，两侧开叉，多为单排三粒扣；日式西装的外观略呈"H"

形，它领型较窄和短，垫肩不高，后部多不开叉，一般为单排两粒扣。

欧式西装洒脱大气，英式西装剪裁得体，美式西装宽大飘逸，日式西装贴身凝重。比较而言，英式与日式西装似乎更适合中国人穿着。一般上衣不应过长或过短，过短看起来很滑稽，长了会显得不笔挺，很不精神。西装的裤子以筒裤为正统，不能太紧也不能太宽，太紧会影响活动同时也不雅观；太宽会显得自己挺不起来，摇摇晃晃有失庄重。西装的背心大都和上衣裤子是同质同色的，而且以"V"领为佳。

（3）西装的扣子。西服款式，要注意扣子的多少。首先是双排扣和单排扣的区别。双排扣西装，一般更多地具有时装性质，表现男人的典雅和别致，往往适合于社交场合选择。而单排扣西装更适合作为公务套装。单排西装又有两粒扣、三粒扣，甚至四粒扣的区别，两粒扣最正式，三粒扣也可以，三粒扣比较古典一些。但是四粒扣、五粒扣或者一粒扣，甚至没有扣的，则具有时装和休闲的性质。单排扣西装的扣子的系法最基本的讲究，最下面那粒扣子永远不系。但是千万要注意，不要所有的扣子都不系，所有的扣子都不系就成为休闲西装了。

（4）衬衫的穿着。和西装一起穿的衬衫，应是长袖的正装衬衫。正装衬衫必须是单一色，白色是最好的选择。另外，蓝色、灰色、黑色，也可以考虑。正装衬衫以没有任何图案为佳。正装衬衫的领型多为方领，选择衬衫时，要兼顾自己的脸形、脖长以及领带结的大小，反差不要过大。正装衬衫和西装配套穿时，要注意系领带时，领扣一定要系上，不打领带时，可以解开领扣。穿正装衬衫时要把下摆均匀的披到裤腰里面。

（5）颜色的选择。选择西装一定要注意色彩、颜色。从色彩的角度来讲，正装西装的基本特点是单色的、深色的。一般是蓝色、灰色居多，有时候也有咖啡色和黑色，但是黑色西装一般是当做礼服穿着的。在一般情况下，蓝色、灰色的西装，应为男士所常备。

（6）面料的选择。选择西装时，首先要注意面料。我们在选择西装的时候，在力所能及的范围之内要选择羊毛面料和其他纯正的、质地良好的面料，因为它们悬垂、透气、轻、薄、软，是高档西装的标志。

（7）领带的选择。领带是西装的灵魂，是男士西装最抢眼的饰物。最好的领带是用真丝或羊毛制成的。三条丝领带有时候也可以选择。但用棉、麻、绒、皮、革等物制成的领带，在正式活动时最好不要佩戴。简易的"一拉得"领带，不适合在正式场合使用。领带结要打得挺括、端正，并且在外观上呈倒三角形，领带结的具体大小，要和衬衫衣领的大小形成正比。领带打好后，下端应在腰带扣附近，过长或过短都需要调整。

**2. 穿西装的三个方面**

第一，三色原则。穿西装的时候，全身的颜色是不能多于三种的，包括上衣、裤子、衬衫、领带、鞋子、袜子在内，全身颜色应该在三种之内，此即三色原则。

第二，三一定律。重要场合穿西装、套装外出的时候，鞋子、腰带、公文包应为同一颜色，而且首选黑色。

第三，三个错误。穿西装时有三种错误是不能犯的。第一个错误是袖子上的商标没拆。买了西装之后，商标是一定要拆掉的，说明西装被启用了，如果商标不拆，有画蛇添足之感。第二个错误是在非常重要的场合，尤其是国际交往中，穿夹克，穿衬衫，打领带，这是不正式的打扮。第三个错误是重要场合，白色的袜子和尼龙丝袜都是不能和西装搭配的。

**案例 2 – 5**

里根的格子西服

1983 年 6 月，美国前总统里根出访欧洲四国时，就曾因穿了一件格子西服出席晚宴而引起一场轩然大波，招致在场的部分人向他身上扔鸡蛋。因为按照惯例，在正式的晚宴上应穿黑色或白色晚礼服，以示庄重、热烈、友好。于是有人认为里根是个很不严肃的人，处理重大事件缺乏责任感；也有人认为里根带有大国的傲慢，不把欧洲伙伴放在眼里。

## （二）其他

### 1. 公文包与钱夹

公文包是男性的隐形名片，不同职业的男性都有适合自己的公文包。一款适合自己的公文包是品位的象征，无论细节怎样变化，它们优质的选料和大方的设计，都能凸显男性的阳刚之气和优雅内敛的风貌。公文包并不是越名贵越好，适合自己才重要。无论是哪种风格，任何一个忽视了细节的元素，都会让整体装扮大打折扣。

### 2. 手表及眼镜

手表，又叫腕表。即佩戴在手腕上用以计时的工具。在社交场合，佩戴手表通常意味着时间观念强，作风严谨。手表有以弹簧为动力的机械表和以电池为动力的电子表，以及石英表等。手表的外壳大多为合金钢或金壳、镀金壳。表盘的设计有：凸盘式、平盘凸字式、夜光及彩色表盘。表带大多用金属材质及皮革制成。

选一只走时准确的表需要具备一些基本知识。先从外观上来看，优质的手表外壳应光滑、表盖旋合处应吻合严密，没有沙眼和划痕。表面玻璃的透明度以及表盘和表针的镀层光洁度也应该加以留心。腕上的手表也有"表情"：钢带手表的权威严谨、皮革表带的柔和理性以及各式电子表在色彩与造型上的新颖时尚，都应和整个着装风格协调，方可显出卓尔不凡的品位。在正式场合佩戴的手表在造型方面应当庄重、保守，避免怪异、新潮。色彩应力戒繁杂凌乱。一般应选择单色手表、双色手表，不应选择三色或三色以上手表。除数字、商标、厂名、品牌外，手表上没有必要出现其他图案，选择使用于正式场合的手表，尤其需要牢记此点。

戴眼镜的男性可以显得斯文、睿智而温厚。佩戴纤细镜框眼镜的男性显得细致而温文尔雅，粗重的黑框镜醒目而惹眼，更有各种时尚色彩，如宝石蓝及茶褐色边框，很受追求个性与创意的新潮人士的欢迎。仿古银色的镜架透露怀旧情绪，适合气质古典的男性。女性大都喜欢隐形眼镜。

# 四、女士着装

**案例 2 – 6**

职业着装

李玫是化妆品公司的直销人员，她的工作业绩一直都非常不错，在同行中受到不少人的尊重和羡慕。每次外出见自己的客户，李玫从来都不马虎，即使有时候客户约李玫在家里见面，李玫也从来不放松对自己的要求。每次都是穿着职业套裙前往。而公司的其他人则常常穿得非常休闲、随意地到顾客的家中介绍产品。李玫说："大家都知道穿职业套裙可以更好地体现我们职业女性的庄重优雅。我们到客户家中，对于客户来说，只是在家中，大家可以随便，爱怎么穿就怎么穿，可是对我们这些直销人员来说，我们是去工作的，所以着装是非常重要的。"听了李玫的这番话，大家才醒悟过来：是呀，平时客户来到公司，自己往往有一种工作状态，但是客户约在家中或者是公园等其他场所见面的时候，往往就忘了自己也仍然是在工作之中。

**思考：**职场上的女性在正式场合应当穿什么样的衣服才符合礼仪的规范呢？

商务礼仪规定，商界女士在各种正式的商务交往之中，一般以穿着套裙为好。在涉外商务活动之中，则务必应当这样。除此之外，大都没有必要非穿套裙不可。商界女士在正式场合要想显得衣着不俗，不仅要注意选择一身符合常规要求的套裙，更要注意的是，套裙的穿着一定要得法。

## (一) 职业套裙的分类与选择

"云想衣裳花想容"，相对于偏于稳重单调的男士着装，女士们的着装则亮丽丰富得多。得体的穿着，不仅可以显得更加美丽，还可以体现出一个现代文明人良好的修养和独到的品位。

20世纪30年代，法国时装设计师克里斯蒂安·迪欧，以拉丁字母为形式，创造了"H"型、"X"型、"A"型、"V"型四种造型模式。这四种造型各有各的特点。

"H"型：主要指上下无明显变化的宽腰式服装，其肩部、三围和裤子或裙子的下脚线、宽度基本一致。如男女衬衫、直身连衣裙、直身大衣等，其形状如一个上下等粗的拉丁字母H。穿着此种服装，给人以自由、轻松、洒脱之感。

"A"型：指上小下大的服装造型。基本特点是肩部下塌、贴体，下摆宽大，有的还呈波浪形。20世纪50年代后流行于欧美各国的连袖式服装即是这种类型。由于此种服装肩部窄小，裙摆或裤脚宽大，穿着时给人以优雅、轻盈、飘逸之感。

"V"型：是与"A"型服装恰恰相反的服装造型，呈上宽下窄的形状，如同拉丁字母V。这是一种与下身直筒长裤相配的宽肩式服装，其造型结构简练，穿着起来舒适、利落。

"X"型：这是服装外形的基础，也称主型。它是根据人体外型的自然曲线——肩宽、腰细、臀围大的特点而设计的服装，符合人体的体型特征。"X"型服装穿着起来能够充分反映出人体的自然曲线美，给人以活泼、浪漫之感。

在现代服装的大潮中，回归自然成了人们追求的目标。简洁、质朴、大方也是当今时装发展的潮流。简洁方面表现在服装总体造型上的简化，消除了那些曾束缚人体、有碍动作的各种附加的衣裙支架、托衬、高领、硬领等，使服装造型与人体曲线更加吻合。另外，表现在服装附加装饰的简化，因为传统的装饰显得累赘、烦琐、重叠，堆砌的各种褶皱、绦边、带饰、花结等纯装饰性的附件大为减少。从而使造型的装饰都更加突出了人体的自然美。

## (二) 职业套裙的搭配

### 1. 衬衣

与职业套裙搭配的衬衫颜色最好是白色、米色、粉红色等单色，也可以有一些简单的线条和细格图案。衬衫的面料最好是棉或丝绸质地的。衬衣的款式要裁剪简洁，不带花边和褶皱。

穿衬衣时，其下摆必须放在裙腰之内，不能放在裙腰外，或将衬衣的下摆在腰间打结。除了最上一颗扣子按照惯例可以不系以外，其他纽扣不能够随意解开，不能随意脱下外套西装，直接以衬衣对人。

**2. 皮鞋和袜子**

制式皮鞋是女性的必备款。黑色牛皮为首选或与套裙颜色一致（但鲜红、明黄、艳绿、浅紫等不宜）。通常鞋子的颜色要比衣服深，否则必须有其他饰物如包来相呼应。

肉色丝袜是最安全的搭配袜子，还可选黑色、浅灰、浅棕等。须注意，鞋、袜大小要适宜，不可当众脱下，袜子不可以随意乱穿（如以健美裤、九分裤当袜子穿），袜口不可暴露于外。但是一定要注意不要有勾丝或破洞；一定要准备备用丝袜放在包中，会增加安全感。

## （三）正式场合女士礼服的选择

**1. 晚礼服**

晚礼服是晚上20：00以后穿用的正式礼服，是女士礼服中最高档次、最具特色、充分展示个性的礼服样式，又称夜礼服、晚宴服、舞会服。常与披肩、外套、斗篷之类的衣服相配，与华美的装饰手套等共同构成整体装束效果。

**2. 下午装**

下午装是指白天外出正式拜会访问、参加庆典仪式时穿用的正式服装，具有高雅、沉稳的风格。午服不宜过于暴露肌肤，领、袖、肩既不可过于裸露又不可过于严实，以免显得死板拘谨。女性的午服不仅仅局限于只穿一件式连衣裙，可以将两件套、三件套等作为办公装引进午服系列，但是要注意饰品、鞋、包的搭配。

**3. 小礼服**

傍晚时分穿用的礼服，介于午服与晚礼服之间。比起豪华气派的晚礼服这种服装更注重场合、气氛，相对简化一些。

## （四）配饰

饰物，在比较重要的场合，男性也好，女性也好，身上的装饰是比较重要的。我们所用的装饰通常是两种：第一种是实用型的，第二种是装饰型的。

饰物佩戴和饰物使用时需要注意的基本礼仪有以下四点：一是以少为佳；二是同质同色；三是符合习俗；四是注意搭配。戒指通常应戴于左手。左手食指上的戒指代表无偶求爱；戴在中指上，表示正处在恋爱之中；戴在无名指上，表示名花有主，佩戴者已订婚或结婚；戴在小指上，则暗示自己是位独身主义者，将终身不嫁（娶）。在不少西方国家里，未婚妇女的戒指是戴在右手的中指上，修女则把戒指戴在右手无名指上，这意味着将爱献给上帝。一般情况下，一只手上只戴一枚戒指，戴两枚或两枚以上均不适宜。

手镯和手链的佩戴讲究相仿。已婚者应将之佩戴在自己的左腕或左右双腕同时佩戴；仅戴于右腕者则表示自己是自由不羁的人。一只手上不能同时戴两只或两只以上的手镯或手链。项链、耳环、胸花的佩戴因人而异。总的来说，除扬长避短外，只要不过分耀眼刺目就行了。

**案例 2 – 7**

错戴的戒指

李小姐在某公司做文秘工作，一次在接待客户时，领导让她照顾一位华侨女士。临分别时，华侨对李小姐的热情和周到的服务非常满意，留下名片，并认真地说："谢谢！欢迎你到我公司来做客，请代我向你的先生问好。"小李愣住了，因为她根本没有男朋友。原来她在左手无名指上戴了一枚戒指。

**思考：**请说出李小姐的佩饰有什么不妥之处。

## （五）女士商务场合着装禁忌

领子不要低到可以看见胸部，会过于吸引人们的目光。

裙子不要高于膝盖两英寸以上，请把超短裙留在八小时以外；布料太轻薄、透明的、紧包身体的衣服与没有穿衣服的区别不大；女性的外套、衬衣、裤子、裙装最好不要有醒目的大花纹或图案；留心服装上的文字，以免上当或成为笑柄。

不要盲目地追求时尚，如果时尚与权威或可信度相冲突，请选择保守的、有权威和可信度的服装。

## 单项实训

**实训目标**

通过实训，真正理解商务正装的内涵，掌握男士西装和女士西装套裙的穿着规范，并能准确判断什么场合应着正装出席。

**场景设置**

我方 A 公司与美方 B 公司在某酒店共同举行项目签约仪式。我方代表男女各二人，美方代表男女各二人。

**实训内容**

1. 实训前的准备

（1）实训场地的准备：带镜子的实训室。

（2）道具准备：男女同学各准备西装一套。

2. 实训的具体步骤

（1）课前教师介绍实训场景并提出实训要求。

（2）实训角色分配。以小组为单位，具体角色由学生自由商定，每组分别由 4 名同学扮演我方人员，4 名同学扮演美方人员，其余同学做解说员或主持人，协助签约仪式的完成。

（3）角色扮演。

（4）学生以小组为单位进行着装搭配并演练讲解。

（5）各小组依次上台进行着装展示和讲解。

（6）回答评判组的提问。

（7）教师点评，重点让学生掌握要领和细节。

3．实训提示

（1）正确理解正装的含义。

（2）注意衬衫、领带和西装的协调。

（3）女士着套裙，注意鞋、袜子的搭配。

（4）注意在着装规范前提下的个性搭配。

**效果评价（见表 2 -2）**

表 2 -2　　　　　　　　　　**商务正装的穿着效果评价表**

姓名：　　　　　　　　　　　　　　　　　　　　　　　　　　　　时间：

| 考核项目 | 考核内容 | 分值 | 小组评分（50%） | 教师评分（50%） | 实得分 |
|---|---|---|---|---|---|
| 商务正装的穿着 | 1．正装的选择 | 15 | | | |
| | 2．正装穿着规范 | 30 | | | |
| | 3．衬衣选择 | 5 | | | |
| | 4．领带选择及打发（男） | 10 | | | |
| | 5．袜子与鞋选择 | 10 | | | |
| | 6．创意（女） | 10 | | | |
| | 7．整体形象 | 5 | | | |
| | 8．现场答辩 | 10 | | | |
| | 9．小组主持人的表现 | 5 | | | |
| 合计 | | 100 | | | |

注：考评满分为 100 分，60～70 分为中等，81～90 分为良好，91 分及以上为优秀。

教师签名：

# 任务 3　仪态礼仪

**任务目标**：掌握商务人员仪态的基本要求和相关礼仪。

**案例 2 -8**

口哨的代价

1786 年，法国国王路易十六的王后玛丽·安东尼到巴黎戏剧院看戏，全场起立鼓掌。放荡不羁的奥古斯丁公爵为了引起王后的注意，面向王后吹了两声很响的口哨。当时吹口哨被视为严重的调戏行为，国王大怒，把奥古斯丁公爵投入监狱。而奥古斯丁入狱后似乎就被遗忘了，既不审讯，也不判刑，就日复一日地关着。后因时局变化，也曾有过出狱的机会，但阴差阳错，终究还是无人问津。直到 1836 年老态龙钟的奥古斯丁才被释放，当时已经 72 岁。两声口哨换来 50 年的牢狱之灾，实在是天大的代价。

**思考**：从这个案例中你得到了什么启示？

举止是人际交往过程中的礼仪表现形式，除了口语的礼仪外，它讲究的是人体动作的礼仪。它是通过人的肢体、器官的动作的变化，来表达思想感情的语言符号，也叫人体语言或肢体语言。通过一个人的举止可以透视出一个人的精神状态、心理活动、文化修养及审美情趣。培根说过："相貌的美高于色泽的美，而优雅合适的动作的美又高于相貌的美。"姿态比相貌更能展现人的精神气质。举止行为的好坏、美丑除了对一个人身体的健康有着很大的影响外，对人的心理状况也有着一定的透视性。从某种意义上来讲，人的行为举止也是一种语言，它是无声的，但有时比有声的言语更富表现力，使许多有声语言和此类语言无法比拟。同一个人在不同场合会有不同的身体姿势，或静或动，或快或慢；同一种姿势在不同的时间、不同的人面前也会有极其细小且微妙的差别。这种种变化都代表着寓意不同的信号，向人们传达着不同的信息。然而，行为举止的变化，最终还是由人的心态变化所引起的，任何一种举止行为都毫无掩饰地反映了人当时的某种心理状态和一个人的内在素养。

举止行为是人内心活动的一面镜子。从人们在日常生活中的所作所为，就可以推知其内心世界。我们对一个人的评价，往往就来源于对他一言一行、一举一动的观察和概括。在生活中处处故作姿态、装腔作势是没有必要的，也是不可取的，但是不注意生活小事，举止行为粗俗也会导致全盘皆非。生活中，美来自很多方面，优雅、大方的举止行为是人体动态美和静态美的造型，它来自人的本身。

在日常生活中人的身体可呈现出多种姿态，如躺、卧、屈膝、直立等。但就一般而言，人在公众交往场合常常以站、坐、走等姿势与活动作为自己的各种造型。不同的姿势有其不同的作用、不同的表现，反映着人的不同心态，同时也会给他人以不同的印象。

# 一、站姿

案例 2-9

### 曹操见来使

曹操当了魏王以后，北方匈奴派使节来参见。曹操觉得自己个子矮小，貌不惊人，不足以使远国使节敬畏，因此请相貌堂堂的部下崔琰代替接见来使，自己拿了把刀充做侍卫站在旁边。接见仪式完毕后，曹操派人问来使感觉怎么样，匈奴使节说："魏王身材魁梧，气度非凡，然而魏王身后的操刀者才是真英雄"。

**思考：** 从这个小故事中我们可以看出，一个人的站姿是体现个人风采的重要因素。究竟应该怎么站呢？

站姿是人的静态造型动作，是其他人体动态造型的基础和起点。优美的站姿能显示个人的自信，并给他人留下美好而隽永的印象。

站立应挺直、舒展、收腹、眼睛平视前方，嘴微闭，手臂自然下垂。正式场合不应该将手插在裤袋里或交叉在胸前，更不要有下意识的小动作。正确健康的站姿，从身体的侧面观察，人的脊椎骨是呈自然垂直的状态，身体重心应置于双足的后部；双膝并拢，收腹收臀，直腰挺胸；双肩稍向后放平；梗颈、收颌、抬头；双臂自然下垂置于身体两侧，或双手体前相搭放置小腹位。

　　男士站立时，双脚可分开与肩同宽，双手亦可在后腰处交叉搭放，以体现男性的阳刚之气，其他部位要求不变。女士站立最优美的姿态为身体微侧，呈自然的45°，斜对前方，面部朝向正前方。脚呈丁字步，即右（左）脚位于左（右）脚的中后部，人体重心落于双脚间。其余与上同。这样的站姿可使女性看上去体态修长、苗条，同时也能显出女子的阴柔之美。无论男女，站立时要防止身体东倒西歪，重心不稳，更不得倚墙靠壁，一副无精打采的样子。另外，双手不可叉在腰间或环抱在胸前，貌似盛气凌人，令人难以接受。

## 二、坐姿

　　与站立一样，端庄、优雅的坐姿也能表现出一个人的静态美感。文雅的坐姿，不仅给人以沉着、稳重、冷静的感觉，而且也是展现自己气质和风度的重要形式。

　　**1. 男士基本坐姿要求**

　　（1）入座时要轻、稳、缓。走到座位前，转身后轻稳地坐下。如果椅子位置不合适，需要挪动椅子的位置，应当先把椅子移至欲就座处，然后入座。

　　（2）身体重心应该垂直向下，腰部挺直，两腿略分开，与肩膀同宽，看起来不至于太过拘束。

　　（3）坐在沙发上时，姿势应端正，态度安详，整个身体不要往内靠。

　　（4）头部要保持平稳，目光平视前方，神态从容自如，脸上保持轻松和缓的笑容。

　　（5）双肩平正放松，两臂自然弯曲放在腿上，亦可放在椅子或是沙发扶手上，以自然得体为宜，掌心向下。

　　（6）两膝间可分开一拳左右的距离，脚态可取小八字步或稍分开以显自然洒脱之美，但不可尽情打开腿脚，那样会显得粗俗和傲慢。如长时间端坐，可双腿交叉重叠，但要注意将上面的腿向回收，脚尖向下。

　　（7）两脚应尽量平放在地，大腿与小腿成直角，双手以半握拳的方式放在腿上，或是椅子的扶手上。

　　（8）如果是侧坐，应该上半身与腿同时转向一侧，面部仍是正对正前方，双肩保持平衡。

　　（9）坐在椅子上，应至少坐满椅子的2/3，宽座沙发则至少坐1/2。落座后至少10分钟左右时间不要靠椅背。时间久了，可轻靠椅背。

　　（10）谈话时应根据交谈者方位，将上体双膝侧转向交谈者，上身仍保持挺直，不要出现自卑、恭维、讨好的姿态。

　　（11）离座时要自然稳当，右脚向后收半步，而后站起。

　　**2. 女士基本坐姿要求**

　　（1）入座时要轻稳，走到座位前，转身后退，轻稳地坐下。如果是衣着裙装，应用手将裙子稍稍拢一下，不要坐下后再拉拽衣裙，那样不优雅。

　　（2）上体自然坐直，立腰，双肩平正放松。

　　（3）两臂自然弯曲放在膝上，也可以放在椅子或沙发的扶手上，掌心向下。

　　（4）双膝自然并拢，双脚平落在地上。

（5）坐在椅子上，至少应坐满椅子的2/3，脊背轻靠椅背。

（6）端坐时间过长时可换一下姿势：将两腿并拢，两脚同时向左或向右放，两手叠放，置于左腿或右腿上形成优美的"S"形，也可以两腿交叉重叠，但要注意将上面的小腿回收，脚尖向下。

（7）坐姿的选择还要根据椅子的高低以及有无扶手和靠背进行调整，两手、两腿、两脚还可有多种摆法，但两腿叉开，或成四字形的叠腿方式是很不合适的。

（8）起立时，右脚向后退半步，而后站立。

总体来说，男女的坐姿大体相同，只是在细节上存在一些差别。无论男女，就座时下意识地随意抖腿在任何时间都是登不了大雅之堂的。

[知识链接] 入座后的八种坐姿：一是标准式，男女皆有。这种坐姿的要求是：上身挺直，双肩平正，两臂自然弯曲，两手交叉叠放在两腿中部或扶手上，并靠近小腹，男士两脚自然分开成45°；女士两膝并拢，小腿垂直于地面，两脚保持小丁字步。二是前伸式，男女皆有。这种坐姿的要求是：在标准坐姿的基础上，两小腿向前伸出两脚并拢，脚尖不要翘。三是前交叉式，男女皆有。这种坐姿的要求是：在前伸式基础上，右脚后缩，与左脚交叉，两踝关节重叠，两脚尖着地。四是屈直式，男女皆有。这种坐姿的要求是：右脚前伸，左小腿屈回，大腿靠紧，两脚前脚掌着地，并在一条直线上。五是后点式，女士专有。这种坐姿的要求是：两小腿后屈，脚尖着地，双膝并拢。六是侧点式，女士专有。这种坐姿的要求是：两小腿向左斜出，两膝并拢，右脚跟靠拢左脚内侧，右脚掌着地，左脚尖着地，头和身躯向左斜。注意大腿小腿要呈90°，小腿伸直，显示小腿长度。七是侧挂式，女士专有。这种坐姿的要求是：在侧点式基础上，左小腿后屈，脚绷直，脚掌内侧着地，右脚提起，用脚面贴住左踝，膝和小腿并拢，上身右转。八是重叠式，男女皆有。这种坐姿的要求是：重叠式也叫"二郎腿"或"标准式架腿"等。在标准式基础上，两腿向前，一条腿提起，腿窝落在另一条腿膝上边。要注意上边的腿向里收，贴住另一腿，脚尖向下。

## 三、走姿

如果站姿和坐姿被称作是人体的静态造型的话，那么，走姿则是人体的动态造型。走姿，即行走的姿势，它产生的是运动之美。走路，我们每个人都会，但如何走出风度、走出优雅、走出美来，则要靠平时的练习与注意。

古人说："行如风"，要求人们走起路来像风一样轻盈，就是应做到：两眼平视前方；抬头合颌梗脖子；上体正直，收腹、挺胸、直腰；身体重心落于足的中央，不可偏斜。迈步前进时，重心应从足中移到足的前部；腰部以上至肩部应尽量减少动作，保持平稳；双臂靠近身体随步伐前后自然摆动；手臂与身体的夹角一般在10°~15°，由大臂带动小臂摆动，肘关节只可微曲。手指自然弯曲朝向身体。行走路线尽可能保持平直，步幅适中，两步的间距以自己一只脚的长度为宜。

## 四、蹲姿

蹲姿在商务界场合用的不多，但最易犯错误。商务人士在公共场合所拿取低处的物品或拾起地上的东西时，不妨使用下蹲和屈膝的动作，这样可以避免弯上身和翘臀部。尤其是商务女士在穿裙装时，如不注意背后的上衣自然上提，露出臀部皮肉和内衣很不雅观。

蹲姿的基本要领是：站在所取物品的旁边，蹲下屈膝去拿，而不要低头，也不要弓背，要慢慢地把腰部低下；两腿合力支撑身体，掌握好身体的重心，臀部向下。

讲究优雅的蹲姿礼仪，一般有以下两种方法：

## （一）高低式蹲姿

高低式蹲姿指下蹲时左脚在前，右脚稍后（不重叠），两腿靠紧向下蹲。左脚全脚着地，小腿基本垂直于地面，右脚跟提起，脚掌着地。右膝低于左膝，右脚内侧靠于左小腿内侧，形成左膝高右膝低的姿势，臀部向下，基本上以右腿支撑身体。男士选用这种蹲姿时，两腿之间可有适当距离。

## （二）交叉式蹲姿

交叉式蹲姿指下蹲时右脚在前，左脚在后，右小腿垂直于地面，全脚着地。左脚在后与右脚交叉重叠，左膝由后面伸向右侧，左脚跟抬起脚掌着地。两腿前后靠紧，合力支撑身体。臀部向下，上身稍前倾。

# 五、手势

手是人体态语中最重要的传播媒介，招手、挥手、握手、摆手等都表示着不同的意义。人在紧张、兴奋、焦急时，手都会有意无意地表现着。作为仪态的重要组成部分，手势应该得到正确的使用。手势也是人们交往时不可缺少的动作，是最有表现力的一种"体态语言"。

俗话说："心有所思，手有所指"，手的魅力并不亚于眼睛，甚至可以说手就是人的第二双眼睛。手势表现的含义非常丰富，表达的感情也非常微妙复杂。如招手致意、挥手告别、拍手称赞、拱手致谢、举手赞同、摆手拒绝。手抚是爱、手指是怒、手搂是亲、手捧是敬、手遮是羞等。手势的含义，或是发出信息，或是表示喜恶表达感情。能够恰当地运用手势表情达意，会为交际形象增辉。掌握正确的手势礼仪，首先要求我们在使用手势礼仪时务必注意以下事项：

（1）在交往中，为了增强说话者的语言感染力，一般可考虑使用一定的手势，但要切记手势不宜过多，动作不宜过大，切忌"指手画脚"和"手舞足蹈"。

（2）打招呼、致意、告别、欢呼、鼓掌属于手势范围，应该注意其力度大小、速度的快慢、时间的长短，不可过度。鼓掌是表示欢迎、祝贺、赞许、致谢等的礼貌举止。在正式社交场合，观看文艺演出、听报告、听演讲等都用热烈的掌声表示钦佩、祝贺。鼓掌的标准动作应该是用右手掌轻拍左手掌的掌心，鼓掌时不应戴手套，宜自然，切忌为了使掌声大而使劲鼓掌，应自然终止。鼓掌要热烈，但不要"忘形"，一旦忘形，鼓掌的意义就发生了质的变化而成"喝倒彩""鼓倒掌"，有起哄之嫌，这样是失礼的。注意鼓掌尽量不要用语言配合，那样是没有修养的表现。

（3）在任何情况下都不要用大拇指指自己的鼻尖和用手指指点他人。谈到自己时应用手掌轻按自己的左胸，那样会显得端庄、大方、可信。用手指指点他人的手势是不礼貌的。

（4）一般认为，掌心向上的手势有诚恳、尊重他人的含义；掌心向下的手势意味着不够坦率、缺乏诚意等；攥紧拳头暗示进攻和自卫，也表示愤怒；伸出手指来指点，是要引起他人的注意，含有教训人的意味。因此，在介绍某人、为某人引路指示方向、请人做某事时，应该掌心向上，以肘关节为轴，上身稍向前倾，以示尊敬。这种手势被认为是诚恳、恭敬、有礼貌的。

（5）有些手势在使用时应注意区域和各国不同习惯，不可以乱用。各地习俗迥异，相同的手势表达的意思，不仅有所不同，而且有的大相径庭。如在某些国家认为竖起大拇指、其余四指蜷曲表示称赞夸奖，但澳大利亚则认为竖起大拇指，尤其是横向伸出大拇指是一种污辱；英国人跷起大拇指是拦车要求搭车的意思。用大拇指和食指构成一个圆圈，其他三指伸直，就是"OK"的手势，这一手势在欧洲表示赞扬和允诺的意思，特别在青年学生中广为流行。然而在法国南部、希腊、撒丁岛等地，它的意思恰好相反。阿拉伯人用两个小手指拉在一起表示断交，吉卜赛人掸去肩上的尘土表示你快走开。由此不难看出，每种文化都有自己的"手势语言"，千姿百态的手势语言，饱含着人类无比丰富的情感。它虽然不像有声语言那样实用，但在人际交往中能起到有声语言无法替代的作用。

相反，当我们忽视手势礼仪的正确使用时，在日常生活中某些不雅的行为举止常常会令人极为反感，严重影响交际风度和自我形象，应特别注意避免。

## 六、其他动作姿态

### （一）低处拾物

当拾捡掉落地东西或取放低处物品时，最好走近物品，上体正直，单腿下蹲。这样既可轻松自如地达到目的，又能展示你优美的体态。那种直腿下腰翘臀或双腿下蹲的取捡物姿势都是不可取的。蹲姿是所有姿态中最不雅观的姿态，通常不要轻易蹲下。万不得已下蹲时，我们要能够变通侧向对着别人蹲下。

### （二）上下楼梯

上楼或下楼时，上体均应保持直挺，且靠右行，勿低头看梯，双腿应平视正前方。落脚要轻，重心一般位于前脚的脚前部，以求平稳。

### （三）搭乘轿车

欲进车内时，一定要先侧身坐于车座上，而后将双腿、脚同时挪入车门，再将身体调整好，安坐待行。下车时，亦应将双腿先行移出，再侧身出来。错误且不雅的姿势莫过于先低头钻进车内，弯腰翘臀，然后双脚轮流跨入，如同爬行，下车时也是先探头后钻身出车。

上面提到的不正确的动作姿态从个人礼仪角度分析，会影响到一个人自身形象的美丑以及别人对他的总体评价。总之，对个人来说，保持良好的人体姿态将受益终身。

## 七、个人举止行为的各种禁忌

这里所说的禁忌行为，是被常人称之为"小节"的动作举止。"小节"虽小，但它们不仅是影响人体整体形象的主要因素，而且是构成个人公德观念的重要内容。因此，我们不可将这些视为毫末小事，而应给予足够的重视。

第一，在众人之中，应力求避免从身体内发出的各种异常的声音。实在无法避免时，如咳嗽、打喷嚏、打哈欠等均应侧身掩面再为之。

第二，公共场合不得用手抓挠身体的任何部位。文雅起见，最好不当众抓耳搔腮、挖耳鼻、揉眼搓泥垢，也不可随意剔牙、修剪指甲、梳理头发。若身体不适非做不可，则应去洗手间完成。

第三，公开露面前，须把衣裤整理好。尤其是出洗手间时，你的样子最好与进去时保持一样，或更好才行，边走边扣扣子、边拉拉链、擦手甩水都是失礼的。

第四，参加正式活动前，不宜吃带有强烈刺激性气味的食物（如葱蒜、韭菜、洋葱等），以免因口腔异味而引起交往对象的不悦甚至反感。

第五，在公共场所，高声谈笑、大呼小叫是一种极不文明的行为，应避免。在人群集中的地方特别要求交谈者加倍地低声细语，声音的大小以不引起他人注意为宜。

第六，对陌生人不要盯视或评头论足。当他人做私人谈话时，不可接近之。他人需要自己帮助时，要尽力而为。见别人有不幸之事，不可有嘲笑、起哄之举动。自己的行动妨碍了他人应致歉，得到别人的帮助应立即道谢。

第七，在人来人往的公共场所最好不要吃东西，更不要出于友好而逼着在场的人非尝一尝你吃的东西不可，爱吃零食者，在公共场所为了维护自己的美好形象，一定要有所克制。

第八，感冒或其他传染病患者应避免参加各种公共场所的活动，以免将病毒传染给他人，影响他人的身体健康。

第九，对一切公共活动场所的规则都应无条件地遵守与服从，这是最起码的公德观念。不随地吐痰，不随手乱扔烟头及其他废物。非吐非扔不可，那就必须等找到污物桶后再行动。

第十，在大庭广众之下，不要趴在或坐在桌上，也不要在他人面前躺在沙发里。走路脚步要放轻，不要走得咚咚作响，遇到急事时，不要急不择路，慌张奔跑。

这些不利于自己又有妨碍他人的行为举止，除令人望而生厌外，还从根本上与良好的个人礼仪相悖。因此，在日常生活中我们不应等闲视之。

## 单项实训

### 实训目标

通过实训，了解并掌握站、坐、行等仪态的基本规范，举手投足力求协调、体现美感、符合身份和情境。学会运用各种基本的姿势规范表达情感，加强沟通，提高姿势的综合运用能力。

### 场景设置

A公司营销经理王先生和店长李女士前往B公司拜访其招商部经理张女士，两人按约定时间到达B公司，由前台吴小姐将其引领到招商部经理办公室进行洽谈，吴小姐在给客人倒茶后离开。

### 实训内容

1. 实训前的准备

（1）实训场地的准备：实训室、会议桌、椅子及办公桌。

（2）设备及材料的准备：摄像机、电脑及多媒体投影仪。

2. 实训的具体步骤

（1）教师分别示范站、坐、行、蹲和手势的规范做法。

（2）学生在教师的指导下练习（学生在练习时需录像）。

（3）回放录像进行点评。

（4）教师介绍实训场景并提出实训要求。

（5）实训角色分配。以小组为单位，具体角色由学生商定。

（6）小组依次上台展示。

（7）教师进行点评，重点是让学生掌握要领和细节。

3. 实训提示

注意实训各环节的运用：

（1）到访，注意坐姿、站姿。

（2）会面，注意手势、坐姿。

（3）奉茶，注意蹲姿、行姿。

**效果评价（见表 2 – 3）**

表 2 – 3　　　　　　　　**仪态礼仪效果评价表**

姓名：　　　　　　　　　　　　　　　　　　　　　　　　　　　　　　时间：

| 考核项目 | 考核内容 | 分值 | 小组评分（50%） | 教师评分（50%） | 实得分 |
|---|---|---|---|---|---|
| 仪态礼训 | 站姿 | 5 | | | |
| | 坐姿 | 5 | | | |
| | 行姿 | 5 | | | |
| | 蹲姿 | 5 | | | |
| | 鞠躬 | 5 | | | |
| | 手势 | 5 | | | |
| | 角色王经理 | 15 | | | |
| | 角色李女士 | 15 | | | |
| | 角色张经理 | 10 | | | |
| | 角色吴小姐 | 20 | | | |
| | 整体表现 | 10 | | | |
| 合计 | | 100 | | | |

（表头：仪态礼仪实训评价表）

注：考评满分为100分，60～70分为中等，81～90分为良好，91分及以上为优秀。

教师签名：

# 任务4　表情礼仪

**任务目标**：掌握商务人员举止的基本要求和相关礼仪。

**案例 2－10**

原一平的表情恳谈会

被誉为"推销员之神"的原一平为了让自己的事业有不凡的业绩，每月召开一次"批评原一平大会"，且持续了五年之久，重要内容包括原一平到底是一个什么样的人，他的表情如何，别人对他有何意见或批评等。有一年的"批评原一平大会"时，顾客们对躺在"菜板"上的原一平任意"宰割"之后，排列出来的评语有：你太急躁，你的笑容不够诚挚，你与人打交道过于势利、一心想急于成交，你有时笑得不耐烦；你的举止如常即可，何必穷紧张？你过快地配合、模仿对方的表情与手势，容易招致失败，等等。

**思考：**从这个案例中你得到了什么启示？

表情是指人的面部情态。它可以传情达意，表现人的心理。与仪态一样，表情也是人类无声的语言。现代传播学认为，它属于人际交流中的"非语言信息传播系统"。并且是其核心的组成部分。相对于仪态而言，表情更为直观，更为形象，更易于为人们觉察和理解。美国心理学家艾伯特通过实验把人的感情表达效果总结了一个公式：传递信息的总效果也就是感情的表达 = 7% 的语言 + 38% 的声音 + 55% 的表情。这说明表情在人际感情沟通中占有相当重要的位置。表情是人的面部感情的外显。严格地讲，一个人的表情包括眼神、笑容和面部肌肉的动作。比如说眨眨眼，耸耸鼻子，嘴巴歪一歪，都有一定的含义。但是，一个人的表情是主要是通过眼神和笑容体现出来的。

# 一、微笑

微笑是一门学问，也是一门艺术。微笑是与人交往过程中最富有吸引力、最令他人愉悦，也是最有价值的面部表情。微笑是友善、和蔼、融洽、真诚等美好感情的表现。它能沟通心灵，给人以平易近人之感，可以消除陌生人初次见面时的拘束感。商务人员的一言一行能否深入人心，能否给初次见面的人留下非常良好而且深刻的第一印象，微笑的巧妙运用将起着至关重要的桥梁作用。所以，在生活中，不要吝啬自己的微笑，微笑不仅会给你的工作带来好心情，还会有助于顺利打通各种复杂的人际关系，易于被他人接受。微笑的功能是非常巨大的，但要注意的是，微笑一定要恰到好处。发自内心、自然坦诚的微笑才是最美丽、最动人的。在任何场合都不可故作笑脸，要防止生硬、虚伪、笑不由衷。不要露出笑容后立刻收起，不要把微笑仅给那些有特殊身份的人。

[**知识链接**] 微笑的五种训练方法：一是拇指法。双手四指轻握，两拇指伸出，呈倒八字形，以食指关节轻贴颧骨附近；两拇指肚向上，放于嘴角两端一厘米处，轻轻向斜上方拉动嘴唇两角；反复多次，观察寻求你满意的微笑感觉状态后，封存记忆。或双手上指轻握，两拳手背向外放于唇下方；两拇指伸出，两拇指肚放在唇角处，做斜上方向内轻轻拉动。反复动作，寻找满意位置。二是食指法。轻握双拳，两食指伸出呈倒八字形，放于嘴唇两角处，向斜上方轻轻拉动嘴角，并寻找最佳位置。或双手轻握，伸出食指；两拳相靠放于下巴下方，两食指放在嘴角两端，向斜上方轻轻推动。反复推动多次，一直找到满意位置为止。三是中指法。两中指伸出，其余四指自然收拢、半握；两中指肚放在嘴角两端，轻轻向斜上方

拉动。反复多次，寻找你美丽的微笑感觉。四是小指法。两小指伸出，其余四指自然收拢、半握；两小指肚放在嘴角两端，轻轻拉动嘴角；反复动作，直到找到满意的微笑状态为止。五是双指法。双手拇指、食指伸出，其余三指轻轻握拢；用两拇指顶在下巴下面；两食指内侧面放在嘴角处，向斜上方轻轻推动；反复多次，直到满意为止。或双手拇指、食指伸出，其余三指握拢；将两食指按放在两眉上外端；两拇指放在嘴角处，向斜上方轻缓拉动。反复多次，直到满意后，定格欣赏，再留存记忆中。

[知识链接] 美国爱达荷州波卡特洛市有一条奇特的法令：凡在街道及公共场合愁眉苦脸的人，一律要被保安带走，到一个"微笑站"接受教育。在那里，有工作人员专门教他如何露出微笑，只有合格之后，才放他离开。波卡特洛市推行这一法令已经四十多年了。这里的人们微笑已成习惯，故该城有"微笑之都"的美称。

## 二、目　光

目光是人们通过视线接触所传递的信息，也称眼神。人的心理特征的表达与接受往往与眼睛分不开。目光微妙的变化，准确、迅速地反映着人深层心理情感的变化。如仰视，有尊敬或崇拜之感；俯视，一般表示爱护、宽容与傲慢、轻视之意；而正视则体现平等、公正或自信、坦率。言谈过程中，目光应以温和、大方、亲切为宜，应多用平视的目光语，双目注视对方的眼鼻之间，表明重视对方或对其发言颇感兴趣，同时也体现出自己的坦诚。那种故意回避对方或闪烁不定的目光语，均会形成交谈障碍，应该摒弃。但当双方缄默不语，或别人失言时，不应再看着对方，以免使已有的尴尬加剧。眼神运用要特别注意三点：一是协调好注视时间，二是充分掌控好凝视区域，三是注意注视的角度。

### (一) 注视时间

注视别人，时间的长短要注意。一眼不看，绝对失礼，长时间看着不动、没完没了也不行。心理学家告诉我们，当你和一个人交流的时候，看对方的时间应该是交谈时间的 1/3 到 2/3 比较好。如果少于 1/3 的时间，有蔑视和轻视之嫌。如果要百分之百的时间都看着别人，会让别人误解你对他充满了敌意。什么情况下要注视他人呢？表示理解、支持、赞同、同意、认可、重视的时候都可以注视对方。

### (二) 凝视区域

掌握好凝视区域是指，在与他人交谈时，目光所落在对方身体的部位要有所区别和调整。通常应该使自己的目光局限于上至对方的额头，下至对方衬衣的第二粒纽扣以上，左右两肩为准的方框中。在这个方框中，分为三种注视方式：一是公务注视，公务活动时使用最多，也是最频繁的一种方式。注视区域在对方的双眼与额头之间。二是社交注视，一般用于社交场合，注视的区域在对方的双眼到唇心之间。第三种是亲密注视，一般用于恋人、家长等亲近人员之间，注视的区域在对方的双眼到胸部之间。

当你被介绍与他人认识的时候，眼睛要友好地看着对方的脸部，不可上下打量，进入上级办公室，要注意不要常将目光落在桌上的文件上；上台讲话的时候，要先用目光环顾一下四周，表示对所有与会者的尊重。社交场合最忌讳和别人眉来眼去，或者用满不在乎的眼神，这是极不礼貌和缺乏修养的表现。

### （三）注视的角度

从什么方向去看别人，也就是注视的角度也是非常重要的。注视的角度不同，表达的意义也是不一样的。

**1. 平视**

平视，即视线呈水平状态，它也叫正视。一般适用于在普通场合与身份、地位平等之人进行交往。

**2. 侧视**

它是一种平视的特殊情况，即位交往对角一侧，面向对方，平视着对方。它的关键在于面向对方，否则即为斜视对方，那是很失礼的。

**3. 仰视**

仰视，即主动居于低处，抬眼向上注视他人。它表示着尊重、敬畏之意，适用于面对尊长之时。

**4. 俯视**

俯视，即抬眼向下注视他人，一般用于身居高处之时。它可对晚辈表示宽容、怜爱，也可对他人表示轻慢、歧视。

我们要养成习惯，当和别人说话的时候，要选择正确的注视角度面对别人。


## 单项实训

**实训目标**

通过实训，熟悉并掌握商务礼仪中的各种基本表情规范，能恰当运用眼神及微笑表达感情，提升人际交往能力。

**场景设置**

场景1：导购员对来访的客人微笑问候"欢迎光临，请问有什么需要"。

场景2：某酒店经理与供货商交流。

场景3：某酒店大堂经理接待投诉的顾客。

**实训内容**

1. 实训前的准备

实训场地准备：带镜子的实训室。

2. 实训的具体步骤

（1）教师介绍眼神和微笑的礼仪规范，指导学生练习"微笑三结合"。

（2）教师介绍实训场景1并提出实训要求。

（3）以组为单位上台展示场景1。

（4）教师点评及进行改进练习。

（5）教师介绍实训场景2和场景3，并提出实训要求。

（6）实训角色分配。以小组为单位，2名同学一对，分别练习场景2和场景3。

（7）以小组为单位进行表演。

（8）教师点评，重点让学生掌握要领和细节。

**效果评价**（见表2-4）

表2-4                    **表情礼仪效果评价表**

姓名：                                                                    时间：

| 考核项目 | 考核内容 | 分值 | 小组评分（50%） | 教师评分（50%） | 实得分 |
|---|---|---|---|---|---|
| 表情礼仪 | 1. 眼神规范 | 30 | | | |
| | 2. 微笑规范 | 30 | | | |
| | 3. 表情整体表现 | 30 | | | |
| | 4. 表情所展示的内在心态 | 10 | | | |
| 合计 | | 100 | | | |

注：考评满分为100分，60~70分为中等，81~90分为良好，91分及以上为优秀。

教师签字：

## 项目小结

英籍华人作家韩素音曾经称赞周总理是十分富有魅力的领导人。基辛格也称周恩来是"难能可贵的既具有敏锐的机智又具有个人的魅力"。周总理之所以具有这种吸引千百万人的"魅力"，当然首先是由于他高尚的品德、卓越的才华，以及他对自己的国家和国际社会所做的杰出的贡献。而他的风度、气质，以至于他的仪表和言谈举止，也无不给世人留下难以忘怀的记忆。人们在公共场合的仪表体态、言谈举止，常常反映出一个人的内在素质和修养。特别是当你作为企业的代表进行对外活动时，在这方面给人的印象，往往成为相互间进一步了解和交往的重要依据。作为个人，可以有各自的风格，但是在国际商务礼仪活动和社会、社交场合，就应当讲究必要的礼节，规范自己的行为。本项目分为四个任务：主要讲述了商务人员的仪容礼仪、着装礼仪、仪态礼仪、表情礼仪等内容。通过这些任务的学习，帮助学生能够正确掌握商务场合的形象要求，并指导自己的实际行为。希望在实际生活中，学生能够正确运用相关知识，塑造良好的个人形象，以保证商务活动有序、友好的进行。

## 小测试

**一、单项选择题**

1. 仪容仪表要求旅游者外出旅游时应当（    ）。

    A. 浓妆艳抹            B. 着装适当            C. 穿着西服

2. 正式交往场合我们的仪表仪容要给人（    ）的感觉。

    A. 随意、整齐、干净    B. 漂亮、美观、时髦    C. 端庄、大方、美观

3. 能与西装相配的衬衫很多，最常见的是（    ）衬衫。

    A. 蓝色            B. 白色            C. 浅色            D. 深色

4. 衬衫袖子的长度一般应（    ）。

    A. 与西服袖子同长                        B. 长出西服袖子二寸

　　C. 长出西服袖子 2 厘米　　　　　　　D. 略短于西服袖子

　　5. 穿着西装，纽扣的扣法很有讲究，穿（　　）西装，不管在什么场合，一般都要将扣子全部扣上，否则会被认为轻浮不稳重。

　　A. 两粒扣　　　　　　B. 三粒扣　　　　　C. 单排扣　　　　　D. 双排扣

　　6. 男士应养成（　　）修面剃须的好习惯。

　　A. 每天　　　　　　B. 1~2 天　　　　　C. 2~3 天

　　7. 在正式场合，女士不化妆会被认为是不礼貌的，要是活动时间长了，应适当补妆，但在（　　）不能补妆。

　　A. 化妆间　　　　　　B. 洗手间　　　　　C. 公共场所

　　8. 男士着装，整体不应超过（　　）种颜色。

　　A. 二　　　　　　　B. 三　　　　　　C. 四

　　9. 一般情况下，男士不宜佩戴的饰物是（　　）。

　　A. 戒指　　　　　　B. 项链　　　　　　C. 耳环

　　10. 佩戴首饰原则上不应超过（　　）件。

　　A. 五　　　　　　　B. 四　　　　　　C. 三　　　　　　D. 二

　　11. 西装袖口外的商标及纯羊毛标记（　　）。

　　A. 不能拆下　　　　　B. 一定要拆下　　　　C. 可拆可不拆

　　12. 女士穿着西式套裙时，最佳搭配是什么鞋（　　）。

　　A. 高跟皮鞋　　　　　B. 平跟皮鞋　　　　　C. 凉鞋

**二、思考题**

　　1. 商务人士着装有哪些原则？

　　2. 简述男士或女士在出席不同场合的发型及服饰要求。

　　3. 如何将所学化妆的程序和技巧应用于个人的仪容仪表？

　　4. 西装的穿着注意事项有哪些？

　　5. 男、女性穿着正装首饰应如何搭配？

# 项目实训

## 形象塑造

**实训目标**

通过各项具体实训，使学生掌握仪态美的基本动作要领，练就符合礼仪规范的表情礼仪、形体礼仪。

**实训步骤**

（1）教师示范讲解仪态美的要点和注意事项。

（2）观看有关形象设计的录像资料。

（3）学生进行小组比赛。

（4）教师进行打分并总结。

**实训准备**

圆桌、椅子若干、男士西装、女士正装。

**实训内容**

1. 站姿仪态训练

（1）背靠背站立：两人一组。要求两人脚跟、小腿、臀、双肩、后脑枕部相互贴紧。

（2）靠墙练习：要求脚后跟、小腿、后脑枕部均紧靠贴墙。

以上两种方法训练至少15分钟以上，可以配合音乐进行，减少训练的疲劳感。要求：学生在教师指导下通过个人练习、集体练习等方式掌握正确的站姿、坐姿、走姿。

男生按照男士站姿的基本要领及男士站姿与手位的要点，女生按照女士站姿的基本要领及女士站姿与手位的要点，并关注站姿的注意事项。

2. 坐姿仪态训练

几种坐姿：

（1）正襟危坐式：入座时上身与大腿、大腿与小腿均呈直角，并使小腿与地面垂直，双膝双脚完全并拢，男士双手自然分放在两腿上面，女士双手交叠放在腿上。

（2）双脚交叉式：双膝并拢，双脚在踝部交叉后向身体收拢。

（3）垂腿开膝式：此种坐姿的要求与第一种相同，只是双膝稍许分开，但不超过肩宽。这种坐姿只适合男士。

（4）双腿叠放式。

（5）双腿斜放式。

男女分组，再按10人一小组分成若干组在实训室坐凳练习。坐姿训练每次不少于15分钟，应配有音乐减轻疲劳。

3. 走姿仪态训练

走姿的最基本要点是：抬头挺胸，上身直立，双肩端平，两臂与双腿呈反向位自然交替甩动，手指自然弯曲，身体中心略微前倾。

（1）训练走直线，在地面上绷直一条较长的彩色鲜艳的带子，行时双脚内侧要求落到带子上。

（2）训练停顿、拐弯、侧行、向后退步、拾物等。（结合走姿与蹲姿）

在走姿训练的时候可以配有音乐，并进行摄像，然后播放录像，使学生了解自己的步态，便于修正。

4. 表情训练

表情在人与人交往与沟通中占有相当重要的位置。表情是指人的面部情感，是人们心理活动的外在表现，商业人员在表情方面应具备较强的自我约束力和控制力。目光和笑容是一个人面部表情的核心，恰当地运用目光和笑容会给其他人留下美好的印象，有助于人际交往。

（1）目光。眼睛是心灵之窗，眼睛能准确地表达人们的喜、怒、哀、乐等一切感情，每个人都应学会正确地运用目光，创造轻松、愉快、亲切的环境与气氛，消除陌生感，缩短距离，确立良好的关系，目光运用的具体要求：

第一，正视他人眼部，行注目礼。接待顾客时，无论是问话答话、递物、收找钱款，都必须以热情柔和的目光正视顾客的眼部，向顾客行注目礼，使之感到亲切温暖。

第二，视线要与他人保持相应的高度。在目光运用中，正视平视的视线更能引起人的好感，显得礼貌和诚恳，应避免俯视、斜视。俯视会使对方感到傲慢不恭，斜视易被误解为轻佻。

第三，运用目光向他人致意。当距离较远或人声嘈杂，言语不易传达时，应用亲切的目光表示致意，不致使他人感到受冷落。

（2）微笑。微笑是人类最富魅力，最有价值的体态语言，微笑既是一种人际交往的技巧，也是一种礼节。它表现着友好、愉快、欢喜等情感。

根据人际关系学家的观点，笑可分为三种，第一种哈哈大笑。哈哈大笑时，嘴巴张得较大，上牙和下牙均露出，并发出"哈哈"之声。第二种是轻笑。轻笑时嘴巴略为张开，一般下牙不露出，并发出轻微的声音。第三种是微笑。微笑时，嘴巴不张开，上、下牙均不露出，也不发出声音，是一种笑不露齿的笑，仅仅是脸部肌肉的运动，这也是微笑的具体要求。

表情训练方法：教师传授要领后以学生个人对着镜子自我训练为主。在综合训练时，在教师监督下学会正确运用表情，不当之处由教师现场指出、修正。

**实训效果**

（1）男生就各自的姿态做互相评析，指出对方小组做得好和不好的地方并改正。女生也参与打分环节。

（2）女生就各自的姿态做互相评析，由男生及其他女生一起进行打分并指出需要改进的地方。

（3）实训教师就全场学生的表现进行分析，并给每个学生进行打分，记入该实训项目的总成绩中。

（4）课后由学生及教师根据该项目各写一份实训小结。

**效果评价（见表 2 - 5）**

表 2 - 5                          **形象礼仪效果评价表**

姓名：                                                                           时间：

| 考核项目 | 考核内容 | 分值 | 小组评分（50%） | 教师评分（50%） | 实得分 |
|---|---|---|---|---|---|
| 形象礼仪 | 仪容礼仪 | 20 | | | |
| | 仪态礼仪 | 20 | | | |
| | 着装礼仪 | 20 | | | |
| | 表情礼仪 | 20 | | | |
| | 整体感觉 | 20 | | | |
| 合计 | | 100 | | | |

注：考评满分为 100 分，60~70 分为中等，81~90 分为良好，91 分及以上为优秀。

教师签名：

# 项目三

# 商务人员的语言礼仪

## 项目目标

知识目标：熟悉和掌握商务交谈、电话、信函的使用礼仪。

能力目标：能够运用商务语言礼仪的有关知识指导自己的日常行为。

素质目标：掌握正确的商务语言礼仪，并能更好地进行现实生活中和网络环境下的人际交往和沟通。提高沟通能力和社会交际能力。

教学重点：商务交谈礼仪、电话礼仪。

教学难点：商务信函礼仪。

## 导入案例

### 糊涂的主人

主人有一天请客，早早准备好了酒菜。三位客人来了两位，还有一位左等右等也不来。主人一着急，说了一句："该来的还不来。"他说的这句话原意是："怎么搞的，是时候了，怎么还不见人呢？"可是这句话，因其模糊性，引起当中一位客人的疑心："莫不是我不该来？"于是起身告辞："对不起，我还有点事，失陪了。"主人送走这位客人后回来叹息道："唉！这是怎么弄的，不该走的倒走了。"他的原意是："唉，我是诚心请他来吃饭的，他不该没吃就走啊。"哪知，剩下这位客人听了这话心里很不是滋味："就我们两个客人，他不该走，莫不是该走的是我？"于是愤怒地说："我该走了！"拂袖而去。主人这两句糊涂话把客人都撵走了。

**评析**：主人的一番无意识的言语却伤害了客人的心，可见再平常的言语都要讲究技巧，都要三思而言。

**思考**：商务人员要在语言方面注意些什么呢？如何说话才能得体？

## 任务1　商务交谈礼仪

任务目标：掌握商务人员的语言礼仪知识。懂得交谈的规则，掌握正确的方法，能够与初次交往的人交谈顺利。

**案例 3 - 1**

不同的问话

第二次世界大战结束后，日本许多商店人手奇缺，为减少送货任务，有的商店就将问话顺序进行了调整，将"是您自己拿回去呢，还是给您送回去"改为"是给您送回去呢，还是您自己带回去"，结果大奏奇效，顾客听到后一种问法，大都说："我自己拿回去吧。"又如，有一家咖啡店卖的可可饮料中可以加鸡蛋。售货员就常问顾客："要加鸡蛋吗？"后来在一位人际关系专家的建议下改为："要加一个鸡蛋，还是加两个鸡蛋？"销售额大增。

**思考：**为什么问话顺序不一样，带来了不一样的结果？

同别人的接触，哪怕是极其短暂的接触，也呈现你的社会面貌。这些接触可以仅仅是微笑或手势，但更多的是同人们的谈话，是同他们交流的"肺腑之言"。人际交往始于交谈。所谓交谈，是指两个或两个以上的人所进行的对话，它是人们彼此之间交流思想情感、传递信息、进行交际、开展工作、建立友谊、增进了解的最为重要的种形式。交谈是人的知识、阅历、才智、教养和应变能力的综合体现。在我国古代，人们讲究在人际交往中"听其言，观其行"。这是因为言为心声。只有通过交谈，交往对象之间才能够了解对方，并被对方所了解。一个人的教养和人品的好坏，在交谈中会自然流露出来。语言可以有意识地加以掩饰，但交往时间一长，一个人的为人和教养是隐瞒不了的。而且，言不由衷的奉承，假装博学多识，都将被识破。

语言是内心世界的表现，好的态度会给我们的语言带来真实性。一个人能够做到处处讲究礼貌，那么他出现在任何社交场所就都不会失态。有的人虽然话少且不流利，但句句充满诚意，加上他的表情和服饰，这一切都会赢得人心。

一般而言，交谈具有以下 5 个特征：一是内容多样。进行交谈，可以有一个主题，也可以自由漫谈，但应该有的放矢，使双方有所获益。二是双向沟通。交谈是一种双边或多边的活动，它要求各方积极参与，达成共识，产生共鸣，形成互动，而不能只是单向的"一言堂"。三是相互包容。在交谈中，每个人都要有容人的雅量，不仅要自己说话，而且也要允许对方说话，要彼此适应，求同存异。四是随机应变。交谈在实际操作中可长可短，灵活多变，所以要求谈话者应该能够见机行事，反应迅速。五是真实自然。交谈应当言之有物，表达应当合乎情理。此外，还必须言之有据，从而表现自然。不能为了单方面追求效果就言而无信、巧言令色、过度做作。

与人进行一次成功的谈话，不仅能获得知识、信息的收益，而且感情上会得到很多补偿，会感到是一种莫大的享受；而参与一场枯燥无味、死气沉沉的文谈，除了时间上的浪费之外，还会有一种受折磨的感觉。交谈礼仪是指在交谈所应注意的礼节、仪态。一般来说，它集中体现在礼貌语言的使用、谈话的内容和谈话时的表情及声音上。

# 一、称谓得当

称谓，也叫称呼，指的是人们在日常交往应酬之中，所采用的彼此之间的称谓语。在人际交往中，选择正确、适当的称呼，反映着自身的教养和对对方尊敬的程度，甚至还体现着双方关系发展所达到的程度和社会风尚，因此对它不能随便乱用。称呼他人是一门极为重要的学问，若称呼不妥当则很容易让他人产生反感，甚至嫉恨在心久久无法释怀。过去，人们对于称谓是十分讲究的，不同身份、不同场合、不同的情况有不同的称谓。但是在今天商界，人们见面后彼此之间的称谓就越来越简单化、实用化，反映了快节奏的商业生活的要求。

商务交往，礼貌当先；与人交谈，称谓当先。使用称谓一定要谨慎，不能错误，否则就会贻笑大方。一个商业人员在给客户寄送公司邮件的时候，没有弄清楚对方的性别就贸然说亲爱的某某女士，结果收信的人是一个小伙子。

所以称呼的规范与否反映了你对他人的尊敬，也是与他人交往的敲门砖，一定不能在称谓上犯错误。选择称呼要合乎常规，要照顾被称呼者的个人习惯，入乡随俗。在工作岗位上，人们彼此之间的称呼是有其特殊性的，要做到庄重、正式、规范。

## （一）称谓的种类

在人际交往中，一个懂礼仪的人对人的称呼总是亲切，彬彬有礼，合乎规范的。在国内，人们一般用以下几种方式来进行称呼。

第一，全姓名称谓，即直呼其姓和名。如"王丽""李宁"等。这样的称谓有庄严感和严肃感。通常在工作岗位上称呼姓名，一般只限于同事、熟人之间。而且在年龄相差不大的情况下可以使用。如果对方比较年长或是在职务相差较大的情况下，直呼其姓名就是非常不礼貌的甚至还比较粗鲁。所以这样的行为要避免。

第二，名称称谓，即省去姓氏，只呼其名字，赵大伟——"大伟"，李建华——"建华"，这样称呼非常亲切，拉近了人与人之间的距离。当然这样的称呼多用于名字为两个字或更多字的人。对于单名者就不太适合了。只称其名，不呼其姓，通常限于同性之间，尤其是上司称呼下级、长辈称呼晚辈，在亲友、同学、邻里之间，也可使用这种称呼。

第三，姓氏前加修饰称谓。只呼其姓，要在姓前加上"老、大、小"等前缀。这样的称谓方法在生活中是比较常见的。这种称呼比较亲切真挚。

第四，职务称谓。这种称谓方式，古已有之。用这种称呼方式来表达对被称呼者的尊敬、爱戴。比如"杜工部""诸葛丞相"等等。现在人们用职务称谓的现象已经相当普遍。通常有两种形式：第一种是用职务称呼，如"经理""厂长""书记""总监"等等；第二种是用专业技术职务称呼，如"教授""医师""工程师"等等。对工程师和总工程师还可以直接称呼为"张工""李工"等等。

第五，政府机关称呼。商务人员是免不了要和政府机关的相关人员打交道的，所以对于这一类人的称呼必须要有所了解，在称呼时做到准确无误。

第六，职业尊称。即用其从事的职业工作当做称谓，如"周老师""刘秘书""曹律师""司机师傅""导游小姐"等。称呼职业除了对其所负职责再次提醒以外，也会使对方感到被尊重。

以上讲到的六点之外，在中国我们还比较喜欢称呼别人为"同志"，对一些特殊群体我们也有特殊的称呼。对工人多称"师傅"，在非正式场合，对年长者可亲切称之为"大妈""大爷""叔叔""阿姨"等。近年来，"先生""小姐""女士"一类的称呼也比较流行。我们在使用称谓的时候要特别注意分清场合，分清对象，区别使用。通常来讲"先生""女士"的称呼包含了人格的平等，以及对他人的尊重，较之我们在正式场合使用的"同志"

称呼，更有利于提高交际效果。

## （二）称谓要遵循的原则

在不同的国家里，称谓的习惯也是不同的，必须要掌握不同的称谓，来减少冲突和摩擦。在涉外交往中，称呼方面要遵循国际上通行的关于称呼的习惯，不得有丝毫马虎大意。

在国际交往中，最为普遍的称呼是"先生""夫人""女士""小姐"。在交际场所，按照国际惯例，一般称男子为"先生"，或者姓名加先生，而不论其年龄大小。对已婚女子称"夫人"（东南亚国家称"太太"），对未婚女子称"小姐"，未婚和已婚者都可以称为"女士"，知道姓名的话最好能加上姓名，这样能给人以亲切感。对女士不能因其年长而贸然称呼夫人，否则很容易激起对方恼怒。在不了解女宾婚姻状况的时候可以称小姐。

对地位高的官方人士，一般为部长以上的高级官员，按国家情况称为"阁下""先生"或职衔。如"部长阁下""总统先生""大使阁下"等等。在美国、墨西哥、德国等国家没有称"阁下"的习惯，因此可以称呼其为先生。对有地位的女士称夫人，对有高级官衔的女士也可以称为"阁下"。对知识界人士，可以直接称呼其职称，或者在职称前冠以姓氏如"Peter 教授"，但是称呼其学位时，除了博士以外，其他学位（如学士、硕士）不能作为称谓来用。一般而言有三种人在名片上和头衔上是终身适用的，分别是：大使、博士、公侯、伯爵、子爵、男爵等皇室贵族爵位。在称呼他们时一定要加头衔，否则表示十分不敬，甚至视为羞辱，务必谨慎小心。如"伯爵先生""大使阁下""大使先生"等等。

## 二、态度真诚、热情、大方

任何社交场合，诚实和热情都是交谈的基础。只有开诚布公地谈话才能让人感到亲切自然，气氛才能融洽。要知道，与任何人进行面对面地交谈，都是一种对等关系。以礼待人，才能显示出自身的人格尊严，又可以满足对方的自尊需求。为此，交谈中要随时随地有意识地使用礼貌语言。这是文明人应具备的基本素养。俗话说，礼多人不怪，但这只能适用于中国。和外国人交往该坦率的时候要坦率，这也是谈话艺术之一。坦率的表达会给对方以好感，过分客气反而会造成不必要的误解，有时还会有虚情假意之嫌。

外国客人在我国得到周到服务，感到"宾至如归"时往往衷心地说"非常感谢"。这时，常常听到的回答是："不必谢，是我们应该做的"或"这是我的责任"。这样的回答符合我们民族谦恭的传统美德。但欧美人士一听，会觉得宾主之间的距离一下子拉远了。因为，根据他们的观点，这样的回答说明你所做一切出于无奈，只不过在"尽责任"而非自愿。因此宾主间的友情往往会变得荡然无存。较好的回答应该是："能为你做点事是令人愉快的"或者说："乐意为你效劳"。

**案例 3-2**

### 曾巩真诚待人

曾巩是宋朝的一位大诗人。他为人正直宽厚，襟怀坦荡，对朋友一贯有啥说啥，直来直去。他和宋代改革家王安石在年轻的时候就是好朋友。王安石 25 岁那年，当上了淮南判官，他从淮南请假去临川看望祖母，还专门去拜见曾巩。曾巩十分高兴，非常热情地招待了他，后来还专门赠诗给王安石，回忆相见时的情景。

有一次神宗皇帝召见曾巩，并问他，"你与王安石是布衣之交，王安石这个人到底怎么样呢？"曾巩不因为自己与王安石多年的交情而随意抬高他，而是很客观直率地回答说："王安石的文章和行为确实不在汉代著名文学家杨雄之下；不过，他为人过吝，终比不上杨雄。"

宋神宗听了这番话，感到很惊异，又问道："你和王安石是好朋友，为什么这样说他呢？据我所知，王安石为人轻视富贵，你怎么说是'吝'呢？"

曾巩回答说："虽然我们是朋友，但朋友并不等于没有毛病。王安石勇于作为，而'吝'于改过。我所说的'吝'乃是指他不善于接受别人的批评意见而改正自己的错误，并不是说他贪惜财富啊！"

宋神宗听后称赞道："此乃公允之论。"也更钦佩曾巩为人真诚正直，敢于批评。

英国人最常用的词汇是"对不起"。凡事稍有打扰，便先说一声"对不起"。警察对违章司机进行处理时，先要说声"对不起"，两车相撞时，相互说声"对不起"。在这样的气氛中，双方的自尊心都得到了满足。

交谈的态度是交谈成功的前提。开诚布公、坦率谈论，往往能唤起相互间的信任感和亲切感，能使人感到亲切自然。而装腔作势、虚情假意、言不由衷的态度，会使人们产生反感情绪，势必会造成双方之间难以沟通的局面，从而可能会失去与对方交往的机会。

## 三、语言要准确、通俗易懂

语言要准确，是指用词准确恰当，造句合乎语法、符合逻辑，能够正确完整地表达意思。在此基础上，力求语言丰富生动，引起听者的兴趣。同时注意语言口语化、通俗易懂。明明白白地表达自己、告知对方。这正是交谈的目的所在。

在交谈中，语言必须准确，否则不利于各方之间的沟通。要注意的问题主要有：

第一，发音准确。在交谈之中，要求发音标准。读错音、念错字、口齿不清、含含糊糊或者音量过大过小，都让人听起来费劲，而且有失身份。

第二，口气谦和。在交谈中，说话的口气一定要做到亲切谦和，平等待人。切勿随便教训、指责别人。

第三，内容简明。在交谈时，应言简意赅，要点明确，少讲、最好不讲废话。啰里啰唆、废话连篇，谁听都会头疼。

第四，少用方言。在公共场合谈时，应用标准的普通话，不能用方言、土话。否则，就是不尊重对方。

第五，慎用外语。在一般交谈中，应讲中文，讲普通话。无外宾在场，最好慎用外语。否则，会有卖弄之嫌。

## 四、声音要适中

交谈过程中，说话者的语速、语气和语调，也是传递声音的一种符号。一句话，说话时和缓或急促，柔声细语或高门大嗓，商量语气或颐指气使，效果大相径庭。交谈中陈述意见要尽量做到平稳中速。在特定的场合下，可以通改变语速来引起对方的注意，加强表达的效果。人们在说话时常常要流露感情，语调就是流露真情的一个窗口。愉快、失望、坚定、狂喜、悲哀等复杂感情都会在语调的抑扬顿挫、轻重缓急中表现出来。同时，语调还流露出一个人的社交态度，那种心不在焉、念经式的语调决不会引起人们情感上的共鸣。

我们在阐述一般问题时应使用正常的语调，保持能让对方清晰听见而不引起反感的高低适中的音量。声音表达情绪，不要用声音大来强调谈话内容的重要性，只需把你认为重要的话说清楚即可。在社交场合，为使自己的谈话引人注目，谈吐得体，一定要在声音的大小、高低、快慢上有所用心，这样才能收到好效果。

**案例 3 - 3**

怎样说更好

以下 A 与 B 表达的其实是一个意思，但让人听起来，感受却有天壤之别。

A：就这么决定！你说什么也不能改变我的想法！

B：你所说的固然也有道理，但我已经决定了。

A：你觉得这样不好，那你说出更好地来呀！说呀！

B：这样也许不是最好，但我实在想不出更好地来，也许你有？

**思考**：这样的例子不胜枚举，没有人喜欢 A 的谈话方式，那种咄咄逼人的语气只会使人感到厌恶。我们在日常生活中有没有用这样的语气和身边的人说话呢？

# 五、神情要专注

交谈时目光应专注，或注视对方，或凝神思考，从而和谐地与交谈进程相配合。眼珠一动不动，眼神呆滞，甚至直愣愣地盯视对方，都是极不礼貌的。在谈话时东张西望、目光游离、似听非听，翻阅报纸杂志甚至处理其他事情，或死气沉沉、精神不振，都是对对方不屑一顾的失礼之举，也是不可取的。如果是多人交谈，就应该不时地用目光与众人交流，以表示交谈是大家的，彼此是平等的。

# 六、注重互动

交谈是双方的事情。当一方阐述了自己的观点后，另一方应该通过观察发现对方情绪的变化。并用适当的眼神、语气和身体语言来烘托气氛，激发对方的谈兴，以便双方的交流更充分、更愉快。赞同、肯定的语言在交谈中常常会产生异乎寻常的积极作用。当交谈一方适时中肯地确认另一方的观点之后，会使整个交谈气氛变得活跃、和谐起来。陌生的双方从众多差异中开始产生了一致感，进而十分微妙地将心理距离拉近。当对方赞同或肯定自己的意见和观点时，我们应以动作、语言进行反馈交流。这种有来有往的双向交流，易于双方感情融洽，从而为交谈奠定良好的基础。

## 七、交谈内容的选择

### (一) 话题选择的原则

#### 1. 符合身份

交谈者的身份也是语境的构成要素之一。交谈内容的选择一定要符合自己的身份，同时也要符合对方的身份。

**案例 3-4**

秀才与农夫

从前，有一个秀才，到集镇上去买柴。他远远看见一个卖柴的农夫，就大声喊道："荷薪者过来！"（意思是说：担柴的过来）。卖柴的农夫当然听不懂这位秀才的话，但"过来"两个字是懂的，加之，又看到秀才向他招手，便挑着柴过来了。秀才问："其价几何？"（意思是说：这柴卖多少钱）。卖柴的农夫还是听不明白，但"价"字的意思还是懂的，就说了柴的价钱。这位秀才嫌贵了，便说："外实而内虚，烟多而焰少，请损之。"（意思是说：这柴外面实在而里面空虚，烧起来必然是烟多而没有什么火焰，请减价）。秀才这几句文绉绉的话真把农夫搞糊涂了，只好挑起柴就走。秀才看农夫掉头走了，连忙在后面喊道："请留步！请留步！"（意思是说：请不要走！请不要走！）。这位卖柴的农夫不仅没有留步，而且越走越快了。秀才不仅没有买到柴，而且始终不明白这个农夫为什么要走。

**评析：** 秀才讲话，不看对象，对农夫讲话，之乎者也，不符合农夫的身份，农夫当然听不懂。

#### 2. 因人而异

"对什么人说什么话。"这一忠告的道理是很明显的。人们在社会生活中需要同各种各样的人打交道，人是最复杂的，在思想、性格、习惯、爱好等方面有极大的不同，所以"因人而异"也是交谈的基本原则之一。

**案例 3-5**

机智的船长

在一只游艇上，来自各个国家的一些实业家边观光边开会。突然，船出事了，慢慢下沉，船长命令大副："赶快通知那些先生们，穿上救生衣，马上从甲板上跳海。"几分钟后大副回来报告："真急人，谁都不肯往下跳。"于是，船长亲自出马。说来也怪，没多久，这些实业家们都顺从地跳下海去。"您是怎么说服他们的呀？"大副请教船长，船长说："我告诉英国人，跳海也是一项运动；对法国人，我就说跳海是一种别出心裁的游戏；我同时警告德国人，跳海可不是闹着玩的！在俄国人面前，我就认真地表示，跳海是革命的壮举。""那你又是怎么说服美国人的呢？""那还不容易，"船长得意地说："我说为他办了巨额保险。"

**评析：** 这是一个笑话，然而笑话里包含了一个浅显的道理：说话的内容和方式应尽可能地合乎听话对象的心理需要，这样才会取得令人愉快和满意的效果。

**3. 求同存异**

不论从事何种工作，只要是与人接触，往往都需要通过相互交谈取得共识，以便协调合作。当双方观点不一致时，切忌以势压人。避免争论，求同存异是最好的办法。1955 年 4 月的万隆会议上，来自亚非 29 个国家的代表，由于各自国家政治制度、经济制度、发展水平、宗教信仰有很大差异，会议开始后，分歧很大，曾出现两次僵局。在这一关键时刻，周恩来发言指出，中国代表团是来求同的而不是来立异的。正是"求同存异"这四个字，成为万隆会议的指导思想，克服了危机，使会议取得成功。

有时对对方的意见不得不持反对意见，碰到这种情况，如果平心静气，措辞婉转、得体，被反对的一方则不会认为你不尊重他。陈述反对意见前，应充分尊重对方的意见，肯定对方的意见是一条颇有见地的意见，随后陈述自己的不同意见，并询问对方有何见教，还应明确表示自己所反对的只是对方意见的某一点，而绝不是全盘否定。这一点是极其微妙的，其实质是动之以情，晓之以理。西方人认为，如果你直截了当地指出某人错了，那么什么好事也做不成，只会造成许多损失。你只会在伤害别人自尊心方面获得成功，而使自己在任何讨论中成为不受欢迎的人。

## （二）话题选择的要求

一是选择既定的主题。也就是交往双方事先约定的主题。而在公共社交场合，应选择大家都可以介入又都方便发表意见的话题，即寻求共同的经验。如现场气氛、环境布置、天气、当日新闻、国际形势、文艺演出、体育赛事等，切忌只谈个别人知道或感兴趣的事，或只与个别人交谈而冷落其他人。

二是选择高雅的主题。如文学、艺术、历史、哲学等。这一主题的前提忌讳不懂装懂，贻笑大方。

三是选择轻松的主题。比如文艺演出、旅游观光、风土人情、流行时尚。

四是选择擅长的主题。谈话者要选择一个自己力所能及、有话可说的话题，才能把话谈好，引起对方的共鸣。相反，如果你自己对这个话题知之少，怎么能够很顺利地与对方交流呢。

五是注意寻找新话题。在已有的话题中寻找大家有兴趣的细节作为新的话题，这样就使谈话更具创新和吸引力，能保持谈话始终在趣味盎然的氛围进行。

## （三）话题选择的禁忌

一是忌主动提及别人的隐私。尊重别人的隐私，是尊重他人人格的表现，这样别人便会愿意跟你交往。反之，你若毫不顾忌别人的感受，一味地"刺探"别人的隐私来满足你的好奇心，甚至隔岸观火、幸灾乐祸，肯定会影响彼此间谈话的效果，进而损害人际关系。欧美社会是建立在个人主义的基础之上的。因此在和欧美人交谈时，要特别注意不要问及对方的隐私。隐私通常包括个人的年龄、婚否、经历、收入、地址、家庭，等等。

二是忌主动提及别人的伤感事。与别人谈话，要留意别人的情绪，话题不要随意触及对方的"情感禁区"。

三是忌主动提及别人的尴尬事。当别人在生活中遇到某些不尽如人意之时，你若与之交谈，最好不要主动引出这一令人尴尬的话题。

四是忌只谈与自己有关的话题。有的人谈来谈去总是围绕着自己的生活，开始人们也许还有兴趣听，时间久了人们便失去了兴趣甚至躲着这样的谈话者了。

五是忌不愉快的内容。如疾病、死亡、荒诞、淫秽的事情。

另外，男士一般不参与女士圈内的话题议论，与女士谈话时要宽容、礼让、尊重，不随便开玩笑，也不可与女士无休止地攀谈，否则，会引起对方反感和旁人的侧目。总而言之，与人交谈时，说话方式上的"投其所好""避人所忌"，是一对不同侧面的统一体。社交谈论时，如果能较好地运用方式方法，就能把话说到别人的心坎上，就会"言到成功"。

## 八、参与交谈的礼仪

在交谈中，随便打断对方的谈话是非常不礼貌的。有的人总喜欢在别人讲话时补充或修改对方的意见，不时地打断对方的讲话；还有些人在别人说话未告一段落时，便随意插嘴，表示自己领悟得快，或表示自己比说话者知识广，见解更高明。

交谈时，为了表示尊重，一般不要轻易打断对方的谈话，要尽量让对方把话说完，这是一种基本修养。尤其是当对方谈兴正浓时，你的突然打断不仅会让对方思路中断，更重要的是可能使对方被突如其来的"捣乱"弄得不知所措、下不了台。

在参与别人的谈话时，要特别注意运用适当的礼仪，照顾到对方的感受，以免给对方留下不愉快的印象。

第一，要了解别人的谈话主题。

第二，在插话之前，需要先和交谈双方打个招呼，不应贸然插入。可在双方说话的间歇，以婉转的口气，很自然得体地插话，如"我能够有幸加入吗？"或"不打搅吧？"或"对不起，请让我提个问题好吗？"等等。得到许可后，方可加入。

第三，不能喧宾夺主。一般情况下，参与别人的交谈，要以原来的交谈为主。不可自己一加入就口若悬河，滔滔不绝地唱起主角。有些人自视口齿伶俐，碰到别人谈话，他总要插进去说上一大堆话，在说话时又不顾及对方的心理，以至影响交谈者的兴致。

第四，参与者一般不应擅自提出新话题。交谈双方可能会有特定的交谈目的，这时，后来的参与交谈者一般不要插入新的话题，以免打乱别人的计划。但在很随便的场合下，如果交谈的内容不固定、交谈的气氛较轻松，这时可在征得双方同意的前提下，适当转换话题。

第五，要善于退出。一旦发现自己加入后，原来的交谈者都缺少了兴致或觉察到双方有排斥你的意思，这时，应适时退出谈话，以免让别人对你产生不好的印象。另外，在碰到有人想加入自己的交谈时，通常应以点头、微笑表示欢迎。如果自己确有私事，不适宜外人介入，应及早婉言相告，比如可以说"对不起我们有点私事想单独谈谈"，或者说"我们过一会儿再谈，好吗？"一旦有其他人加入自己的谈话，就不要有意冷场，或是使用隐语、暗示等，使他人无所适从。

第六，还要特别注意，在参与多人交谈时，不要把注意力只集中在你感兴趣的一两个人身上，要照顾到在场的每一个人，冷落了任何一个人都是失礼的。同他们之中某一个人交谈时，要不时地抽出时间来与别人也说上几句。同时，目光也要适当照应一下其他人。不要突然凑到某个人耳边窃窃私语，这是极其不礼貌的，会让其他人觉得你根本没把他们放在眼里。

## 九、结束交谈的礼仪

在交谈中，人们通常重视开头，而对如何结束谈话，却往往未予以足够重视。一般情况下，一声简单的"再见"确实就可以结束谈话，但在特殊的状态下呢？比如，一方话未说完，而对方已经显得非常不耐烦，这时谈话怎么结束？两人在交谈中争得面红耳赤又各不相让，又该如何收场呢？两人谈兴正浓，而客观条件又不容许再谈下去，又如何是好呢？一次好的交谈，应有一个很好的结尾。正所谓要"善始善终"。只有这样才能达到一种"余音绕梁，三日不绝"的效果。那么，怎样结束谈话才能给人留下难忘、美好的印象呢？

一是掌握好时机。切忌在双方热切讨论某一问题时突然将对话结束，这一种失礼的表现。在准备结束谈话之前，要先暗示一下，给对方一个反应的时间，以便从容地结束交谈。突然把话题结束，匆匆忙忙地收尾，会给人以无礼的印象。

二是出现分歧时，应主动做出让步。比如可以转换一个话题，谈一些其他的内容，待气氛缓和时，再适时地把谈话告一段落。

三是要留意对方的暗示。如果对方对谈话失去兴趣时，可能会利用"身体语言"做出希望结束谈话的暗示。比如，有意地看看手表，或眼神游离，或频繁地改变坐姿等。遇到这些情况，最好知趣地结束谈话。

四是笑容是结束谈话的最佳句号。在结束谈话的同时，一定要向对方微笑示意，并伴以一些赞美祝愿的话。例如，一方可以说："非常感谢您给了我这么多好的建议和意见"，另一方则可以说："不必客气，以后有什么需要我帮助的，尽管说。"这样往往会使气氛非常融洽，增强交谈的效果。

总而言之，从交谈话题的选择到交谈结束时的告别技巧，在交谈的各个环节中，礼仪无时不在、无处不在。在交谈中恰当地使用礼仪，不仅可以提高谈话的语言艺术，同时对于学习知识、增长才干、提高工作水平和工作效率，也具有极其重要的作用。

## 十、善于聆听

在我们的日常生活和社会交往中，不仅需要交谈应答，还要学会聆听别人的说话。聆听是一门艺术，也是一种能力也是交往中尊重他人的表现，是形成良好人际关系的需要。外国有句谚语："用十秒钟的时间讲，用十分钟的时间听。"有关社会学家经多年研究证实，在人们日常的语言交流活动中，听的时间占54%，说的时间占30%，读的时间占10%，写的时间占6%，这说明聆听在人们的交往中居于最重要的地位。在人际交往中，多听少说，善于聆听别人讲话是一种高雅的素养。因为认真聆听别人讲话，表现了对说话者的尊重，人们也往往会把忠实的听众视作可以信赖的知己。人际关系失败的原因，很多时候不在于说错了什么、应该说什么，而是因为你不会聆听。比如，别人的话还没有说完你就抢话说；别人的话还没有听清，你就迫不及待地发表自己的见解和意见，对方兴致勃勃地与你说话，你却手上还在不断拨弄这个那个，有谁愿意与这样的人在一起交谈？聆听别人讲话，必须做到耳到、眼到、心到，同时还要辅以其他的行为和态度。聆听的艺术很多，主要应掌握以下要领。

（1）专心聆听对方谈话。态度谦虚，身体要稍稍地倾向于说话人，目光注视对方，面部保持自然的微笑，表情随对方谈话内容有相应的变化，恰如其分地点头。不要做无关动作，不东张西望。不要预先存在想法，不过多地考虑对方的谈话技巧、谈话表现等。

（2）不能完全消极被动、静止旁观。要善于通过体态语言、有声语言或其他方式给予必要的反馈，做一个积极的"听话者"。例如，赞成对方说话时可以轻轻地点一下你的头；对他所说的话感兴趣时，展露一下你的笑容；用"嗯""哦"等表示自己确实在听和鼓励对方说下去，等等。

（3）不要随意打断对方，但要适时而恰当地提出问题，配合对方的语气表述自己的意见。凭借你所提出的问题，让对方知道，你是仔细地在听他说话。而且通过提问，可使谈话更深入地进行下去。如："造成这种现象的原因是什么呢""他为什么要这样做"？

（4）要注意谈话者的神态、表情等非语言传播手段，善于捕捉信息。

（5）适时引入新话题。不离开对方所讲的话题，但可通过巧妙的应答，将对方讲话的内容引向所需的方向和层次。

（6）要巧妙地表达你的意见。不要坚持明显与对方不合的意见，因为对方希望的是听的人"听"他说话，或希望听的人能设身处地为他着想，而不是给他提意见。你可配合对方的证据，提出你自己的意见，比如对方说完话时你可以重复他说话的某个部分，或某个观点，这不仅证明你在注意他所讲的话，而且还可以用下列的答话陈述你的意见。如，"正如你指出的意见一样……""我完全赞成你的看法"。

（7）要听出言外之意。一个聪明的聆听者，不能仅仅满足于表层的听知理解，而要从说话者的言语中听出话中之话，从其语情语势、身体的动作中演绎出隐含的信息，把握说话者的真实意图。只有这样，才能做到真正的交流、沟通。

## 十一、保持礼仪距离

美国西北大学人类学教授爱德华·T. 霍尔博尔博士提出了大多数人都能理解并能接受的四个界域。所谓界域，是指交谈者之间以空间距离所传递的信息，它是人际交往的一种特殊的体态语言，也叫交往的空间距离。在人际交往中，人与人之间的距离是有一定的规范的。在交谈中，人与人之间应保持一定的距离，交谈才会轻松自如。他把美国人的人际距离分为亲密距离、个人距离、社交距离和公共距离四种，并对四种距离的具体适用范围进行了解析。

一是亲密距离。0~45 厘米，是人际交往中最小的距离。有对象及场合的限定。亲密区域只适合亲人、恋人、夫妻之间的交谈。不适合在社交场合、公众场合与一般的同性成异性之间出现。

二是个人距离。0.45~1 米，通常适用熟悉的朋友、同事在公开社交场合的交谈距离。

三是社交距离。1~3 米，这种距离通常用于关系不是很熟悉的人之间。可在多种场合使用，如接待宾客、上下级谈话、与人初次交往等。

四是公共距离。3 米以外，是人们在较大的公共场合所保持的距离，如公园散步、路上行进、讲演、集会等场合。

## 单项实训

### 实训目标

通过实训，明确商务交谈礼仪的基本要求，能够顺利准确地与其他商务人士交谈，交谈内容选择恰当，用语准确。

### 场景设置

某公司营销经理 A 在与公司项目经理 B 在去公司的路上偶遇，进行了一次简单的交谈。

### 实训步骤

（1）教师提出实训场景并提出实训要求。

（2）将学生分组，2 人一组。

（3）在实训过程中完成碰面及基本交谈。

（4）按小组为单位完成实训过程。

（5）教师总结和点评学生实训表现。

### 效果评价（见表 3 –1）

表 3 –1 商务交谈礼仪效果评价表

姓名：　　　　　　　　　　　　　　　　　　　　　　　　　　　　　时间：

| 考核项目 | 考核内容 | 分值 | 小组评分（50%） | 教师评分（50%） | 实得分 |
|---|---|---|---|---|---|
| 商务交谈礼仪 | 仪容仪表 | 15 | | | |
| | 仪态 | 15 | | | |
| | 称呼 | 15 | | | |
| | 交谈话题选择 | 20 | | | |
| | 交谈过程表现 | 25 | | | |
| | 整体感觉 | 10 | | | |
| 合计 | | 100 | | | |

注：考评满分为 100 分，60～70 分为中等，81～90 分为良好，91 分及以上为优秀。

教师签名：

# 任务 2　电话礼仪

任务目标：掌握商务人员接打电话、使用手机的礼仪知识。通过学习在日常生活中接打电话、接打手机时的知识注意自己的礼仪表现，体现良好的素养。

**案例 3 –6**

### 不会打电话的学生

某学校一名学生违反校规，老师将其叫到办公室，让他给母亲打个电话。这位同学拨通电话后说："到学校来，上政教处。"然后"砰"的一声就挂了电话。

某学校门口，一中学生正在打电话。"找一下小于。"过了一会儿，学生说："你管我是谁！你是谁呀？"

**思考：**你有没有案例中这样的行为呢？这样做有什么不妥之处？

## 一、电话形象

人们在交往中特别重视自己给别人的"第一印象"，给人的第一印象好，大家打起交道来心情愉快，事情也会办得更顺利。可是你是否注意到，你给别人的第一印象，往往在你和他人见面之前就已经存在了。因为出于礼貌，人们在见面前经常会通过电话约定见面的时间、地点等细节，所以你的第一印象已经通过你的声音传给对方了，可以说你的电话形象是你给对方的第一张"名片"。

作为现代通信工具的电话，由于具有传递迅速、使用方便和效率高的优点，已成为重要的社会交往方式。在电话里与人交谈时，声音的质量在第一印象中占70%，语言只占30%。许多人错误地认为，打电话的时候反正对方也看不到自己，举止、表情放松些没有多大的关系。殊不知，电话另一端的人透过你的声音、语气能想象出你打电话时的形象。电话是一个人的"声音名片"，电话交谈也可以反映一个人的涵养，给人留下深刻的印象。如果缺乏使用电话的常识与素养，不懂得打电话和接电话的礼仪规范要求，往往会影响工作任务的完成，甚至会使本企业的良好形象受到损害。因此，商务人员有责任使听的人享受到清晰而亲切的声音，而不是刺耳、伤人的话语。即使是通过电话，商务人员也应让对方顺利地听清你所讲的内容，实现有效的沟通。所以电话礼仪是商务人员的必修课。

电话形象是人们在使用电话时的种种外在表现，是个人形象的重要组成部分。人们常说"如闻其声，如见其人"，说的就是声音在交流中所起的重要作用。一般认为，一个人的电话形象如何，主要由他使用电话时的语言、内容、态度、表情、举止等多种因素构成。那么怎样给人一张得体的"声音名片"呢？无论在哪里，接听电话最重要的是传达信息，所以打电话时要目的明确，不要说无关紧要的内容。语气要热诚、亲切，口音清晰，语速平缓。电话语言要准确、简洁、得体。音调要适中，说话的态度要自然。

## 二、拨打电话、接听电话的礼仪

### (一) 拨打电话的礼仪

打电话时，需注意以下几点：

第一，要选好时间。打电话时，如非重要事情，尽量避开受话人休息、用餐的时间，而且最好别在节假日打扰对方。晚10：00～早7：00尽量不要打电话给客户。

第二，要掌握通话时间。打电话前，最好先想好要讲的内容，以便节约通话时间，不要现想现说，"煲电话粥"，通常一次通话不应长于3分钟，即所谓的"3分钟原则"。

第三，要态度友好。通话时不要大喊大叫，震耳欲聋。

第四，要用语规范。通话之初，应先做自我介绍，不要让对方"猜一猜"。请受话人找人或代转时，应说"劳驾"或"麻烦您"，不要认为这是理所应当的。

## （二）接电话的礼仪

接听电话不可太随便，要讲究必要的礼仪和一定的技巧，以免横生误会。无论是打电话还是接电话，我们都应做到语调热情、大方自然、声量适中、表达清楚、简明扼要、文明礼貌。

**1. 及时接电话**

一般来说，在办公室里，电话铃响 3 遍之前就应接听，6 遍后就应道歉："对不起，让你久等了。"如果受话人正在做一件要紧的事情不能及时接听，代接的人应妥为解释。如果既不及时接电话，又不道歉，甚至极不耐烦，就是极不礼貌的行为。尽快接听电话会给对方留下好印象，让对方觉得自己被看重。

**2. 确认对方**

对方打来电话，一般会自己主动介绍。如果没有介绍或者你没有听清楚，就应该主动询问："请问您是哪位？我能为您做什么？您找哪位？"但是，人们习惯的做法是，拿起电话听筒盘问一句："喂！哪位？"这在对方听来，陌生而疏远，缺少人情味。接到对方打来的电话，拿起听筒应首先自我介绍："您好！这里是×××，请问您找哪位？"如果对方找的人在旁边，应说："请稍等。"然后用手掩住话筒，轻声招呼你的同事接电话。如果对方找的人不在，应该告诉对方，并且问："需要留言吗？我一定转告！"

**3. 讲究艺术**

接听电话时，应注意使嘴和话筒保持 4 厘米左右的距离；要把耳朵贴近话筒，仔细倾听对方的讲话。必要时要适当做好记录。临近通话结束，应礼貌道别，并恭候对方先放下话筒，不宜"越位"抢先。挂电话时，应轻放话筒，不要在未道再见的情况下，猛然"砰"的一声挂断电话。

**4. 调整心态**

当我们拿起电话听筒的时候，一定要面带笑容。不要以为笑容只能表现在脸上，它也会藏在声音里。亲切、温情的声音会使对方马上对我们产生良好的印象。如果绷着脸，声音会变得冷冰冰。打、接电话的时候不能叼着香烟、嚼着口香糖；说话时，声音不宜过大或过小，吐词清晰，保证对方能听明白。

**5. 左手接听电话**

便于随时记录有用信息。要认真倾听发话人的谈话和要求，重要内容还要边听边记，并向对方复述一遍以便校正。应礼貌地呼应对方，适时地应声附和，让对方感到你是在认真倾听，不要默不作声，不要轻易打断对方的谈话。

## 三、国际商务电话礼仪

国际商务运作离不开电话这一便捷的通信工具，当你的声音通过话筒传向世界各地时，是否也能做到彬彬有礼？得体的问答来电应在第二声铃响之后立即接听，在礼貌问候对方之后应主动报出公司或部门名称以及自己的姓名，切忌拿起电话劈头就问："喂，找谁？"同样，来电话人需要留话也应以简洁的语言清晰地报出姓名、单位、回电号码和留言。结束电话交谈时，通常由打电话的一方提出，然后彼此客气地道别。无论什么原因电话中断，主动打电话的一方应负责重拨。电话留言在商业投诉中，不能及时回电话最为常见。为了不丧失每一次成交的机会，有的公司甚至作出对电话留言须在一小时之内答复的规定。一般应在24 小时之内对电话留言给予答复，如果回电话时恰遇对方不在，也要留言，表明你已经回过电话了。如果自己确实无法亲自回电，应托付他人代办。

首先，留意时差。打电话前要搞清地区时差以及各国工作时间的差异，不要在休息日打电话谈生意，以免影响他人休息。即使客户已将家中的电话号码告诉你，也尽量不要往家中打电话。

其次，恰当地使用电话。在美国你可以通过电话向一个素不相识的人推销商品，而在欧洲、拉美和亚洲国家，电话促销或在电话中长时间地谈生意就难以让人接受。发展良好商务关系的最佳途径是与客户面对面地商谈，而电话主要用来安排会见。当然一旦双方见过面，再用电话往来就方便多了。

## 四、手机使用礼仪

在信息高速传播的时代，手机成了人们生活中不可缺少的通信工具。在吃饭的时候发短信，在公共卫生间里打电话，在开车的时候持手机通话——这都让人们感到，手机的使用越发频繁，可人们的礼仪也变得更糟了。路透社消息，英特尔公司一项调查中，美国成年人有91% 的人承认：曾经看到别人有过不恰当地使用手机的行为，3/4 的人认为在过去的一年，人们使用手机时礼仪变得更糟了。调查中的 2000 名成人，大多数人希望大家使用手机时礼仪方面能有所改善，也对缺乏"手机礼仪"的行为十分恼怒，甚至有 20% 的人承认自己的礼仪不够好。最让人不悦的行为有：开车时使用手机；在公共场合大声讲电话；在街上边走路边发短信或打电话等。使用手机应注意以下三个方面：

### 1. 规范的使用

在办公区内接手机时，尽量压低声音。公共场合特别是楼梯、电梯、路口、人行道等地方，不可以旁若无人地使用手机，应该把自己的声音尽可能地压低一些，而绝不能大声说话。不要在非工作时间致电客户手机，如需要也不宜过早或过晚。在公共场合，要养成将手机关机或调为震动的良好习惯。在一些场合，比如在看电影或在剧院打手机是极其不合适的，如果非得回话，采用静音的方式发送手机短信是比较适合的。在餐桌上，关掉手机或是把手机调到震动状态还是必要的。避免正吃到兴头上的时候，被一阵烦人的铃声打断。不要在大庭广众之前频频拨打电话和连续接听电话。主持或参加会议期间需要接听电话；要向他人表示歉意。用手机接听私人电话时，应尽量回避，到不影响其他人的地方。

### 2. 文明的使用

女士手机不挂胸前，男士手机不挂腰间。使用手机给别人拍照，要先得到他人同意。逢年过节发送短信祝福时，要注意署名。普通朋友间发送手机短信，注意别"过火"，异性朋友间发送手机短信，注意别"玩火"。在短信的内容选择和编辑上，应该和通话文明一样重视。因为通过你发的短信，意味着你赞同至少不否认短信的内容，也同时反映了你的品位和水准。所以不要编辑或转发不健康的短信。发短信时还应避免出现错别字。

### 3. 安全的使用

手机不适宜传递重要商业信息，乘坐飞机时，要将手机关机，加油站、病房等场合内不应使用手机，开车时不使用手机，实在不行可靠路边停车使用或让他人代接。一般情况下，不要借用他人手机，更不要将手机借给陌生人使用。对于陌生人短信和各类诈骗性质的手机信息，要时刻保持高度警惕，手机中的通信录要有备份，电话名单存储尽量用全名，少用昵称，注意保护自己的隐私权，要经常整理手机内存储的各类信息和资料。

## 单项实训

### 实训目标

通过实训，使学生掌握接听电话和拨打电话的技巧和礼仪，了解接打电话时应该注意的问题。

### 场景设置

A 是某公司的业务员，要与客户 B 商量某一事宜，A 应该如何正确地拨打电话？B 又该如何正确地接听电话，他们在打电话的过程中应注意哪些问题？

### 实训步骤

（1）教师介绍本次实训的内容和模拟实训场景。

（2）教师示范接打电话的礼仪及应该注意的问题。

（3）根据场景把全班同学按两人一组分组。

（4）全组讨论接打电话的礼仪及应该注意的问题。

（5）模拟接打电话训练，组内成员角色互换。

（6）教师点评。

### 效果评价（见表 3 - 2）

表 3 - 2　　　　　　　　　　电话礼仪效果评价表

姓名：　　　　　　　　　　　　　　　　　　　　　　　　　　时间：

| 考核项目 | 考核内容 | 分值 | 小组评分（50%） | 教师评分（50%） | 实得分 |
|---|---|---|---|---|---|
| 电话礼仪 | 声音大小适中 | 10 | | | |
| | 语言表达流利 | 10 | | | |
| | 语速适中 | 10 | | | |
| | 拨打电话时间选择恰当 | 10 | | | |
| | 拨打电话时间控制适当 | 10 | | | |
| | 拨打电话主题重点突出 | 10 | | | |
| | 接听电话及时 | 10 | | | |
| | 接听电话热情友好 | 10 | | | |
| | 接听电话认真做好记录 | 10 | | | |
| | 结束电话时机恰当 | 10 | | | |
| 合计 | | 100 | | | |

注：考评满分为100分，60～70分为中等，81～90分为良好，91分及以上为优秀。

教师签名：

# 任务3　商务信函礼仪

任务目标：掌握商务人员常用的几种信函礼仪知识。通过学习掌握相关信函的写作礼仪和方法。为今后的商务活动顺利开展奠定良好基础。

**案例3－7**

某公司成立十周年庆典想邀请社会各界人士参加，公司写了一封邀请信。内容如下：

××公司成立十周年庆典邀请信

尊敬的×××先生：

您好！××年×月×日，我公司将迎来成立十周年纪念日。这十年，我们公司有了巨大的发展……公司有今天的成绩离不开各方的关照与帮助，为感谢各界人士对公司的支持和帮助，我们将在××年×月×日上午8：00，在公司举行盛大的庆典仪式，届时，恭请您的光临。

顺致

崇高敬意！

××公司（章）谨邀
××年×月×日

**思考：**请你说说这封邀请信是否有不妥之处，应该如何修改？

信函，是书信的正式称呼。在人际交往中，信函是一种应用极为广泛的书面交流形式。对于广大基层商务人员而言，信函在实际工作中扮演着举足轻重的作用。因此，每一位商务人士都必须熟练掌握信函的书写和使用规范。

## 一、商务信函的五大要点

商务人员在书写信函时应注意言辞礼貌、表达清晰、内容完整、格式正确、行文简洁五大要点。因为在英文里，礼貌（courteous）、清晰（clear）、完整（complete）、正确（correct）、简洁（concise）五个单词皆以字母C打头，故此这五大要点亦称作商务信函写作的五C法则。

## 二、写作信函

写作商务信函时，一定要对信函的内容与格式斟酌再三。以下五个具体问题，尤须认真对待。

### （一）抬头

一般的商务信函均由抬头、正文、结尾三部分构成。作为一封商务信函的开端，抬头决非可有可无，而是应当认真推敲。

抬头的基本内容包括称谓语与提称语，二者均应根据具体对象具体对待，力求恰如其分。

**1. 称谓语准确**

在写作信函抬头时，应以称谓语称呼收信之人。在称呼收信者时，下列四点必须注意：

其一，姓名与头衔必须正确无误。在任何商务信函中，写错收信者的姓名与头衔都是绝不允许的。称呼收信者，有时可以只称其姓，略去其名，但不宜直呼其名或者无姓无名。

其二，允许以直接致信的有关单位或部门作为抬头中的称谓语。在许多时候，以有关单位或部门直接作为收信者在礼仪上是许可的。

其三，可以使用中性名词称呼收信者。当不清楚收信者的性别时，以董事长、经理、主任、首席代表等无须辨别性别的中性称呼去称呼对方是比较稳妥的。

其四，切忌滥用称呼。初次致信他人时，千万不要滥用称呼。诸如先生、小姐一类的称呼，在不清楚收信者性别时就不宜采用。不能图省事，以先生/小姐去称呼收信者。不要乱用"阁下""老板""有关人士"这一类专用性称呼。

**2. 提称语到位**

在称谓语之前，有时需要使用提称语。所谓提称语，意即提高称谓语的词语。在商务信函里使用提称语，关键是要到位。在一般情况下，商务信函里最标准的提称语是"尊敬的"。平常的商务信函，不使用提称语亦可。在社交场合所使用的"尊鉴""台鉴""钧鉴"等古典式提称语以及在涉外场合所使用的"亲爱的""我的"等西洋式提称语，在普通的商务信函中一般均不宜使用。

## （二）正文

在商务信函里，正文是核心内容。写作正文时，一定要注意主题明确，合乎逻辑，层次清晰，语句通畅，文字正确，言简意赅。以下几处要点，在写作商务信函的正文时尤须注意。

一是注意人称使用。在商务信函里，写作者所使用的人称颇为讲究。若为了表示亲切、自然，宜采用第一人称。若意在表示公事公办、严肃正规，则可以采用第三人称。

二是主要内容前置。一封标准商务信函的内容，应当像一座倒置的金字塔，越是重要的内容越应当置于前面。因此，在正文的开端，即应直言自己认为最应当告诉收信者的信息以及收信者最希望了解的信息。

三是篇幅删繁就简。在任何情况下，一封拖沓冗长的商务信函都会使人感到无比乏味，所以在写作商务信函时，一定要注意控制其篇幅，力求简明扼要。一般而言，篇幅短、段落短、句子短、词汇短"四短"，是写作商务信函时所必须恪守的铁律。

四是一信只议一事。为了确保商务信函发挥功效，并且尽量缩短其篇幅，最好一信只议一事。这样一来，不但可以突出主题，而且可以限制其篇幅。

五是语言平易近人。尽管商务信函使用的是书面语言，写作者亦应尽量使之生动、活泼、亲切、自然，既不应令其过于粗俗，也不应使之曲高和寡。

六是信息正确无误。商务信函所传递的信息，应确保正确无误。为此应做到：避免写错字、用错标点符号；防止滥用成语、典故、外语；过于生僻的词语或易于产生歧义的举例，也不宜采用。

　　七是书面干净整洁。一般来说，正式的商务信函最好打印，而不是手写，这样可确保其书面的干净整洁。即使需要手写时，亦应避免随意涂抹、填补。另外，不要在行、格之外写字，不要掉字，不要以汉语拼音代替生字。

　　八是防止泄露机密。普通的商务信函，不应在其字里行间直接或间接地涉及商业秘密。若打算将其邮寄或快递时，尤须注意此点。

## （三）结尾

　　在商务信函里，作为最后一部分的结尾，写作上的基本要求是全面而具体的。大体上说，商务信函的结尾又由下述六个具体部分所构成：

　　一是祝颂语。它是写信者对收信者所进行的例行祝福，其内容大都约定俗成，可酌情使用，但不宜空缺。

　　二是附问语。它是指写信者附带问候收信者周围人士，或代替自己向周围人士问候收信者。附问语可用可不用。

　　三是补述语。它是正文写完后，尚需补充的内容，故又称附言。一般的商务信函，最好不用补述语。如需使用补述语时应注意三点：单字不成行；单行不成页；字数不宜多。

　　四是署名。在商务信函里，署名宜为写信者全名。必要时，亦可同时署上其行政职务与职称、学衔。若为打印信函，最好由署名者本人在信上亲笔签名。

　　五是日期。在署名之后，应注明写信的具体日期。为郑重其事，所署日期越具体越好。至少要写明某年某月某日，必要时还应注明某年某月某日某时。

　　六是附件。在一些商务信函的结尾，往往附有其他有关文件。附件通常应置于商务信函之后，但其具体件数、页数、名称均应在信中一一注明，以便收信者核对查阅。

## （四）封文

　　交封邮寄、快递的商务信函均应书写封文。在写作封文时，不仅应当认真，而且必须遵守其基本规范。对以下五点尤应重视。

　　一是地址详尽。写作封文时，为了保证收信者及时收到信函，或者信函退回时不致丢失，一定要将收信者与寄信者双方的具体地址仔细写明。不仅要写上省、市、区、街道、门牌号码，而且还应写上单位、部门。

　　二是姓名正确。在封文上，收信者与寄信者的姓名均应书写正确。以单位、部门作为收寄者时，亦应注明其正确的全称。

　　三是慎用雅语。正式信函的封文上，往往要使用一些雅语。它们皆有一定之规，不可滥用。它具体包括：其一，邮递员对收信者的称呼。它们写在收信者姓名之后，如"小姐""先生""老师"等。它并非写信者对收信者的称呼，故此不宜使用"大人""贤侄"之类。其二，启封词。它是敬请收信者拆启信封的礼貌语，如"启""钧启""收启"等，通常写在收信者姓名与邮递员对其称呼之后。其三，缄封词。它表示寄信者封闭信函时的恭敬之意，如缄、谨缄等等，缄封词均应写在寄信者姓名之后。凡不封口的信函，没有必要多此一举。

　　四是邮编勿缺。正式交付邮寄的商务信函，一定要正确注明收信地址与寄信地址的邮政编码。缺少邮编或邮编不正确的商务信函，有可能晚到甚至丢失。

五是格式标准。封文写作，通常都有一定的格式可依。横式信封有横式信封的写法，竖式信封有竖式信封的写法；国内信函有国内信函的封文格式，国际信函有国际信函的封文格式。写作商务信函的封文时，必须认真照此办理。

## （五）工具

写作商务信函，尤其是手写信函时，必须借助于一些必要的工具。使用这些工具时，应符合基本的礼仪规范。下面，着重介绍一些手写信函对其所用工具的基本要求。

一是信笺。信笺又叫信纸。商务信函所使用的信笺，应当规格统一，纸质上乘，美观大方，统一印制。通常不宜使用外单位信笺写作商务信函，也不要使用本单位信笺写作私信。

二是信封。商务信函所使用的信封，可以是市场上出售的标准信封，也可以是本单位统一印制的专用信封。不宜自制信封寄发商务信函，或是利用其他单位用过的信封寄发本单位的商务信函。商务信函信封的大小，宜与其容量相称。它的纸质、色彩，最好与信笺相匹配。

三是笔具。手写商务信函时，通常应使用钢笔或毛笔。如果以铅笔、圆珠笔来写，往往会令人感觉不够正式。

四是墨水。用毛笔写信，宜用黑色墨汁；用钢笔写信，则宜用黑色或蓝黑色墨水。纯蓝色的墨水因其字迹难以持久保存，故不应使用。使用其他彩色墨水，则有哗众取宠之嫌，亦不可取。

## 三、应用信函

在商务交往中，信函应根据实际需要和具体情况来使用。因其具体用途不同，职员所常用的信函分为联络函、通知函、确认函、感谢函、推荐函、拒绝函等等，在写作上往往又有一些各自不同的要求。具体应用不同类型的商务信函时，既要遵守其共同要求，又要兼顾其各自独具的特征。

## （一）联络函

联络函，又称保持接触函，它是平时用以培养客户关系、与客户保持联络的一种专用信函。使用联络函的目的，不仅意在证明自己的存在，而且也是为了与客户保持接触，并借此培养对方对自己的好感，加深对方对自己的印象。一般而言，应当定期向客户寄发联络函。写作联络函，通常有以下五个要点应当注意：

一是寻找适当的去信借口。这样一来，就不会让对方觉得不可思议。祝贺节日、生日，寄送简报，都是不错的借口。

二是扼要介绍自己的状况。向对方通报自己及所在单位的发展变化，可以使对方对自己及所在单位加深了解。

三是要表达对对方的关注。在介绍自己的状况之前，可以先向对方表达自己诚挚的关心。例如，可告知自己对对方成就的了解，或为此祝贺对方，等等。

四是相机表示合作的意图。在联络函中，不妨大致上介绍一下自己欲与对方进行进一步交往、合作的意图。

五是灵活掌握友善的分寸。联络函并非直奔主题的业务函，因此其篇幅宜短，语气宜友善，主题宜放在联络之上。

## (二) 通知函

通知函，又称告知函。它主要用以向外界通报某项事务处理的具体情况，或是某项业务的具体进展。从某种意义上讲，通知函往往可以在一定程度上发挥联络函的作用。写作通知函时，应注意下列五个要点：

一是重在介绍客观情况。通知函的主要作用，是向有关方面通报事态的发展、变化，而并非就此展开讨论或进行争论。

二是注意介绍的连续性。在介绍当前状况时，通知函要注意与此前函件的呼应，以便使自己的情况介绍有头有尾，连贯一致。

三是通报己方今后计划。在介绍客观事态的同时，亦应告知收信者己方的对策以及已经采取的行动。

四是促进彼此合作。通知函的目的之一，就是要推动收信方与寄信方的合作。

五是表达含蓄委婉。不论是介绍己方举措，还是敦促对方参与，在表达上都要委婉含蓄。要力戒语气生硬，强人所难，或者唠唠叨叨。

## (三) 确认函

确认函，在此是指专为确认某事而向交往对象所寄送的信函。在商务交往中，确认函是最为常用的信函之一。因为确认函意在对某种事实、某种意向进行确定，所以它在写作上具有更高的规范性要求。写作确认函，应对下列五点多加注意：

一是明确应予确认的有关事项。此项内容是确认函关键内容所在，故应反复核对，确保不发生任何差错。

二是逐一列出相应的附加条件。凡对所确认的事项附加各项具体条件的，在确认函里应向收信者予以明确。

三是陈述己方对此的基本立场。在确认函之中，确认方应再次承诺自己遵守约定，绝不随意对此反复，或是临场变卦。

四是要求收信方对此予以确认。在一般情况下，确认方均会在确认函中要求对方对此进行确认。具体的方式，可以是另行致函，也可以是在此信上签署意见。

五是在信函末尾正式署名。正规的确认函，均需有关人员或相关单位的负责人在其末尾亲笔签署自己的姓名。有时，往往需要联合署名，或由单位法人代表亲自署名。必要时，还须加盖本单位公章。

## (四) 感谢函

在商务交往中，感谢函是指专为感谢某人或某单位而写作的信函。一般而言，收到礼品、出席宴会、得到关照之后，均应寄出专门的感谢函。一封恰如其分的感谢函，往往可以显示写作者的教养。写作感谢函，通常应注意以下四点：

一是内容简练。一封感谢函，往往不必长篇宏论，喋喋不休。只要在信中将自己的感谢之意表达清楚了，即使只写三五句话亦可。

二是面面俱到。很多时候，在感谢函中应当致谢的对象不止一人，那么一定要向所有应予感谢者一一致谢，千万不要有所遗漏。

三是尽量手写。为了表示自己的真心实意，感谢函要尽量亲自动笔撰写，而不要打印。在任何时候，一封当事人的亲笔信，都会使人产生亲切感。

四是尽早寄达。在一般情况下，感谢函实效性很强。它最好是在有关事件发生后24小时之内寄出，并应尽量使之早日寄达。

## （五）推荐函

推荐函，在此是指专为向其他单位推荐某位人士而使用的信函。在求职应聘时，一封有力度的推荐函，往往有助于被推荐者脱颖而出。写作推荐函，主要需要兼顾下述四个方面：

一是介绍自身情况。在推荐函的开始部分，写作者应简述一下自己的情况，并对自己与被推荐者之间的关系略加说明。

二是评价被推荐者。这部分是推荐信的主要内容，在此，应当全面而客观地介绍被推荐者的基本情况，尤其是其能力、阅历、特长与业绩。与此同时，还应对被推荐者做出自己的评价。

三是感谢收信之人。在推荐函中，不应忽略对收信者的问候与感谢。这一部分，绝对不可缺少。

四是附有背景材料。为了便于用人单位及其负责人对被推荐者有进一步的深入了解，在推荐函之后一般还应附有被推荐者的简历、证书等个人背景材料。

## （六）拒绝函

拒绝函，在此是指为拒绝外人或外单位的某项请求而使用的信函。在所有的商务信函里，拒绝函大概算是最难写作的一种。它的难以把握之处在于，既要正式拒绝对方，又要保证不会因此而损害双方关系，写作拒绝函，大致上有下列四点注意事项：

一是当机立断。使用拒绝函，一般非常讲究实效。若无特殊原因，应当当机立断，尽早拒绝对方。一拖再拖，往往会令对方产生其他想法。

二是具体说明。在拒绝函里，应当对拒绝的具体事项予以明确。不要一概而论、含糊不清、模棱两可，那样搞不好就会耽误事情。

三是阐明原因。对于拒绝对方的具体原因，最好要在拒绝函里认真地进行说明，以便使对方心服口服，不会为此而影响双方的关系。

四是表达歉意。必要的话，在拒绝函里应向被拒绝者表达己方的歉意。此外，还应恳请对方今后继续与自己保持联络。

## 四、电子信函

随着现代科学技术的发展，商务信函中逐渐出现了一系列利用电子媒介的新的形式，例如，电报、电传、传真、电子邮件等，它们均可称为电子信函。除了遵守一般信函的礼仪规范之外，电子信函还有自己的一些独特要求。下面，主要对当今在商务交往中普遍应用的传真与电子邮件的相关礼仪略加介绍：

## （一）传真

传真通常是指利用光电效应，通过专用的装置将信函、文件、图片等的真迹传递给远方联络对象的一种通信方式。用以传真的专用装置，一般叫做传真机。传真的优点，主要是操作简便，传送迅速，可以直接输送真迹。在商务交往中使用传真时，下列几个方面的礼仪规范务必遵守：

一是内容简单明了。与普通信函相比，传真所需费用较高，因此在撰写传真稿时，既要使之全面、具体，言之有物，又要使其简明扼要。正式发送传真之前，应将可有可无的词句统统删去。

二是字迹清晰易辨。出于技术上的原因，传真在传送过程中容易变得模糊不清，所以在准备传真稿时，一定要尽量使稿件的字体、行距、图表等清晰易辨，避免因人为原因而导致其失真。

三是形式规范得体。发送传真前，务必使之形式规范得体。未经允许，不要发送过长或保密的传真。若是正式传真，应首先标有名称，并在上面写明接收人所在单位、部门的名称，接受人姓名、职务、电话号码等。发送传真所用的纸张，应为带有本单位名称的正式公文纸。在传真时，一般均应附有一页封面，并注明页码。若传送急件，应于封面之上注明。在传真最后，应注上发送的具体日期与时间。此外，还可以附有备注，例如，"切盼3月1日17时之前答复。"

四是附有联络方式。为便于交往双方及时进行联络，在发送传真时，应在上面注有发送者的有效联络方式，例如，发送者单位、部门的名称，发送者的姓名与职务，发送者的传真与电话号码，传送传真过程之中一旦出现问题时可以使用的联系电话的号码，等等。

五是提前进行通报。发送传真前，应先向接收者进行通报，并征得对方的同意。如果对方有规定的开启传真机的时间，一般应予遵守。如果对方正在等候其他重要传真，或者对方传真与电话使用同一线路且正在忙碌，尽量不要给对方忙中添乱。如果对方传真机无人值守，不预先通报而传送过去的传真就有可能不会被接收者及时收到。

六是谨防骚扰他人。发送传真，大都属于需要急办之事。若非紧急的文件、信函，最好不要使用传真。个人私事，亦不宜使用单位传真机对外传送。利用传真开展宣传、促销活动时，一定要把握好量与度。假使接收者对此不感任何兴趣，则有关的传真大可少发或不发。不要忘记，泛滥的"垃圾传真"是不受欢迎的。

七是及时进行处理。接收到外来的传真之后，应对其进行及时处理。首先，应告知发送者传真业已收到。其次，应对传真所涉事项进行办理，或交由有关部门、有关人员办理。最后，鉴于传真件不宜久存，应对其重要的内容进行复制。

## （二）电子邮件

电子邮件又叫电子函件，它是指利用互联网所传递的邮件。随着互联网的发展，电子邮件正在迅速普及，并且在商务交往中得到了越来越广泛的运用。使用电子邮件时，下列三个方面的礼仪规范应当认真加以遵守：

一是认真准备。使用电子邮件，必须认真做好各项必要的准备：其一，主题明确。与重要的普通信函一样，电子信函亦应每一封只有一个主题，并且最后标有令人一目了然的名称。其二，篇幅短小。由于电子邮件需要利用互联网传送和接收，为防止收发出现问题，电子邮件的内容应短小精悍。其三，语言直白。商用的电子邮件并非网友们的网上聊天，因此其所用语言应通俗易懂。要少用生词、怪字或自造的网络用语。凡引用的数据、资料，应注明出处。

二是切勿滥用。互联网是一个虚拟世界。在网上发送电子邮件时，职员应保持清醒的头脑。要注意以下两个问题：其一，电子邮件并非万能。必须意识到，在绝大多数情况下，使用电子邮件进行沟通，并不一定比直接会面或使用电话进行沟通的效果更好。其二，不宜滥发"电子垃圾"。使用电子邮件时，职员必须注意，不宜利用工作之便，利用单位的网络向外界滥发电子邮件。泛滥的电子邮件俗称"电子垃圾"，十分令人反感。

三是注意安全。在商务交往中使用电子邮件时，既要确保信息传送渠道畅通无阻，又要自觉维护网络安全。以下五点需要谨记：其一，不要充当黑客。利用单位网络充当黑客，往往不仅不会受人钦佩，反而会影响单位的业务及形象。其二，不要滥交网友。互联网上鱼龙混杂，滥发电子邮件、滥交网友，往往于己不利。其三，不要弄虚作假。使用电子邮件，一定要讲究社会公德。切勿借此传播虚假信息，或是散布流言蜚语。其四，不要胡乱删除。对自己信箱之内的电子邮件应及时进行处理。该回复的回复，该删除的删除，但对重要单位或个人的电子邮箱地址一定要妥善保存。其五，不要涉及机密。利用电子邮件传递秘密资讯，其安全性往往难以保证。

## 单项实训

### 实训目标
通过实训使学生掌握商务信函的书写要求，并能够准确地书写商务信函。

### 场景设置
春节将至，某公司要举行一个年终庆典，文秘 A 小姐负责给客户 B 先生发送一封邀请函，B 先生及时作出了回复。

### 实训步骤
（1）教师介绍本次实训的内容和模拟实训场景。
（2）教师讲解商务信函的书写要求及应该注意的问题。
（3）根据模拟场景将学生按 2 人一组分组。
（4）按组为单位进行模拟训练。
（5）教师点评。

### 效果评价（见表 3 - 3）

**表 3 – 3**                 **商务信函礼仪效果评价表**

姓名：                                                           时间：

| 考核项目 | 考核内容 | 分值 | 小组评分（50%） | 教师评分（50%） | 实得分 |
|---|---|---|---|---|---|
| 商务信函礼仪 | 信笺选用正规 | 10 | | | |
| | 信函格式正确 | 15 | | | |
| | 称呼正确 | 10 | | | |
| | 行文得体 | 15 | | | |
| | 信函结束得当 | 15 | | | |
| | 收到信函回复及时准确 | 15 | | | |
| | 接受/拒绝邀请的信函内容得体 | 20 | | | |
| 合计 | | 100 | | | |

注：考评满分为100分，60~70分为中等，81~90分为良好，91分及以上为优秀。

教师签名：

## 项目小结

语言是人类交际的媒介，是人们表达意愿、沟通情感、交流思想的重要工具。本项目分为三个任务：主要讲述了商务交谈礼仪、电话礼仪和商务信函礼仪。无论是现实生活中面对面的交谈、电话交谈，还是通过信函和网络的交流都需要注意语言的礼仪，方式的得当。希望学生通过本项目的学习能够掌握正确地与人交谈的礼仪和交流的方式，在工作和生活中更加顺利。

## 小 测 试

**一、单项选择题**

1. 作为交谈一方的听众，下面哪一句话最入耳？（     ）

    A. 你懂不懂呀？                     B. 你听懂没有？

    C. 你听明白没有？                  D. 我说清楚了吗？

2. 聆听的好处不包括（     ）。

    A. 能改善工作关系                B. 能学到更多的东西

    C. 能更好地了解人和事          D. 能避免是非和麻烦

3. 回答对方具有刺探性、挑衅性的、刁难性的问题时，我们要（     ）。

    A. 针锋相对                         B. 避实就虚

    C. 拒绝回答                         D. 有力反击

4. 交谈中宜选择的话题不包括（     ）。

    A. 书籍                             B. 历史

    C. 旅游                             D. 婚姻

5. 交谈的正确方式是（     ）。

A. 挑对方毛病　　　　　　　　　　　　　B. 自我中心

C. 经常插话打断别人　　　　　　　　　　D. 善于聆听，集中注意力

6. 职场交往中，以下哪个为"安全"话题？（　　　）

A. 年龄和收入　　　　　　　　　　　　　B. 婚姻和家庭

C. 天气和艺术　　　　　　　　　　　　　D. 健康和死亡

7. 双方通电话，应由谁挂断电话？（　　　）

A. 主叫先挂电话

B. 被叫先挂电话

C. 尊者先挂电话

D. 不做要求，谁先讲完谁先挂，最好同时挂

8. 当您的同事不在，您代他接听电话时，应该（　　　）。

A. 先问清对方是谁

B. 先告诉对方他找的人不在

C. 先问对方有什么事

D. 先记录下对方的重要内容，待同事回来后告诉他处理

9. 接到电话后，应当说（　　　）。

A. "喂，找谁？"　　　　　　　　　　　　B. "喂，干吗……"

C. "你是谁，有什么事情？"　　　　　　　D. "您好，这里是某某公司……"

10. 客户在电话中评论公司的另一客户，你应当（　　　）。

A. 就客户所说发表评论　　　　　　　　　B. 倾听客户的评论，不发表意见

C. 转移话题，不再谈论该客户　　　　　　D. 向客户提供有关另一客户的资讯

## 二、思考题

1. 交谈话题选择的原则是什么？

2. 交谈话题选择有哪些禁忌？

3. 在参与他人交谈时需要注意哪些方面？

4. 在结束交谈时需要注意哪些礼节？

5. 请给你最喜欢的老师写一封感谢信。

# 项目实训

### 实训目标

通过实训，使学生掌握语言运用的技巧和礼仪，了解交谈电话会谈或商务信函书写时应注意的问题。

### 场景设置

某公司的文秘 A 小姐代表公司向合作公司总经理 B 先生发出邀请函，希望其参加本公司年会，B 回复准时参加，年会当天 B 打电话确定到达时间并带领公司另外两位部门经理 B 和 C。到达后由 A 小姐带领公司的 D 和 E 一起迎接。

### 实训准备

小卡片、实训教室、桌椅等。

**实训步骤**

（1）教师介绍本次实训的内容和模拟实训场景。

（2）教师示范讲解实训要求需要注意的问题。

（3）根据模拟活动情景分组。把全班同学分成6人/组。

（4）确定模拟活动角色。

（5）全组讨论交谈时的语言礼仪及应该注意的问题。

（6）模拟场景训练：抽签排序，一组一组进行；一组模拟时，其他组观摩并指出问题。

**实训效果**

（1）学生就本组和其他组的实训效果进行打分，并互相评析，指出对方小组做得好和不好的地方并改正。

（2）实训教师为每组学生的表现进行分析，并给每个学生进行打分，记入该实训项目的总成绩中。

**效果评价（见表3-4）**

表3-4　　　　　　　　　　　语言礼仪效果评价表

姓名：　　　　　　　　　　　　　　　　　　　　　　　　　　　　　　时间：

| 考核项目 | 考核内容 | 分值 | 小组评分（50%） | 教师评分（50%） | 实得分 |
|---|---|---|---|---|---|
| 语言礼仪 | 商务信函礼仪部分 | 30 | | | |
| | 电话礼仪部分 | 30 | | | |
| | 交谈礼仪部分 | 30 | | | |
| | 整体表现 | 10 | | | |
| 合计 | | 100 | | | |

注：考评满分为100分，60~70分为中等，81~90分为良好，91分及以上为优秀。

教师签名：

# 商务人员社交礼仪

## 项目目标

知识目标：熟悉和掌握商务见面介绍礼仪、拜访接待电话礼仪、馈赠礼仪的内容。

能力目标：在不同场合能够正确选择见面礼；能够正确进行介绍的顺序及完成介绍的程序；能够掌握拜访接待及电话礼仪的程序与注意事项；面对不同场合不同对象具备选择馈赠礼品的能力。

素质目标：掌握书本知识的同时，树立礼仪意识，培养职业情感，并明确交往礼仪在生活中的重要作用。增强自身沟通能力、社会交际能力，运用交往礼仪知识处理问题的能力。

教学重点：东、西方见面礼仪和介绍礼仪的内容；拜访及接待礼仪的三步骤；馈赠礼仪的基本原则。

教学难点：握手、介绍的顺序；馈赠礼仪的基本原则。

## 导入案例

### 无礼的记者

有一位外国记者采访某国总理，见面时就伸出手来想跟某国总理握手，这时总理也不得已就伸出手来跟他握手，但是握完手之后，这个记者居然用手绢把手擦了一下，说："我怎么跟打过仗的人握手呢，太可怕了。"这时总理也掏出手绢擦了一下手，然后把手绢扔到了垃圾箱里，说："现在已经无法清洗这个手绢了。"

**评析**：握过手之后是不能用东西擦拭手的，这是对别人的不尊重，同时你不尊重别人，别人也不会尊重你。

**思考**：本故事中，体现了交往礼仪的哪些礼节？

### 请向国徽敬礼

第一次世界大战中，美国一名黑人少校军官和一名白人士兵在路上相遇，士兵见对方是黑人，就没有敬礼。当他掠身而过，忽然听到背后一个低沉而坚定的声音："请等一下。"黑人军官对他说："士兵，你刚才拒绝向我敬礼，我并不介意。但你必须明白，我是美国总统任命的陆军少校，这顶军帽上的国徽代表着美国的光荣和伟大。你可以看低我，但必须尊敬它。现在我把帽子摘下来，请你向国徽敬礼。"士兵终于向军官行了礼。这位黑人就是后来成为美国历史上第一位黑人将军的本杰明·戴维斯。

**评析：** 与人交往，尊重在心，礼貌当先，礼貌待人是对交往对象最基本的尊重，更是自己素养和内涵的体现。

**思考：** 向国徽敬礼给你什么启示？

# 任务1　见面与介绍礼仪

**任务目标：** 了解见面与介绍礼仪、名片礼仪的基本内容，掌握见面与介绍礼仪、名片礼仪的具体要求和注意事项。

**案例 4 -1**

### 韩小姐的尴尬

某公司的韩小姐为人热情大方，工作表现突出，因而备受公司和领导重用。一次，公司派她和几名同事一道前往东南亚某国洽谈业务。可一向处事稳重、举止大方的韩小姐，竟由于行为不慎，招惹了一场不大不小的麻烦。

她和同事一抵达目的地，就受到东道主的热烈欢迎。在为他们特意举行的欢迎会上，主人亲自为这些来自中国的嘉宾每人都准备了一份礼物，以示敬意。可是当主人向韩小姐递送礼物时，一直是"左撇子"的韩小姐顺其自然地抬起自己的左手去接受。见此情景，主人神色骤变，非常不高兴地将礼物重重放在桌子上，随即离去。韩小姐一时非常尴尬，不知所措。

**评析：** 涉外交往最基本的是了解各国的礼仪禁忌，韩小姐正是因为不了解东南亚某国的礼仪禁忌而造成了宴会上的不快。在东南亚某些国家，是很忌讳用左手递东西和握手的。这个案例给我们的启示是：无论是国际商务洽谈还是境外旅游业务，都需要事先了解该国或该民族的基本情况、饮食起居、风俗习惯、礼貌礼节和禁忌等，以便在工作中不会出现礼貌礼节方面的失误，这样才能融洽与业务伙伴的关系，更好地树立我国良好的国际形象。

**思考：** 谈谈东道主为什么生气而离开？

**案例 4 -2**

### 小王的失误

在一次接待某国外商团到访的任务中，小王与团长熟识，因而作为主要迎宾人员陪同老总前往机场迎接外宾。当团长率领其他工作人员到达后，小王面带微笑热情地走上前，先于老总与团长握手致意，表示欢迎，然后转身向自己的老总介绍了这位团长，接着又热情地向团长介绍了随自己同来的其他部门经理。小王自以为此次接待任务完成得相当顺利，但他的有些举动令老总及其他部门经理十分不满。

**评析：** 介绍是一切社交活动的开始，是人际交往中与他人沟通、建立联系、增进了解的一种最基本、最常见的形式，也是商务往来中常用的礼节。这一案例中，主人公小王在行使介绍礼节时出现了一些错误：其一，小王不应先于老总与团长握手致意，已然越级。其二，介绍应分先后次序，位尊者有率先知情权，宾客方应为尊者，故应先将主人介绍给宾客。

**思考：** 你知道为什么吗？

　　了解和沟通的前提是交往，而交往又是以见面开始的。在交往中，见面时行一个标准的见面礼，会给对方留下深刻而又美好的印象，直接体现出施礼者良好的修养。所以掌握以下几种常见的见面礼就显得尤为重要。

# 一、见面礼仪

## （一）东方见面礼节

### 1. 握手礼

　　握手是当今社交活动中使用频率最高、适用范围最广的迎送礼节。握手礼的由来有多种说法，其中一种是战争期间，骑士们都穿盔甲，除两只眼睛外，全身都包裹在盔甲里，随时准备冲向敌人。如果表示友好，互相走近时就脱去右手的甲胄，伸出右手，表示没有武器，互相握手言好。后来，这种友好的表示方式流传到民间，就成了握手礼。人们在日常交往过程中，除了见面和告别相互握手外，别人帮助自己后，往往也要握手表示谢意，在别人取得成就时，我们向对方表示祝贺，也要握手。可以说握手贯穿于人们交往、应酬的许多环节。

　　（1）行握手礼姿势。行握手礼时，一般采用单手握，即见面的双方各自伸出右手，四指并拢，拇指张开，上身向前微倾，双脚立正，两人相距约一步远，目视对方，面带微笑与之右手相握。伸手时要稍带角度，双方虎口（大拇指与手掌连接的关节处）应相互接触，上下轻摇，一般约3～5秒为好。如初次见面，时间不宜过长，以不超过3秒为宜。为表示对对方加倍的亲切和尊敬，也可以采用双手握，但这种握手方式只在一些特殊的情感条件下使用。男女之间不宜采用这种握手方式。

　　（2）握手时伸手礼。即指握手时的伸手先后顺序，若不适当，极易失礼。此先后顺序应由握手双方所处的社会地位、年龄、性别等各种条件来决定。应遵守"尊者为先"的原则，即位尊者先伸手、位卑者予以响应，贸然抢先伸手是失礼的表现。

　　（3）握手的忌讳。贸然伸手、目光游移、久握不放、交叉握手、敷衍了事、出手时慢慢吞吞、握手后立即擦手等都是握手的忌讳。

### 2. 作揖礼

　　作揖礼，即拱手礼，是华人中最流行的见面礼。行礼方式是起身站立，上身挺立，两臂前伸，双手在胸前高举抱拳，自上而下，或者自内而外，有节奏地晃动两三下。作揖礼主要适用于过年时举行团拜活动、向长辈祝寿、向亲朋好友表示无比感谢，以及与海外华人初次见面时表示久仰之意。

### 3. 鞠躬礼

　　鞠躬又称打躬，即弯身行礼，源于中国商代，是一种古老而文明的表示对他人尊重的郑重礼节。行鞠躬礼时，应脱帽立正，双目凝视受礼者，然后上身弯腰前倾。男士双手应贴放于身体两侧裤线处，女士的双手则应下垂搭放在腹前。下弯的幅度越大，所表示的敬礼程度就越大。鞠躬礼目前在国内主要适用于向长者表示敬重、向他人表示感谢、领奖或讲演之后、演员谢幕、举行婚礼或参加追悼会等活动。鞠躬的次数，可视具体情况而定，如，祭奠三鞠躬等。

### 4. 合十礼

　　合十礼亦称合掌礼，即双手十指相合为礼。合十礼源自印度，最初仅为佛教徒之间的拜礼，后发展成全民性的见面礼。流行于泰国、缅甸、老挝、柬埔寨、尼泊尔等国家。具体做法是双掌十指在胸前相对合，手掌并拢向上，掌尖与鼻尖基本持平，手掌向外侧倾斜，双腿立直站立，身体微欠，低头。可以口颂祝词或问候对方，也可面含微笑。但不能在行礼时手舞足蹈，点头不止。行合十礼时，合十的双手举得越高，越体现了对对方的尊重，但原则上不可高于额头。

[**知识链接**] 我国古代是没有握手礼仪的，但作为礼仪之邦，在古代人们相互见面时，却有其他与握手不相同的诸多礼节。这里介绍一下古人常见的见面礼仪。

古人等级制度森严，相见时，按长幼之序和官职大小行礼。《范进中举》中写范进进学回家，其丈人来访，范进"向他作揖"，胡屠夫教训他不要与"平头百姓"、"拱手作揖，平起平坐"，及后来范进中举后张乡绅来访，"同范进让了进来，到堂屋内平磕了头"，都是古时的相见之礼。

揖：拱手行礼，是为揖。这是古代宾主相见的最常见的礼节。揖让之礼分为三种：一专用于没有婚姻关系的异姓，行礼时推手微向下；二专用于有婚姻关系的异姓，行礼时推手平而致于前；三专用于同姓宾客，行礼时推手微向上。

长揖：这是古代不分尊卑的相见礼，拱手高举，自上而下。

拱：古代的一种相见礼，两手在胸前相合表示敬意。如"子路拱而立"（《论语》）。

拜：古代表示恭敬的一种礼节。古之拜，只是拱手弯腰而已，两手在胸前合抱，头向前俯，额触双手，如同揖。如《孔雀东南飞》中的"上堂拜阿母，阿母怒不止"，这儿的"拜"就是焦仲卿对母亲行的这种礼节。后来亦指将屈膝顿首、两手着地或叩头及地称为"拜"。如《鸿门宴》中的"哙拜谢，起，立而饮之"，这儿的"拜"应是这种跪拜礼。

拜手：古代的一种跪拜礼。行礼时，跪下，两手拱合到地，头靠在手上。《周礼》中作"空首"；也作"拜首"。如"光明呀，我景仰你，我景仰你，我要向你拜手，我要向你稽首"（《屈原》）。

再拜：拜两次为再拜，表示礼节之隆重。如"谨使臣良奉白璧一双，再拜献大王足下"（《鸿门宴》）。过去书信末尾也常用"再拜"以表示敬意。

顿首：跪而头叩地为顿首。"顿"是稍停的意思。行礼时，头碰地即起，因其头接触地面时间短暂，故称顿首。通常用于下对上及平辈间的敬礼。如官僚间的拜迎、拜送，民间的拜贺、拜望、拜别等。也常用于书信的开头或末尾。如"……丘迟顿首"（《与陈伯之书》）。

稽首：古代的一种跪拜礼。跪而头触地作较长时间停留为稽首。"稽"是停留拖延的意思。行礼时，施礼者屈膝跪地，左手按右手，拱手于地，头也缓缓至于地，手在膝前，头在手后。头在地必须停留一段时间。稽首是最重的礼节，常为臣子拜见君王时所用。如孟明稽首曰："君之惠，不以累臣衅鼓，使归就戮于秦"（《崤之战》）。

但契丹人、党项人、女真人、蒙古人的见面礼又各不相同。《金史》卷35《礼志》说："金之拜制，先袖手，微俯身，稍复却，跪左膝，左右摇肘，若舞蹈状。凡跪，摇袖，下拂膝，上则至左右肩者，凡四。如此者四跪，复以手按右膝，单跪左膝而成礼。"但有的记载是跪右膝，蹲左膝，左右膝位正好相反。蒙古人最初是左膝下跪，后改为双膝跪拜。文天祥《文山先生全集》卷17记载自己被俘到元大都，丞相博罗召见，文天祥"长揖"，通事（翻译）命他"跪"，文天祥说："南之揖，即北之跪，吾南人，行南礼毕，可赘跪乎？"

## （二）西方见面礼节

### 1. 握手礼

西方人通常是在经人介绍与别人相识时才握手，若相识的对方是妇女、年长者、职位高者，则应尊重对方意愿，不主动伸手。宾主之间，主人有向客人先伸手的义务。握手要有适当力度。男士与女士握手可轻些，不能握满全手，只握其手指部位即可。握手时男士应脱去手套。握手时切忌站在门口——一脚门里，一脚门外。多人同时握手时注意不要交叉，可等别人握完再伸手。

### 2. 拥抱礼

这是欧美、中东及南美洲国家常见的熟人和朋友间的一种亲密礼节，有时与接吻礼同时进行。一般礼节性的拥抱多用于同性之间。

拥抱礼的动作要点是：两人面对面站立，将右手搭在对方左肩后面，左手扶住对方右腰后侧。先向对方左侧拥抱，然后各自向对方右侧拥抱，最后再一次向各对方左侧拥抱，一共拥抱3次。在普通场合行此礼，不必如此讲究，次数也不必如此严格。

在西方，特别是欧美国家，拥抱礼是十分常见的见面礼与道别礼。在人们表示慰问、祝贺时，这种礼仪也十分常用。

### 3. 亲吻礼

亲吻礼是一种西方国家常用的会面礼。人们常用此礼来表达爱情、友情、尊敬和爱护。有时，它会与拥抱同时采用，即双方会面时既拥抱又亲吻。在行礼时，双方关系不同，亲吻的部位也会有所不同。长辈吻晚辈，应当吻额头；晚辈吻长辈，应当吻下颌或面颊；同辈之间，同性应该贴面颊，异性应当吻面颊。

### 4. 吻手礼

吻手礼源自古代维京人用于向日耳曼君主递礼物的风俗，流行于欧美上层社会，是一种仅对贵族已婚妇女实施的礼节。行礼时男士行至已婚女士面前，首先垂首立正致意，然后以右手或双手捧起女士的右手，俯首用自己微闭的嘴唇，去象征性地轻吻一下其手背。这种礼节的特点决定了它宜在室内进行。吻手礼的受礼者，只能是女士，而且应是已婚女士。男性中只有牧师有权接受吻手。历史上，君主们在宫廷舞会上也会接受每个前来接见人的吻手礼。

## （三）东、西方通用见面礼节

### 1. 点头礼

点头礼也就是颔首礼。点头礼的做法是头部向下轻轻一点，同时面带笑容。注意不要反复点头不止，点头的幅度不宜过大。

点头礼适用的范围很广，如路遇熟人或与熟人、朋友在会场、剧院、歌厅、舞厅等不宜交谈之处见面，以及遇上多人而又无法问候之时，都可以点头致意。行点头礼时，最好摘下帽子，以示对对方的尊重。

### 2. 举手礼

行举手礼的场合，与点头礼的场合大致相似。举手礼的起源已经不可考证，比较有根据的说法是中古时期的欧洲当骑士在路上交会时，会以右手掀起头盔，让对方看清楚自己，以表示尊敬。举手礼最适合向距离较远的熟人打招呼。行举手礼的正确做法是右臂向前方伸直，右手掌心向着对方，其他四指并齐、拇指叉开，轻轻向左右摆动一下。不要将手上下摆动，也不要在手部摆动时将手背朝向对方。

### 3. 脱帽礼

脱帽礼来源于冷兵器时代，当时作战都要戴头盔，头盔多用铁制，十分笨重。战士到了安全地带，首先是把头盔摘下，以减轻沉重的负担。这样脱帽就意味着没有敌意。如到友人家，为表示友好也脱头盔示意。这种习惯流传下来，就是今天的脱帽礼。戴着帽子的人，在进入他人居所，路遇熟人，与人交谈、握手，进入娱乐场所时或在升国旗、奏国歌的场合时行脱帽礼，并将帽子置于适当之处。女士在一般社交场合可以不脱帽子。

### 4. 欠身致意

一般用于坐着时与客人打招呼，只需将上身微微向前一倾，不必完全站起。如在饭店的前厅设有大堂经理或者副经理，当他们看到熟人时，可用欠身致意的方式打招呼。有客人到办公室来访时，也可用欠身致意的方式，表示对客人的欢迎和尊重。

## 二、介绍礼仪

介绍是社交礼节中的重要环节，是社交场合中人们相互了解的基本方式，通过介绍可以结识新的朋友。因此，介绍也是彼此不相熟悉的人们开始交往的起点。

### (一) 正式介绍和非正式介绍

由于场合、身份和需要不同，介绍的内容和形式也不同，既有正规场合正式的标准的介绍，也有非正式场合的简要介绍。

#### 1. 正式介绍

正式介绍，指在比较正规、庄重的场合进行介绍。此种介绍应该按一定的规则进行：一是把年轻的人介绍给年长的人；二是把男性介绍给女性。在介绍过程中，先提某人的名字是对此人的一种敬意。如要把一位男性介绍给一位女性，就可以这样介绍："陈丽，让我把张强介绍给你好吗？"然后给双方作介绍："这位是张强，这位是陈丽。"再如，把一位较年轻的女同志介绍给一位德高望重的长辈。则不论性别，均应先提这位长辈。在介绍时，最好是姓名并提，还可附加简短的说明，比如职称、职务、学位、爱好和特长等。这种介绍方式等于给双方提示了开始交谈的话题。如果介绍人能找出被介绍的双方的某些共同点就再好不过了。

#### 2. 非正式介绍

非正式介绍，即指在一般的、非正规场合中进行的介绍。在这种场合中，完全可以根据介绍人与被介绍人双方关系的密切程度和当时的情形，做较为简单的介绍，不必拘于礼节。假若大家又都是年轻人，更应以自然、轻松、愉快为宗旨。介绍人说一句："我来介绍一下"，然后即作简单的介绍，也不必过于讲究先介绍谁、后介绍谁的规则。最简单的方式恐怕莫过于直接报出被介绍者各自的姓名。也不妨加上"这位是""这就是"之类的话以加强语气，使被介绍人感到亲切和自然。在把一个朋友向众人作介绍时，说句"诸位，这位是某某某"也就可以了。

在非正式场合中，作介绍时，不要称其中某人为"我的朋友"，这样显得对其他人不友善，也不礼貌。除非特殊情况，人们一般都不习惯毛遂自荐，主动地自报姓名。如果你想知道某人的名字，最好是先找个第三者问一问，如"那位穿西装的是谁呀"？其后在你和这位穿西装的人见面时就可以说："你好，××。"这显得你是有所准备的。如果万不得已也应说得婉转一点："对不起，不知该怎么称呼您？"

## （二）自我介绍和他人介绍

按照介绍对象的不同，介绍又可分为自我介绍和他人介绍两种。

### 1. 自我介绍

自我介绍，是指在社交场合，出于人际沟通和业务需要，在无人介绍的情况下，自己对自己进行介绍，以使他人认识自己的方法。这是人际交往中常用的一种介绍方式，也是在必要情况下十分有效的沟通途径。如何介绍自己，如何给对方或他人留下深刻印象，可以说是一门艺术，在某种意义上讲，它也是打开人际交往大门的一把钥匙。学会自我介绍，可以树立自信、大方的个人形象。

自我介绍的基本程序：先向对方问好或点头致意，然后再向对方介绍自己的姓名、身份和单位（即自我介绍三要素），同时可以递上事先准备好的名片。如对方表现出有认识自己的愿望，则可在此基础上，再简略介绍自己的籍贯、学历、志趣、专长及与某人的关系等。若只是应酬性的自我介绍，只需要介绍自己的姓名即可，介绍时简明扼要，用时越短越好，一般以半分钟为宜。

### 2. 他人介绍

他人介绍，又称第三者介绍，是指由第三者为彼此不相识的双方互相介绍、引荐的一种方法。在各种社交场合，若自己和朋友聚在一起，而朋友之间又互相不认识，介绍他们互相认识是一种最起码的礼貌。

作介绍时，应坚持尊者优先，严格遵守介绍的先后顺序：（1）把男士介绍给女士；（2）把晚辈介绍给长辈；（3）把职位低者介绍给职位高者；（4）把未婚者介绍给已婚者；（5）将迟到者介绍给早到者；（6）把主人介绍给客人。

# 三、名片礼仪

名片起源于社交，并且随着文明时代的到来而到来，因为名片离不开文字。据清代学者赵翼在其著作《陔余丛考》中记载："古人通名，本用削木书字，汉时谓之谒，汉末谓之刺，汉以后则虽用纸，而仍相沿曰刺"。可见，名片的前身即我国古代所用的"谒""刺"。

名片发展至今，已是现代人交往中一种必不可少的联络工具，成为具有一定社会性、广泛性，便于携带、使用、保存和查阅的信息载体之一。

要正确使用名片，就要对名片的类别、制作、用途和交换等方式予以充分的了解，遵守相应的规范和惯例。

## （一）名片的用途

### 1. 常规用途

（1）介绍自己。初次与交往对象见面时，除了必要的口头自我介绍外，还可以名片作为辅助的介绍工具。这样不仅能向对方明确身份，而且还可以节省时间，强化效果。

（2）结交他人。在人际交往中，如欲结识某人，往往可以本人名片表示结交之意。因为主动递交名片给初识之人，既意味着信任友好，又暗含"可以交个朋友吗?"之意。在这种情况下，对方一般会"礼尚往来"，将其名片也递过来，从而完成双方结识的交往的第一步。

（3）保持联系。大多名片都有一定的联络方式印在其上。利用他人在名片上提供的联络方式，即可与对方取得并保持联系，促进交往。

（4）通报变更。商务人员如果变换了工作单位、调整了职务、改动了电话号码或者乔迁至新居后，都会重新制作自己的名片。向惯常的交往对象递交新名片，就能把本人的最新情况通报对方，以一种更简单的方式避免联系上的失误。

**2. 特殊用途**

在社交场合，尤其是国际社交场合，人们往往以名片代替一封简洁的信函使用。此即名片的特殊用途。名片代替信函使用时，往往有不同的使用方法和注意事项，以下举例说明。

（1）充当礼单。以私人身份向他人馈送礼品时，可将本人的社交名片充当礼单，置于礼品包装之内。但最好是将其装在一个与名片大小相当的信封里，信封上写收礼者姓名，信封可以不封口。名片上可根据实际情况简单留言。

（2）简短留言。商务人员如拜访某人不遇，或需要向某人传达某事而对方不在时，可留下自己的名片，并在名片上简单写上具体事由，然后委托他人转变。

（3）拜会他人。商务人员在初次前往他人工作单位或私人居所进行正式拜访时，可先把本人名片交于对方的门卫、秘书或家人，然后由其转交给拜访之人，意即"我是××，我可以拜访您吗?"对方确认了拜访者的实际身份后，再决定双方是否见面。

## （二）名片的类别

根据名片用途、内容及使用场合的不同，商务人员在日常生活中使用的名片可以分为社交名片和公务名片两类。商务人员在不同的场合，根据不同的需要，面对不同的交往对象时，应当使用不同的名片。

**1. 社交名片**

社交名片，亦称私用名片，指的是商务人员在工作之余，以私人身份在社交场合进行交际应酬时所使用的名片。一般而言，社交名片为个人名片。

社交名片的基本内容包括两个部分：一是本人姓名，以大号字体印在名片正中央。姓名之后无须添加任何公务性关衔。二是联络方式，以较小字体印在名片右下方。具体内容包括家庭住址、邮政编码、住宅电话、互联网址等。

社交名片只用于社交场合，通常与公务无关，因此一般不印有工作单位以及行政职务，以示"公私有别"。

如果本人不喜欢被外界打扰，则可根据具体情况对自己的联络方式的内容有所删减，例如可删去住宅电话一项。必要时，可以不印任何联络方式，而仅留姓名一项内容。

**2. 公务名片**

公务名片，即是指商务人员正式使用于公务活动之中的名片。值得注意的是，身边如果没有公务名片，可用社交名片代替。

　　一张标准的公务名片，按惯例应由具体归属、本人称呼、联络方式三项基本内容构成。

　　（1）具体归属。它由供职的单位、所在的部门等内容组成，二者均应采用正式的全称。但一张名片上所列的单位或部门不宜多于两个。如果确实有两个以上的供职单位和部门，或同时承担着不同的社会职务，则应分别印制不同的名片，并根据交往对象、交际内容的不同分发不同的名片。

　　（2）本人称呼。它应由本人姓名、行政职务、技术职务、学术头衔等几个部分所构成。但后面两项内容，尤其学术头衔往往可有可无。名片上所列的行政职务一般不宜多于两个，且应与同一名片上的具体归属相对应。

　　（3）联络方式。它通常由单位地址、邮政编码、办公电话等内容构成，家庭住址、住宅电话等则不宜列出。至于传真号码、互联网址等内容则应根据具体情况决定是否印于其上。单位的联络方式同样应与同一名片上所列的具体归属相对应。

　　上述三项内容既要完整无缺，又应排列美观。通常，具体归属与联络方式应以大小相似的小号字体分别印于名片的左上角与右下角；本人姓名应以大号字体印于名片正中央；职务头衔则应以较小字体印于姓名的右侧。

## （三）名片的制作

　　名片的制作是有一定之规的。名片制作得是否规范，往往会影响交往对象对自己的看法，进而影响双方的进一步交流与合作。一张粗制滥造的名片显然不会让人对名片主人产生什么好感和接近之意。在定制名片时应当对下述问题予以关注。

### 1. 规格材料

　　各国名片的规格是不尽相同的。目前中国通行的名片规格为9cm×5.5cm，而在国际上较为流行的名片规格则为10cm×6cm。在一般情况下，商务人员应以前一种标准定制名片。如果参与的商务活动多为涉外性质，则可采用后一种规格。若无特殊原因，不必制作过大或过小的名片，更无必要将名片做成折叠式或书本式。

　　名片通常应以耐折、耐磨、美观、大方、便宜的纸张作为首选材料，如白卡纸、再生纸等。选用布料、塑料、真皮、化纤、木材、钢材甚至黄金、白金、白银等材料制作名片是没有必要的。将纸质名片烫金、镀边、压花、过塑、薰香，也是不合适的。

### 2. 色彩图案

　　商务人员所定制的名片宜选用单一色彩的纸张，并且以米白、米黄、浅蓝、浅灰等庄重朴实的色彩为佳。切勿选用过多过杂的色彩，让人眼花缭乱，妨碍信息的接收。

　　一般而言，名片上除了文字符号外不宜添加任何没有实际效用的图案。如果本单位有象征性的标志图案，则可将其印于名片上，但不可过大或过于突兀。

### 3. 文字版式

　　名片上的文字同其他应用文一样，首先要合乎规范，否则就会引起误解，影响交际效果。在合乎规范的前提下，可以讲究自己的风格，表现自己的个性。名片的风格、个性，主要表现在片面布局与字体的选择以及设计方面。就字体而言，一般采用楷体或仿宋体，尽量不要采用行书、草书、篆书等不易认的字体。汉字外文同时印刷时，应将汉字印于一面，而将某种外文印于另一面，不要在同一面上混合使用不同文字，一张名片上不宜使用两种以上文字。不论采用何种字体，文字印刷都要清晰易识，不可模糊难辨，不宜自行手写名片，不能在印刷的名片上以笔增减、修改内容。

名片上文字的排列版式大体有两种。一是横式，即文字排列的行序为自上而下，字序为自左而右；二是竖式，即文字排列的行序为自右而左，字序为自上而下。一般而言，采用简化汉字的名片宜用横式。同一枚名片上，既可以两面均印有文字不同而本意相似的内容，也可以空出一面，而只在一面印有内容。没有必要在名片的一面印上名言警句。两面的内容相同时，不可使其一为横式，一为竖式。

## （四）名片的交换

名片的交换是名片礼仪中的核心内容。商务人员如何交换名片，往往是其个人修养的一种反映，也是对交往对象尊重与否的直接体现。因此交换名片务必要遵守一定之规。

### 1. 携带名片

商务人员参加正式的商务活动之前，都应随身携带自己的名片，以备交往之用。名片的携带应注意以下三点。

（1）足量适用。商务人员携带的名片一定要数量充足，确保够用。所带名片要分门别类，根据不同交往对象使用不同名片。

（2）完好无损。名片要保持干净整洁，切不可出现褶皱、破烂、肮脏、污损、涂改的情况。

（3）放置到位。名片应统一置于名片夹、公文包内，在办公室时还可放于名片架或办公桌内。切不可随便放在钱包、裤袋之内。放置名片的位置要固定，以免需要名片时东找西寻，显得毫无准备。

### 2. 递交名片

商务人员在递交名片时，要注意以下几个要点：

（1）观察意愿。除非自己想主动与人结识，否则名片务必要在交往双方均有结识对方并欲建立联系的意愿的前提下发送。这种愿望往往会通过"幸会""认识你很高兴"等一类谦语以及表情、体姿等非语言符号体现出来。如果双方或一方并没有这种愿望，则无需发送名片，否则会有故意炫耀、强加于人之嫌。

（2）把握时机。发送名片要掌握适宜时机，只有在确有必要时发送名片时，才会令名片发挥功效。发送名片一般应选择初识之际或分别之时，不宜过早或过迟。不要在用餐、戏剧、跳舞之时发送名片，也不要在大庭广众之下向多位陌生人发送名片。

（3）讲究顺序。双方交换名片时，应当首先由位低者向位高者发送名片，再由后者回复前者。但在多人之间递交名片时，不宜以职务高低决定发送顺序，切勿跳跃式进行发送，甚至遗漏其中某些人。最佳方法是由近而远、按顺时针或逆时针方向依次发送。

（4）先打招呼。递上名片前，应当先向接受名片者打个招呼，令对方有所准备。既可先作一下自我介绍，也可以说声"对不起，请稍候""可否交换一下名片"之类的提示语。

（5）表现谦恭。对于递交名片这一过程，应当表现得郑重其事。要起身站立主动走向对方，面含微笑，上体前倾15度左右，以双手或右手持握名片，举至胸前，并将名片正面面对对方，同时说声："请多多指教""欢迎前来拜访"等礼节性用语。切勿以左手持握名片。递交名片的整个过程应当谦逊有礼，郑重大方。

**3. 接受名片**

接受他人名片时，主要应当作好以下几点：

（1）态度谦和。商务人员接受他人名片时，不论有多忙，都要暂停手中一切事情，并起身站立相迎，面含微笑，双手接过名片。至少也要用右手，而不得使用左手。

（2）认真阅读。接过名片后，先向对方致谢，然后至少要用一分钟时间将其从头至尾默读一遍，遇有显示对方荣耀的职务、头衔不妨轻读出声，以示尊重和敬佩。若对方名片上的内容有所不明，可当场请教对方。

（3）精心存放。接到他人名片后，切勿将其随意乱丢乱放、乱揉乱折，而应将其谨慎地置于名片夹、公文包之内，且应与本人名片区别放置。

（4）有来有往。接受了他人的名片后，一般应当即刻回给对方一枚自己的名片。没有名片，名片用完了或者忘了带名片时，应向对方作出合理解释并致以歉意，切莫毫无反应。

**4. 索要名片**

商务人员若想主动结识对方或者有其他原因有必要索取对方名片时，可相机采取下列办法：

（1）当对方递给你名片之后，如果自己没有名片或没带名片，应当首先对对方表示歉意，再如实说明理由。如，"很抱歉，我没有名片""对不起，今天我带的名片用完了，过几天我会亲自寄一张给您的"。

（2）向他人索要名片最好不要直来直去，可委婉索要。

方法一是"积极进取"。可主动提议："某先生，我们交换一下名片吧"，而不是单要别人的。

方法二是"投石问路"。即先将自己的名片递给对方，以求得其予以"呼应"。

方法三是虚心请教。比如说："今后怎样向您求教"，以暗示对方拿出自己的名片来交换。

方法四是呼吁"合作"。例如，可以说："以后如何与您联系"？这也是要对方留下名片。

（3）如对方向你索要名片，你倘若实在不想满足对方的要求，也不应直言相告，为让对方不失面子，你可以表达得委婉一点。通常可以这样说："对不起，我忘了带名片"，或是"不好意思，我的名片刚刚才用完了"。

面对他人的索取，商务人员不应直接加以拒绝。如确有必要这么做，则需注意分寸。最好向对方表示自己的名片刚用完，或说自己忘了带名片。但若自己手里正拿着名片或刚与他人交换过名片，显然不说为妙。

[**知识链接**] 名片使用的注意事项如下：（1）随身携带足够的名片，否则会给他人留下不专业的印象。（2）将名片至于名片夹中，以避免其被弄皱或被撕坏。褶皱的名片会给他人留下糟糕的第一印象。（3）明确名片所放置的位置。翻箱倒柜找名片的形象会立刻降低您的可信任度。（4）谨慎地递出名片。同时递给对方数十张名片的做法非但不能体现出慷慨，而且反而会给人留下"您的名片没什么价值"的印象。（5）用右手递、接名片。（6）递出名片时，应将名片正面朝向对方，以便于对方查看名片内容。（7）收到对方名片时，您应对该名片作出评论，并应留意名片上的公司标识、公司名称等基本信息。（8）及时更新名片内容。如果您的联系方式等基本信息发生了变化，则您应及时更新、印刷名片。手动涂改

名片则会给他人留下不专业的印象。（9）在交换名片时，除非必要，应避免在他人的名片上记载事项。（10）交换名片时，应避免野心勃勃的形象。您最好等对方开口向您要名片时才递出名片，若对方迟迟不开口，则您不妨先开口索要其的名片。

## 单项实训

### 实训目标

通过实训，是学生了解介绍的礼仪要求，选择适合自己的名片，并能够灵活运用。

### 场景设置

A 是你们公司新上任的营销经理，将与 B 去某一产品研讨会，在会上时与另一个公司的销售经理 C 所带领的团队人员（DE）见面，应该如何恰当的交换名片并做好自我介绍和介绍他人。

### 实训步骤

（1）教师介绍本次实训的内容和模拟实训场景。

（2）根据模拟活动场景分组，把全班同学分成 5 人一组。

（3）根据模拟活动场景角色，A、B、C、D、E。

（4）小组表演。

（5）教师示范讲解介绍的形式和注意事项。

（6）教师和学生一起讨论各小组表现。

（7）教师最后点评。

### 效果评价（见表 4 - 1）

表 4 - 1　　　　　　　　见面、介绍礼仪考核评价表

姓名：　　　　　　　　　　　　　　　　　　　　　　　　　时间：

| | 评价项目和内容 | 分值 | 小组评分（50%） | 教师评分（50%） | 实得分 |
|---|---|---|---|---|---|
| 准备工作 | 角色定位及时，模拟出场迅速 | 5 | | | |
| | 实训过程全组协调状况 | 5 | | | |
| 基本知识 | 基本了解介绍的方式和注意事项 | 10 | | | |
| 神态举止 | 举止庄重大方 | 5 | | | |
| | 表情坦然亲切 | 5 | | | |
| | 眼神 | 5 | | | |
| | 服装得体 | 5 | | | |
| | 站姿、走姿 | 5 | | | |
| 介绍 | 语言表达流利 | 10 | | | |
| | 介绍准确、恰当，符合场景 | 15 | | | |

续表

| | 评价项目和内容 | 分值 | 小组评分（50%） | 教师评分（50%） | 实得分 |
|---|---|---|---|---|---|
| 态度 | 表演认真 | 5 | | | |
| | 讨论积极 | 5 | | | |
| 实训报告 | 按规定时间上交 | 5 | | | |
| | 字迹清楚、填写规范、内容详尽 | 5 | | | |
| | 实训分析总结准确 | 5 | | | |
| | 能提出合理化建议和创新见解 | 5 | | | |
| 合计 | | 100 | | | |

注：考评满分为100分，60~70分为中等，81~90分为良好，91分及以上为优秀。

教师签名：

# 任务2　拜访、接待礼仪

任务目标：掌握拜访过程和接待过程的礼仪要求，提高交际和沟通能力。

**案例4-3**

接待

泰国某政府机构为泰国一项庞大的建筑工程向美国工程公司招标。经过筛选，剩下最后三家公司。泰国派代表团到美国与各家公司商谈。代表团到达芝加哥时，那家公司由于忙乱中出了差错，又没有仔细复核飞机到达时间，未去机场迎接泰国客人。但是泰国代表团尽管初来乍到不熟悉芝加哥，还是自己找到了芝加哥商业中心的一家旅馆。他们打电话给那位局促不安的美国经理，在听了他的道歉后，泰国人同意于第二天11时在经理办公室会面。第二天美国经理按时到达办公室等候，直到下午三点才接到客人的电话说："我们一直在旅馆等候，始终没有人前来接我们。我们对这样的接待实在不习惯。我们已订了下午的机票飞赴下一目的地。再见吧！"

**评析：**文中的美国公司未能做到待客以礼、热情接待导致失去生意机会。

## 一、拜访礼仪

拜访又称拜会、拜见，是指亲自或派人前往他人的工作地点或住所去会晤、探望对方的活动。拜访是最常见的社交形式之一，是人们联络感情、扩大信息来源、增进友谊和沟通关系的有效方法。拜访又是一种双向活动，访问、做客者为客，称来宾；做东，待客者为主，称主人。拜访有事务性拜访、礼节性拜访和私人拜访三种，事务性拜访又有商务洽谈性拜访和专题交涉性拜访。拜访时需要注意以下一些礼仪规范。

## (一) 拜访前

### 1. 要有约在先

切勿未经约定便不邀而至。尽量避免前往主人私人居所进行拜访。约定的具体时间通常应当避开节日、假日和用餐时间,也不要过早或过晚,还应避开其他一切对方不方便的时间。协商时一定要在两相情愿的前提下,议定到访的具体时间与停留时间长度。对主人提出的时间,应予以优先考虑。由客人自己提出方案时,最好能给对方多几种选择。

### 2. 要守时践约

约定拜会时间后,必须认真遵守,轻易不再更改。这不只是为了讲究个人信用,提高办事效率,而且也是对交往对象尊重友好的表现。万一因故不能准时抵达,务必要及时通知对方;必要的话,还可将拜访另行改期。在这种情况下,一定要记住向对方郑重其事地道歉。

## (二) 拜访中

### 1. 先行通报

进行拜访时,倘若抵达约定的地点之后,未与拜访对象直接见面,或是对方没有派人迎候,则在进入对方的办公室或私人居所的正门之前,有必要先向对方进行通报。

### 2. 登门有礼

当主人开门迎客时,务必主动向对方问好,互行见面礼节。倘若主人一方不止一人之时,则对对方的问候与行礼,在先后顺序上要合乎礼仪惯例。标准的做法是:其一,先尊后卑;其二,由近而远。在此之后,在主人的引导之下,进入指定的房间,切勿擅自闯入。在就座之时,要与主人同时入座。倘若自己到达后,主人那里尚有其他客人在座,应当先问一下主人,自己的到来会不会影响对方。为了不失礼仪,在拜访外国友人之前,应随身携带一些备用的物品,如纸巾等。而常说的"入室后的四除去"是指入门后摘取帽子、墨镜、手套和外套。切忌不拘小节,失礼失仪。

### 3. 举止有方

在拜访外国友人时要注意自尊自爱,并且时刻以礼待人。进入主人住处后,应跟在主人身后走动,在指定座位落座,不可探头探脑,甚至长驱直入;如欲参观,应在主人引导下进行。与主人或其家人进行交谈时,要慎择话题。切勿信口开河,出言无忌。与异性交谈时,要讲究分寸。对于在主人家里遇到的其他客人要表示尊重,友好相待。不要在有意无意间冷落对方,置之不理。若遇到其他客人较多,既要以礼相待,也要一视同仁。切勿明显地表现出厚此薄彼,而本末倒置地将主人抛在一旁。在主人家里,不要随意脱衣、脱鞋、脱袜,也不要大手大脚,动作嚣张而放肆。未经主人允许,不要在主人家中四处乱闯,随意乱翻、乱动、乱拿主人家中的物品。

### 4. 适可而止

在拜访他人时,一定要注意在对方的办公室或私人居所里进行停留的时间长度。从总体上讲,应当具有良好的时间观念。不要因为自己停留的时间过长,从而打乱对方的其他既定日程。一般情况下,礼节性的拜访,尤其是初次登门拜访,应控制在一刻钟至半小时之内。最长的拜访,通常也不宜超过两个小时。有些重要的拜访,往往需由宾主双方提前议定拜访的时间和长度。在这种情况下,务必要严守约定,绝不单方面延长拜访时间。自己提出告辞时，虽主人表示挽留，仍须执意离去，但要向对方道谢，并请主人留步，不必远送。在拜访期间，若遇到其他重要的客人来访，应当机立断，知趣地告退。如带其他人一同前去拜访，应事先说明，征得同意。

## （三）拜访后

告辞时要同主人和其他客人一一告别，主人相送时，应说"请回""留步""再见"等。

# 二、接待礼仪

任何客人来访时都应该热情欢迎。作为主人不可不习待客之道。待客之道的核心在于主随客便、以礼待客。

## （一）待客前

### 1. 细心安排

对预先约好的客人，应尽可能地准备一下，打扫干净房间或办公室，准备一些茶点和水果，便于使聊天时的气氛轻松自然。

（1）对于很要好的老朋友，不必过分客套，但也要准备茶点热情招待。

（2）对于因公事前来的客人，应该备好茶水。

### 2. 膳食住宿

如是远方的客人，要本着"有朋自远方来，不亦乐乎"的态度，为客人安排食宿等。

## （二）待客时

### 1. 迎送礼让

客人来访时，要热情地招呼客人"请进""请不必拘束"。要把客人介绍给其他人，把客人让到显要的位置上。

### 2. 待客有序

有些时候可能会在同一时间之内接待多方的来访者。遇到这样的情况时就一定要待客有序，一视同仁。与客人握手、问候以及让座、献茶时按惯例"依次而行"。接待多方来宾时，则要求主人在态度与行动上，均做到平等相待，对待客人要迎送如一，善始善终。

### 3. 热情款待

在待客之时，主人一定要表现出自己的热情、真诚之意。当请客人留下吃饭时，要多考虑客人的习惯，不应过分劝酒，不要殷勤地给客人夹许多菜，免得客人不喜欢吃也不好拒绝，因此一切都要顺应客人的需要。

有客人在家时，应禁止以下举动：打扫房间卫生、翻箱倒柜找东西、训斥孩子、与家人发生口角等。

## （三）送客时

客人要告辞时，可以婉言相留，如"如果不忙，就多坐一会儿。"等客人站起来后，主人再站起来，让客人走在前面，送至大门口，目送客人远去。无论是客人还是主人，都要力争做到让对方满意，给对方留下一个温馨的回忆。

## 单项实训

**实训目标**

通过实训，使学生掌握拜访和接待的礼仪规范，并能灵活运用。

**场景设置**

A 是某公司业务员，去拜访一位公司的重要客户 B，A 在拜访客户前应做哪些准备，在拜访过程中应遵循什么礼仪，B 在接待过程中应遵循什么礼仪。

**实训步骤**

(1) 教师介绍本次实训的内容和模拟实训场景。

(2) 教师示范讲解拜访和接待礼仪及需要注意的问题。

(3) 根据霍顿模拟场景分组，2 人一组。

(4) 确定活动模拟场景角色。

(5) 模拟客户拜访训练，同组同学互换角色训练。

(6) 教师考评。

**效果评价（见表 4 – 2）**

表 4 – 2 拜访、接待礼仪效果评价表

姓名： 时间：

| 评价项目和内容 | | 分值 | 小组评分（50%） | 教师评分（50%） | 实得分 |
|---|---|---|---|---|---|
| 准备工作 | 角色定位及时，模拟出场迅速 | 10 | | | |
| | 实训过程全组协调状况 | 10 | | | |
| 基本知识 | 熟悉拜访和接待礼仪及应注意的问题 | 20 | | | |
| 客户拜访 | 拜访过程中礼仪准确、恰当 | 15 | | | |
| | 拜访后告辞、答谢得当 | 15 | | | |
| 主人接待 | 接待过程中礼仪准确、恰当 | 15 | | | |
| | 接待送客告别恰当 | 15 | | | |
| 合计 | | 100 | | | |

注：考评满分为100分，60～70分为中等，81～90分为良好，91分及以上为优秀。

教师签名：

# 任务3　馈赠礼仪

**任务目标**：掌握馈赠的基本原则、馈赠的注意事项，提高交际和沟通能力。

**案例 4－4**

送花

王某和文某在同一个公司工作，两人是好朋友。王某邀请文某参加自己的婚礼，为了表达心意，文某考虑要送给王某一份特别的礼物。思来想去，文某觉得送鲜花既时尚又浪漫，最合适，而且要送红玫瑰，以表示对新婚夫妇甜蜜爱情的祝福。这天，文某捧了一大束红玫瑰参加婚礼，可当他将花束送给王某时，王某面部表情发生了急剧的变化，迟疑地不肯去接鲜花，王某的新婚丈夫则脸色难看，令文某十分难堪。这件事引起了王某丈夫的误解，破坏了他们新婚甜蜜的气氛，王某做了多番的解释，才消除了丈夫的误会。

**思考**：请分析王某夫妇不悦的原因？

**案例 4－5**

旗袍风波

一位西欧颇有身份的女士来华访问，下榻北京一家豪华大酒店。酒店以贵宾的规格隆重接待：总经理在酒店门口亲自迎接，从大堂入口处到电梯走廊，都有服务员夹道欢迎、问候，贵宾入住的豪华套房里摆放着鲜花、水果……西欧女士十分满意。陪同入房的总经理见女士兴致很高，为了表达酒店对她的心意，主动提出送一件中国旗袍，她欣然同意，并随即让酒店裁缝给她量了尺寸。总经理很高兴能送给尊敬的女士这样一件有意义的礼品。

几天后，总经理将赶制好的鲜艳、漂亮的丝绸旗袍送来时，不料这位洋女士却面露愠色，勉强收下，后来离店时却把这件珍贵的旗袍当做垃圾扔在酒店客房的角落里。总经理大惑不解，经多方打听好不容易才了解到，原来这位洋女士在酒店餐厅里看到女服务员都穿旗袍，误以为那是女侍者特定的服装款式，经理赠送旗袍，是对自己的不尊敬，故生怒气，将旗袍丢弃一边。总经理听说后啼笑皆非，为自己当初想出这么一个"高明"的点子而懊悔不已。

**思考**：请分析这位总经理的作法有什么不妥之处。

馈赠，即赠送礼品。古语有云："千里送鹅毛，礼轻情意重"，这是中国人对送礼意义的高度概括。馈赠是人际交往中表达友情、敬重和感激的一种形式。在社交场合中，它的目的在于沟通感情和保持联系。

## 一、馈赠的基本原则

馈赠作为社交活动的重要手段之一，受到古今中外人士的普遍肯定。馈赠作为一种非语言的重要交际方式，是以物的形式出现的，以物表情，礼载于物，起到寄情言意的"无声胜有声"的作用。得体的馈赠，恰似无声的使者，给交际活动锦上添花，给人们之间的感情和友谊注入新的活力。

## (一) 轻重得当原则

轻重得当，以轻礼寓重情。礼品的贵贱厚薄，往往是衡量交往人的诚意和情感浓烈程度的重要标志。然而礼品的贵贱厚薄与其物质的价值含量并不总成正比。因为礼物是言情寄意表礼的，它仅仅是人们情感的寄托物。人情无价而物有价，有价的物只能寓情于其身，而无法等同于情。也就是说，就礼品的价值含量而言，礼品既有其物质的价值含量，也有其精神的价值含量。"千里送鹅毛"的故事，在中国妇孺皆知，被标榜为礼轻情意重的楷模和学习典范。我们提倡"君子之交淡如水"，提倡"礼轻情意重"。如果仅就这些礼物本身的物质价值而言，的确是很轻的，对于受礼人来说甚至是微乎其微的，然而它所寄寓的情意则是浓重的。

在涉外交往中，送礼依然要讲究"礼轻情义重"。有时，"江南无所有，聊赠一枝春"，往往更受对方欢迎。在许多国家里，都不时兴赠送过于贵重的礼品，因为很可能会让受礼者产生受贿之感。

## (二) 把握时机原则

就馈赠的时机而言，及时适宜是最重要的。中国人很讲究"雨中送伞""雪中送炭"，即十分注重送礼的时效性。因为只有在最需要时得到的才是最珍贵，最难忘的。因此，要注意把握好馈赠的时机，包括时间的选择和机会的择定。一般来说，时间贵在及时，超前滞后都达不到馈赠的目的；机会贵在事由和情感及其他需要的程度。因此，对于处境困难者的馈赠，其所表达的情感就更显真挚和高尚。

在涉外交往中，由于宾主双方关系不同，具体所处的时间、地点以及送礼目的不同，送礼的具体时机自然也不能千篇一律。依照国际惯例，把握送礼的最佳时机是非常重要的，并应对具体情况进行具体分析。在会见或会谈时，如果准备向主人赠送礼品，一般应当选择在起身告辞之时进行。向交往对象道喜、道贺时，如拟向对方赠送礼品，通常应当在双方见面之初相赠。出席宴会时向主人赠送礼品，可在起身辞行时进行，也可选择餐后吃水果之时进行。观看文艺演出时，可酌情为主要演员预备一些礼品，并且在演出结束后登台祝贺时当面赠送。游览观光时，如果参观单位向自己赠送了礼品，最好在当时向对方适当地回赠一些礼品。为专门的接待人员、工作人员准备的礼品，一般应当在抵达当地后尽早赠送给对方。

## (三) 效用性原则

同一切物品一样，当礼以物的形式出现时，礼物本身也就具有了价值和实用价值。由于人们经济状况不同、文化程度不同、追求不同和各个层次的不同，对于礼品的实用性要求也就不同。一般来说，物质生活水平的高低，决定了人们各方面追求的不同。在物质生活较为贫寒时或者是层次较低时，人们多倾向选择实用性的礼品，如食品、水果、衣料、小礼品等；在生活水平较高时，人们则倾向于选择艺术欣赏价值较高、趣味性较强和具有思想性纪念性的物品为礼品。因此，应视受礼者的物质生活水平，有针对性地选择礼品。

## (四) 投好避忌原则

因人因事因地施礼，是社交礼仪的规范之一，对于礼品的选择更应符合这一要求。由于民族、生活习惯、生活经历、宗教信仰以及性别、年龄、情趣、性格、爱好的不同，不同的人对同一礼品的态度是不同的，或喜爱或忌讳或厌恶等，因此我们要把握住投其所好、避其禁忌的原则。

禁忌是一种不系统的、非理性的、作用极大的心理和精神倾向，对人的活动影响强烈。当自己的禁忌被冒犯时，无论是有意的还是无意的，心中的不快不满，甚至愤恨是不言而喻的。而当我们冒犯了别人时，可能会引起纠纷，甚至冲突。所以，馈赠前一定要了解受礼者的个性、兴趣、爱好，尤其是禁忌。例如，中国人普遍都有"好事成双"的说法，因而凡是大贺大喜之事，所送之礼，均好双忌单。再如，白色虽有纯洁无瑕之意，但中国人比较忌讳，因为在中国，白色常是悲哀之色；而红色，则是喜庆、祥和、欢庆的象征，受到人们的普遍喜爱。送花时，西方国家比较忌讳双数，喜欢单数；一般不送单一的花种。

[**知识链接**] 花卉语摘选如下：万年青、康乃馨象征"健康长寿"；梅花象征"崇高品格"；玫瑰和百合象征"爱情"；红掌、满天星象征"前程似锦"；白菊、白玫瑰等象征惋惜怀念之情；兰花象征优雅；剑兰象征步步高升；竹子象征正直、虚心；牡丹象征拘谨、害羞。

## 二、赠礼礼仪

送什么礼？何时送？怎么送？是经常困扰人们的问题。要使交往对象愉快地接受馈赠，并不是件容易的事情。因为即便是你在馈赠原则指导之下选择了礼品，如果不讲究赠礼的艺术和礼仪，也很难使馈赠成为社会交往的手段，甚至会适得其反。以下是馈赠时应注意的一些问题。

第一，礼品的包装。礼品加上精美的包装不仅使礼品的外观更具艺术性和高雅的情调，并能显现出赠礼人的文化和品位，而且还可以使礼品产生和保持一种神秘感，既有利于交往，又能引起受礼人的兴趣和探究心理及好奇心理，从而使得双方愉快。

第二，赠礼的场合。赠礼场合的选择，是十分重要的。尤其是出于酬谢、应酬或有特殊目的的馈赠，更应注意赠礼场合的选择。如当众只给一群人中的某一个人赠礼是不合适的。那样会使受礼人有受贿和受愚弄之感，而且会使没有受礼的人有受冷落和受轻视之感。若给关系密切的人送礼也不宜在公开场合进行，只有礼轻情重的特殊礼物才适宜在大庭广众面前赠送。因为这时公众已变成你们真挚友情的见证人。

第三，赠礼时的态度、动作和言语表达。只有平和友善的态度，落落大方的动作并伴有礼节性的语言表达，才能使得赠、受礼双方共同接受。那种悄悄地将礼品置于桌下或其他某个角落的做法，不仅达不到馈赠的目的，甚至会适得其反。

第四，赠礼的具体时间。一般来说，应在相见或道别时赠礼。

## 三、受礼礼仪

### 1. 欣然接受

受礼者应在赞美和道谢声中收下礼品。一般应赞美礼品的精致、优雅或实用，夸奖赠礼者的周到和细致，并伴有感谢之辞。

### 2. 双手接过礼品，启封赞赏

视具体情况或拆看或只看外包装，还可伴有请赠礼人介绍礼品功能、特性、使用方法等的邀请，以示对礼品的喜爱。

### 3. 事后再谢

接受了对方所赠送的较为贵重的礼品后，事后写信或打电话给送礼人，向对方正式致谢。以后有机会再与送礼人相见时，不妨在适当之时，再次当面向对方表示一下自己的谢意；或者是告诉对方，他送给自己的礼品，自己不仅十分喜欢，而且经常使用。这种令对方感到他的礼品"物有所值"、备受重视的做法，会令对方极其开心。

### 4. 拒绝有方

出于种种原因不能接受他人赠送礼品时，要讲究方式方法，依礼而行，切忌令对方难堪。可采用：婉言相告法、直言缘由法、事后退还法。

[知识链接]                         赠花的礼仪

花卉因其鲜艳的色彩、婀娜多姿的形态和鲜活生动的神采而深受人们的喜爱，并已成为现代人美好而浪漫的交际生活的重要部分。恋爱、新婚、离别重逢、致丧、生日志喜、校庆、厂庆等，人们往往以花为礼，以言志明心。但赠花是一门很微妙的艺术，什么时候送什么花，什么场合选什么花，什么人喜欢什么花，都需要根据具体情况，因时因地因对象而精心设计。否则因考虑不周而闹出误解，反而失去馈赠花卉的目的。

(1) 花解人语。自古以来，人们根据花卉的性格和艺术形象，创造了花的语言，赋予了特别的寓意。诗人戴望舒曾以丁香来比喻姑娘的纯洁雅致："我希望逢着一个丁香一样的，结着愁怨的姑娘，她是有丁香一样的颜色，丁香一样的芬芳，丁香一样的忧愁。"一般而言，花的寓意是指人们根据花卉的品种、色彩、数目和搭配，而赋予其某种含义。花语一旦形成，便约定俗成。如粉色康乃馨送母亲，但如果送未婚女同事作为生日礼物，便会使受礼者哭笑不得。送花表情意，千万不能表错意。

颜色表情，不同颜色的鲜花蕴含不同的意义。如红玫瑰象征真实热烈的爱，粉玫瑰表示初恋和温馨的爱，黄玫瑰表示道歉，白玫瑰象征纯洁无瑕或尊敬之意，而黑玫瑰则表示独特专一。按照我国传统文化心理，凡花色为红、橙、黄、紫的暖色花和花名中含有喜庆吉祥意义的花，可用于喜庆事宜，而白、黑、蓝等颜色偏冷的花，大多用于伤感事宜。因此，在通常情况下，喜庆节日送花要注意选择艳丽多彩，热情奔放的，志哀悼念时应选淡雅肃穆的，而探视病人要注意挑选悦目恬静的。表达对母亲的感激之情可送康乃馨，如母亲节送红色康乃馨，祝母亲健康长寿送黄色康乃馨，祝母亲永远年轻送粉色康乃馨。几种颜色组成的康乃馨表达对母亲的热烈的爱。如果是表示对亡母的怀念，则用白色康乃馨。

(2) 赠人与花，手留余香。赠花的目的是以花为礼联系情感、增进友谊。赠花要考虑花的色彩、香型、象征意义，还要考虑赠花的场合、地点和对方的喜好等，适人适礼，才能达到赠花的最佳效果。赠花的形式：赠送的鲜花一般以花篮、花束、襟花、插花和盆花为主。

花篮：由色彩鲜艳花朵组成，适用于庆祝、开业、开幕、寿辰、演出成功等。

花束：选择寓意不同的切花组成，外加包装纸、丝带纸，用于探访亲友、祝贺新婚或看望病人。

襟花：通常是男子送给女友的小礼物。在一些喜庆场合男子也可以在上衣左胸前别一朵鲜花。襟花以与所穿衣服色泽协调为佳。

盆花：品种名贵的盆植花卉是人人喜爱的，可以祝贺朋友迁居或送给长辈。

插花：用一定的花艺，将鲜花精心修剪后搭配，插在花瓶或花篮中，置于室内案头等。

花色宜人，令人心旷神怡。

节日赠花的艺术。

新年（1月1日）。赠送的花卉要带有喜庆与欢乐气氛的剑兰、玫瑰、香石竹、兰花、热带兰、小苍兰、仙客来、水仙、蟹爪兰、红掌、金橘、鹤望兰等。缤纷的色彩蕴含浓郁的喜庆与欢乐气氛。

情人节（2月14日）。通常在情人节当天，以赠送一支红玫瑰来表达情人之间的感情。将一支半开的红玫瑰衬上一片形色漂亮的绿叶，然后装在一个透明的单支花的胶袋中，在花柄的下半部用彩带系上一个漂亮的蝴蝶结，形成一个精美秀丽的小型花束，以此作为情人节的最佳礼物。

女孩节（3月3日）。因为粉色代表女性，所以女孩节一般送粉色玫瑰。

妇女节（3月8日）。妇女节适合送有喜庆色彩的组合花束或花篮。

清明节（4月5日前后）。清明节送黄白菊花或黄白百合、兰花、勿忘我最佳。

男孩节（5月5日）。男孩节一般送以黄色花为主组合的插花。

护士节（5月12日）。护士节送素雅的插花或花束为宜。

母亲节（5月的第二个星期日）。康乃馨、粉色的香石竹作为母亲节的用花。

父亲节（6月的第三个星期日）。通常以送黄色的玫瑰花为主。有的国家，把黄色视为男性的颜色。在日本，父亲节时必须送白色的玫瑰花，枝数和造型不限。

教师节（9月10日）。教师常被比喻为母亲，可送各色康乃馨。

中秋节（阴历八月十五）。中秋节送黄菊花，以盆栽为好，或组合花篮、花束。

国庆节（10月1日）。国庆节适宜送组合的花篮或花束。

圣诞节（12月25日）。通常送一品红、圣诞树、黄色百合或红花绿叶组成的花环，含有祝福之意。

（3）赠花的忌讳。同一种鲜花，在不同的国家和地区，因文化、语言、风俗、习惯等差异有不同的寓意。如赠花在许多国家很流行，但在埃及，只有看望病人才送花。在日本只有求婚或与疾病和死亡有关的场合才送花。在欧美，到朋友家去做客，献花给女主人是件愉快的事，但在阿拉伯国家，则是有违礼仪的。

赠花禁忌。主要体现在花卉的品种色彩和数量上。

品种忌讳。同一品种的花，在不同的国家和民族，有着不同的风俗和习惯，其含意也大不相同。荷花在中国被誉为"出淤泥而不染"，历来象征其高洁品质，而在日本被视为"妖花"。德国人认为郁金香为无情之花，送此花代表绝交。日本人讨厌山茶花，因为它容易凋落，还忌讳带花盆一起送的花，因为根系土中，与日语"卧床不起"谐音。不用菊花、杜鹃花、石竹花、黄色的花献给客人，已成为国际惯例。

数字忌讳。在中国，喜庆活动中送花要送双数，含意是"好事成双"，但不要送4枝花，因为4的发音与"死"相近。在丧葬仪式上送花要送单数，以免"祸不单行"。在西方国家，送鲜花讲究单数，1枝鲜花表示"一见钟情"，11枝鲜花表示"一心一意"，只有作为凶兆的"13"例外。不宜送12朵，12朵意味着买一打便宜。

颜色忌讳。布置场地的花卉，严肃场合宜色彩淡雅，喜庆场合要万紫千红。一般来说，红色代表热情，绿色代表朝气，蓝色代表宁静，黄色代表高贵，但不同的国家和地区对鲜花的色彩有不同的理解。如在中国象征大吉大利的红色的花，在新人成婚的场合赠送最适宜，但在西方人眼里，白色的鲜花才是最合适的赠礼，因它象征纯洁无瑕。如果在中国将白花送给新人，一定是太不吉利。法国、德国和瑞士红色玫瑰只送给情人，它意味着我爱你。中国人喜爱黄菊，而在西方，黄菊象征着痛苦，只用于葬礼，绝不能作为礼物。在德国送白色菊花也是错误行为，在巴西紫色菊花象征死亡。

**案例 4 - 6**

一顶绿帽子

某一著名的公关专家金教授曾谈起一件令人哭笑不得的事。有一次他到西北少数民族地区讲学，该民族喜欢戴小帽子，当地人很客气，非要送他一顶小帽子。在场的人都用幸灾乐祸的眼神看着他，因为他们送了一顶绿色的小帽子给金教授，金教授有苦说不出：汉族男人怎么可以戴绿帽子呢？

**思考**：商务馈赠也是一门学问，以上这则案例违反了什么禁忌？

## 单项实训

**实训目标**

通过实训，使学生掌握馈赠礼仪及各种禁忌，并能灵活运用。

**场景设置**

A 与 B 第一次商务会面，互赠礼物的过程。

**实训步骤**

(1) 教师介绍本次实训的内容和模拟活动场景。

(2) 教师示范讲解馈赠礼物的礼仪及需要注意的问题。

(3) 两人一组将学生分组。

(4) 模拟馈赠训练。

(5) 教师考评。

**效果评价（见表 4 - 3）**

表 4 - 3　　　　　　　　　　　馈赠礼物实训效果评价表

姓名：　　　　　　　　　　　　　　　　　　　　　　　　　　　　　　时间：

| | 评价项目和内容 | 分值 | 小组评分（50%） | 教师评分（50%） | 实得分 |
|---|---|---|---|---|---|
| 基本知识 | 熟悉馈赠礼物及接受礼物的礼仪及禁忌 | 20 | | | |
| 馈赠及收受礼品 | 礼品选择恰当 | 20 | | | |
| | 礼物馈赠礼仪准确 | 20 | | | |
| | 礼物接受礼仪准确 | 20 | | | |
| | 整体表现 | 20 | | | |
| 合计 | | 100 | | | |

注：考评满分为 100 分，60~70 分为中等，81~90 分为良好，91 分及以上为优秀。

教师签名：

## 项目小结

商务交往活动是商务活动的重要组成部分，本项目根据商务活动的流程详细介绍了商务交往活动的构成及其内容，本项目具体分为三个任务：主要讲述了中西方介绍和见面礼仪、拜访接待、馈赠礼仪等内容。通过这些任务的学习，帮助学生了解商务交往活动中的介绍见面、拜访接待、馈赠礼品等内容，并指导自己的交际行为。希望在实际生活中，学生能够正确运用相关礼仪知识，以保证商务活动有序、友好的进行。

## 小测试

某公司王经理约见一个重要的客户方经理。见面之后，客户就将名片递上。王经理看完名片就将名片放到了桌子上，两人继续谈事。过了一会儿，服务人员将咖啡端上桌，请两位经理慢用。王经理喝了一口，将咖啡杯子放在了名片上，自己没有感觉，客方经理皱了皱眉头，没有说什么。

问题1：请分析王经理的失礼之处。

问题2：接过对方的名片后应如何放置。

## 项目实训

### 实训项目一　见面礼训练

**实训目标**

通过实训使学生明确国内常用的称谓，理解使用称谓的注意事项，能够灵活、恰当地称呼他人并介绍他人。学会设计、使用和存放名片。

**实训步骤**

（1）教师介绍本次实训的内容和模拟实训情景。

（2）观看有关见面礼的录像资料。

（3）学生进行小组模拟相关场景。

（4）教师进行打分并总结。

**实训准备**

圆桌、椅子若干、男士西装、女士正装、名片若干张。

**实训内容**

1. 介绍礼训练

用两种方式进行介绍

（1）自我介绍。自报姓名和身份，可用名片来辅助。自我介绍的适用情形：本人希望结识他人；本人希望他人了解自己；他人希望结识自己；为了表示对主人的礼貌；当主人忘记介绍你的时候。

（2）他人介绍。请主持人E为大家介绍，内容是姓名、单位、职务。为他人介绍时，要注意神态与手势。作为介绍者，在为他人介绍时，态度应热情友好，动作应文雅大方。在介绍一方时，应以微笑的目光把另一方的注意力吸引过来；手的正确姿势应掌心向上、四指并拢、胳膊略向外伸、指向被介绍者。

2. 名片礼训练

了解名片的用途和交换名片的时机，掌握交换名片的礼仪规范，并能够在各种场合灵活运用。

根据模块活动场景进行角色分工。

（1）两人一组分别扮演递送名片角色和接受名片角色。

（2）学生就所接到的名片进行归类并存放好。

（3）每个学生课前都设计好各自的名片，一个用于商务场合，一个用于社交场合。

3. 握手礼训练

（1）握手的种类。

一是支配式握手。与人握手时掌心向下握住对方的手。以这种样式握手的人想表达自己的优势、主动、傲慢或支配地位。一般不宜采用。

二是谦恭式握手。指用掌心向上与对方握手。表示自己谦恭、谨慎，对对方比较尊重。

三是对等式握手。握手时，两人伸出的手心都不约而同地向着左方。表示自己不卑不亢，是一种较为常见的握手方式。

四是双握式握手。在用右手紧握对方右手的同时，再用左手加握对方的手背、前臂、上臂或肩部。

五是"死鱼式"握手。握手时，伸出一只毫不用力、毫无反应、不显示任何信息的手，给人的感觉就好像是握住一条三伏天腐烂的死鱼。

（2）了解握手的"优先决定权"：一是长辈主动伸手；二是主人先伸手；三是上级或身份高者先伸手；四是女士先伸手。

4. 鞠躬礼训练

（1）鞠躬礼的种类。

鞠躬礼分两种：一种是三鞠躬，也称最敬礼。鞠躬前应脱帽、摘下围巾、身体直立、目光平视、身体上部向前下弯行鞠躬礼，鞠躬后恢复原状，如此连续三次。另一种是一鞠躬。

要点：学生必须掌握鞠躬的要点，并反复训练。

（2）鞠躬礼的适用场合。

在鞠躬礼中的一鞠躬几乎适用于一切交际场合。鞠躬的度数越大，所表示的尊敬程度就越大。一般标准为：路遇客人打招呼弯 15 度；迎送客人弯 30 度；表示感谢弯 45～60 度；但 90 度的大鞠躬常用于悔过谢罪等特殊情况。

**实训效果**

（1）学生就各自的见面礼做互相评析，由男生及其他女生一起进行打分并指出需要改进的地方。

（2）实训教师就全场学生的表现进行分析，并给每个学生进行打分，记入该实训项目的总成绩中。

（3）课后由学生及教师根据该项目各写一份实训小结。

### 实训项目二　商务往来礼仪训练

**实训目标**

通过实训，使学生了解商务拜访的礼仪及应该注意的问题。还应掌握如何接待商务客人和普通客人，以及在拜访别人时应馈赠的礼物类型。

**实训步骤**

（1）教师介绍本次实训的内容和模拟实训情景。

（2）观看有关拜访及接待的录像资料。

（3）学生进行小组模拟相关场景，拜访分三种不同形式进行模拟。

（4）教师进行打分并总结。

**实训准备**

圆桌、椅子若干、男士西装、女士正装、名片若干张、沙发、相应的礼品等。

**实训内容**

1. 拜访礼仪实训

模拟客户拜访训练，同组同学互换角色训练。

拜访前一定要在到访前先联络妥当，让对方有思想准备，提前安排。学生在模拟场景时，也要把这个环节设计进去。同时也要注意拜访应该选择恰当的时机。如果是进行事务性拜访，应选择上班时间，但不宜星期一一大早前去拜访。进行礼节性拜访，则应选择对方上班比较空闲的时间，但不宜逗留时间过长。进行私人拜访，应该选择对方休息时间。

（1）抽签排序，一组一组进行（组数过多时可随机抽签确定）。

（2）一组模拟时，其他组观摩并指出问题。

2. 接待礼仪训练

（1）迎接礼仪。首先应了解对方到达的车次、航班等，安排与客人身份、职务相当的人员前去迎接。若因某种原因，相应身份的主人不能前往，前去迎接的主人应向客人作出礼貌的解释。将客人送到住地后，主人不要立即离去，应陪客人稍作停留，热情交谈。分手时将下次联系的时间、地点、方式等告诉客人。

（2）奉茶礼仪

奉茶的方法：上茶应在主客未正式交谈前。正确的步骤是：要将茶盘放在临近客人的茶几上，然后右手拿着茶杯的中部，左手托着杯底，杯耳应朝向客人，双手将茶杯端起从客人的右后侧奉上同时要说"您请用茶"。

奉茶的顺序：一般应为先客后主；先女后男；先长后幼。如果来宾甚多，且其彼此之间差别不大时，可采取下列四种顺序上茶：其一，以上茶者为起点，由近而远依次上茶；其二，以进入客厅之门为起点，按顺时针方向依次上茶；其三，在上茶时，以客人的先来后到为先后顺序；其四，上茶时不讲顺序，或是由饮用者自己取用。

（3）递接物品礼仪。递交任何物品时应恭恭敬敬的双手递上。若递笔、剪刀之类尖的物品时，需将尖头朝向自己，而不能指向对方。接受物品时，一般情况下，凡是对方双手恭恭敬敬递过来的物品，都要双手接过，同时点头致意或道谢。

（4）送客礼仪。当客人提出告辞时，要等客人起身后再站起来相送，切忌没等客人起身，自己先于客人起立相送。更不能嘴里说再见，而手中却还忙着自己的事，甚至连眼神也没有转到客人身上。

3. 礼品馈赠礼仪训练

（1）礼品的选择：注重真情，因人而异，避开禁忌。

（2）赠送礼品的礼仪。

（3）设计了以下不同场景，学生抽签分组进行以下场景的模拟。

贺礼：企业开张、大厦落成。

喜礼：朋友结婚、长辈生日。

节庆：教师节、六一儿童节。

探望病人：亲友、同学、领导。

**实训效果**

（1）学生就各自的表现做互相评析，由男生及其他女生一起进行打分并指出需要改进的地方。

（2）实训教师就全场学生的表现进行分析，并给每个学生进行打分，记入该实训项目的总成绩中。

（3）课后由学生及教师根据该项目各写一份实训小结。

**效果评价（见表4－4）**

表4－4                 **商务人员交往礼仪效果评价表**

姓名：                                                  时间：

| 评价项目 | 项目内容 | 分值 | 小组评分（50%） | 教师评分（50%） | 实得分 |
|---|---|---|---|---|---|
| 商务人员交往礼仪 | 见面礼仪 | 20 | | | |
| | 介绍礼仪 | 20 | | | |
| | 拜访礼仪 | 20 | | | |
| | 接待礼仪 | 20 | | | |
| | 馈赠礼仪 | 20 | | | |
| 合计 | | 100 | | | |

注：考评满分为100分，60~70分为中等，81~90分为良好，91分及以上为优秀。

教师签名：

# 项目五

# 商务宴请礼仪

## 项目目标

知识目标：熟悉和掌握席上礼规、尊位确定、中餐礼仪、西餐礼仪和参加自助餐的礼仪。

能力目标：掌握中式餐具的使用方法和禁忌；掌握西餐餐具的使用方法。

素质目标：掌握书本知识的同时，树立礼仪意识，培养职业情感，并明确宴请礼仪在生活中的重要作用。增强自身沟通能力、社会交际能力，运用宴请礼仪知识处理问题的能力。

教学重点：席上礼规和尊位确定；中餐礼仪注意事项；西餐礼仪注意事项；自助餐礼仪注意事项。

教学难点：席上礼规与尊位确定；西餐礼仪注意事项。

## 导入案例

### 鸿门宴中的座次

《史记·项羽本纪》记载鸿门宴中有一段这样的描述：

沛公旦日从百余骑来见项王，至鸿门，谢曰："臣与将军戮力而攻秦，将军战河北，臣战河南，然不自意能先入关破秦，得复见将军于此。今者有小人之言，令将军与臣有郤（xì）（同'隙'，隔阂）。"项王曰："此沛公左司马曹无伤言之；不然，籍何以至此？"项王即日因留沛公与饮。项王、项伯东向坐，亚父南向坐——亚父者，范增也。沛公北向坐，张良西向侍。范增数（shuò，多次）目项王，举所佩玉玦以示之者三，项王默然不应。范增起，出，召项庄，谓曰："君王为人不忍。若入前为寿，寿毕，请以剑舞，因击沛公于坐，杀之。不者，若属皆且为所虏。"庄则入为寿。寿毕，曰："君王与沛公饮，军中无以为乐，请以剑舞。"项王曰："诺。"项庄拔剑起舞，项伯亦拔剑起舞，常以身翼蔽沛公，庄不得击。

评析：自古以来，位次排序都有一定的礼仪规范，时至今日位排序依然重要，它反映了礼仪的秩序性。

思考："项王、项伯东向坐，亚父南向坐——亚父者，范增也。沛公北向坐，张良西向侍"给你带来什么启示？

景泰蓝食筷

在一家涉外宾馆的中餐厅里，正是中午时分，用餐的客人很多，服务小姐忙碌地在餐台间穿梭着。

有一桌的客人中有好几位外宾，其中一位外宾在用完餐后，顺手将自己用过的一双精美的景泰蓝食筷放入了随身带的皮包里。服务小姐在一旁将此景看在眼里，不动声色地转入后堂，不一会儿，捧着一只绣有精致花案的绸面小匣，走到这位外宾身边说："先生，您好，我们发现你在用餐时，对我国传统的工艺品——景泰蓝食筷表现出极大的兴趣，简直爱不释手。为了表达我们对您如此欣赏中国工艺品的感谢，餐厅经理决定将您用过的这双景泰蓝食筷赠送给您，这是与之配套的锦盒，请笑纳。"

这位外宾见此状，听此言，自然明白自己刚才的举动已被服务小姐尽收眼底，颇为惭愧。只好解释说，自己多喝了一点，无意间误将食筷放入了包中，感激之余，更执意表示希望能出钱购下这双景泰蓝食筷，作为此行的纪念。餐厅经理亦顺水推舟，按最优惠的价格，记入了主人的账上。

聪明的服务小姐既没有让餐厅受损失，也没有令客人难堪，圆满地解决了事情，并收到了良好的交际效果。

**评析：**解决问题很重要，方式方法则更加重要。案例中的服务员用了最婉转，最恰当的方式化解了问题，不让别人尴尬是一种美德，也是一种艺术。

**思考：**案例中服务小姐的行为给你什么启示？

迅速发展的全球经济，促使不同地域和民族之间的交流越来越多，在餐桌上社交也比以前频繁得多。餐饮社交，无论中国，还是在国外，都已经得到充分的发展和强化，在人际关系中起到非常重要的作用。通过本项目的学习，我们将在了解餐饮礼仪基本知识的基础上，通过中西餐方式的对比，明确中西餐饮在礼仪方面的重大差别，并且掌握相关知识，履行应该遵守的基本礼仪规范。

# 任务1　席上礼规

**任务目标：**了解宴会进行流程过程中的礼仪与规矩。

**案例 5-1**

王某请客

王某的好朋友从国外回来了，王某很热情地请好友来家中吃饭，席间王某不顾好友夫妇的一再推托，非常热情地为好友夫妇夹菜，王某自己在吃肉骨头的时候突然有肉渣钻进了牙缝，于是，王某拿起桌上的牙签，当众剔牙，还将剔出的肉渣放在了桌上。

**思考：**请说说王某的表现是否符合礼仪规范，他应该怎样做？

赴宴举止得体，用餐姿势优美，历来被认为是衡量一个人文明修养水平的标准之一。饮食礼仪已经成为饮食文化的一个重要织成部分。

## 一、应邀

当收到赴宴的请柬时，最好先看清主人请的是什么酒席，是中式的，还是西式的，是去家里做客，还是去饭店参加庆典，是陪同外国代表团，还是国内同行，帖子上应该都有说明。

不论是正式或非正式宴会的请柬，通常印有"敬候回音"（R. S. V. P）或"如不光临，请予回复"（Regret Only）的字样。前一种是要求被邀请者不论是否赴约都给予回复；后一种则是被邀请者如不能赴约才给予回复。在答复邀请这一问题上，外国习俗比中国习俗要严格得多。照规矩，回帖是在收到后的第一天内作复，太迟了，会被视为失礼。

接受邀请之后，一般不要随意变动，万一遇有特殊情况不出席，应及时有礼貌地向主人解释或道歉。万万不可既不赴宴，又不解释，这是很不礼貌的。

回帖发出后，就可以准时赴宴了。

## 二、服装的准备

盛大的宴会，主人在请帖上一般注明有应该穿着何种服装或礼服，赴宴前，先要注意这点。在国外，进餐被看作一种仪式和社交的重要机会，所以，注意修饰，认真赴宴是最重要的礼仪。

服装要依场合而定。在欧美，参加正式宴会，男士们应该穿颜色深色的西服，加上白色的衬衣扎上领带、领花和擦得亮晶晶的黑皮鞋，即使宴会再怎么隆重，这套打扮也十分合适。至于女士参加这样的正式宴会，应穿着礼服前往。如果穿旗袍则以色调高雅艳丽为宜，切勿着衬衫西裤之类服装赴会，这是极为失礼的。

普通宴会，衣着虽不必过于讲究，但也不应着衬衫或短裙赴宴，仍以整齐为宜。如只属家庭晚膳小酌，赴会者多是好友、同事的话，则不必太修饰。如果穿得珠光宝气，会令主人觉得菜式微薄而内心不安。

## 三、礼物的准备

参加外国朋友的家庭一般宴请邀约或不太正式的聚会，最好按该国的习惯，带上一份小礼物比较得体。送礼一定要"入乡随俗"，先弄清楚对方的信仰、习惯和送礼禁忌，然后再挑选礼品。如果你真的不知道送什么，可以大方地先打个电话询问一下，这不算失礼。这一点与中国是有差异的。礼物可以是一瓶葡萄酒，一盒糖果，一个花篮，等等。礼物送给主人或女主人。

## 四、到达时间

客人应早于约定的时间5分钟左右抵达。到早了，主人还没做好接待准备；迟到了，让主人等待，都是失礼的。不过，家庭酒会有许多朋友参加，对于时间并没有特别严格的要求，一般在聚会开始的一个小时内陆续抵达也不算失礼，若真的要迟到，一定要懂得给主人打个电话说明一下。

## 五、物品存放

在正式的宴请中，当抵达聚会的地方时，如果外穿的有大衣外套，一定要把外套交给服务生，存放在衣帽间，他们会给你一个印有号码的卡片，以便领取。不可穿着厚厚的大衣外套与他人交流。自己随身携带的手提袋或贵重物品带在自己的身边。

## 六、手袋的放置

自己随身携带的小型手提袋或贵重物品要带在自己的身边。尤其是女性，最好随身携带一只与服装搭配的小型手袋，它不仅仅是装饰物，也是非常实用的。里面至少要放置一支口红、一个粉盒、纸巾、手机、名片，这些都是在交流过程中有时候需要用到的。

## 七、宴请前的交流

如果宴请还没有开始，不要一个人站在一边不说话，可以与其他到来的客人边交流边等待。交谈的内容可以选择大家都能听得懂的，感兴趣的，轻松一些的话题最好。例如，谈谈最近有趣的新闻、天气、美容之道、聊聊健身、民俗风情等都可以。在这样的场合，最好不要谈工作上的话题和政治上的纷争，除非今天聚会的目的就是这个主题，否则，大家都会感到不轻松。

## 八、宴会结束的道别

聚会结束时，或要提前离开时，都要与主人道别。一般在聚会结束之时，主人都会站在门口送别。作为客人，我们要真诚地向主人表达盛情款待的谢意，同时对这次聚会要有赞美，还可以向主人表达改日回请之意。道别语要简练，不可冗长复杂，意思表达到位即可，不能没完没了。

# 任务2　尊位确定与位次排序

任务目标：掌握商务活动中的尊位确定方法和座次排序原则及方法。

案例 5－2

究竟应该怎么坐

某公司的王先生年轻肯干，点子又多，很快引起了总经理的注意并拟提拔为营销部经理。为了慎重起见，决定再进行一次考查，恰巧总经理要去省城参加一个商品交易会，需要带两名助手，总经理一是选择了公关部杜经理，一是选择了王先生。王先生自然同样看重这次机会，也想寻机好好表现一下。

出发前，由于司机小王乘火车先行到省城安排一些事务，尚未回来，所以，他们临时改为搭乘董事长驾驶的轿车一同前往。上车时，王先生很麻利地打开了前车门，坐在驾车的董事长旁边的位置上，董事长看了他一眼，但王先生并没有在意。

车上路后，董事长驾车很少说话，总经理好像也没有兴致，似在闭目养神。为活跃气氛，王先生寻一个话题："董事长驾车的技术不错，有机会也教教我们，如果都自己会开车，办事效率肯定会更高。"董事长专注地开车，不置可否，其他人均无应和，王先生感到没趣，便也不再说话。一路上，除董事长向总经理询问了几件事，总经理简单地作回答后，车内再也无人说话。到达省城后，王先生悄悄问杜经理：董事长和总经理好像都有点不太高兴？杜经理告诉他原委，他才恍然大悟，"噢，原来如此。"

会后从省城返回，车子改由司机小王驾驶，杜经理由于还有些事要处理，需在省城多住一天，同车返回的还是四人。这次不能再犯类似的错误了，王先生想。于是，他打开前车门，请总经理上车，总经理坚持要与董事长一起坐在后排，王先生诚恳地说："总经理您如果不坐前面，就是不肯原谅来的时候我的失礼之处。"并坚持让总经理坐在前排才肯上车。

**思考：**请指出王先生的失礼之处。

通过以上这个案例，我们看到了商务活动中，掌握商务活动的尊位确定与位次排序的重要性。

商务活动往往是在一定的场所开展的，或者室内或者室外。作为商务人员，经常会安排各种各样的位次。

# 一、尊位在商务活动中的意义

尊位和排序反映了主办方对参与商务活动各方的利益和地位的确认和排序，是使商务活动能够有序、友好地开展的基本保证。要合理地安排位置和次序，首先要确定在一个商务活动场所中最重要、最尊贵的位置，这就是尊位；确定尊位之后，商务活动的行进方向和顺序安排就能迎刃而解。

在不同的商务活动场所，尊位的确定可以遵循以下几个原则：一是尊位要居于众星捧月的位置；二是尊位要具有最佳视野；三是尊位要具有行动上最便利的条件。

# 二、尊位的确定方法

## （一）"以左为尊"及应用

中国古代等级制度严格，左右为区别尊卑高下的标志之一，普遍实行于各种礼仪之中。周、秦、汉时，我国以"右"为尊，故皇亲贵族称为"右"戚，世界大族称"右族"或"右"姓。由于君主受臣子朝见时，南面而坐，左东右西，臣子北面而立，左西右东，朝臣依官位由尊至卑一字排开，若官位高者在东，卑者在西，则尊右贱左；反是，则尊左贱右。从东汉至隋唐、两宋，我国又逐渐形成了左尊右平的制度。元朝后，一改旧制，规定以右为尊。明朝，复改以左为尊，此制为明、清两代沿用。

在现在的礼仪实践中，在政务场合通常遵循以左为尊，但是这种情况一般只限于中国人之间开会，会见外宾则不然。国内会议活动等应按"以左为尊"规则排位。主席台前排中央者为尊，其他按左右次序排列。若台上只安排两人，正职在左，副职在右（从台下看上去正职在右方），依次类推。

## (二)"以右为尊"及应用

在商务活动中，国际通行的做法是"以右为尊"，将客人安排在主人的右侧，以示敬意。"以右为尊"的来源，一种是源于基督教义。在新约的《马太福音里》，记载着"万民受审"的典故：众神降临人间，坐于荣耀的宝座上，万民聚集于神前，接受神的审判。神要把他们分开来，神让善人站右边，让恶人站左边。站在右边的善人进了天堂，获得永生，而站在左边的恶人则下了地狱，饱受煎熬。还有一种说法是因为古代君主为防暗杀而不许近臣带刀，但君主本人腰间佩剑。由于佩剑的手柄都向右，因此，君主为了安全，总将自己最信任的人安排在自己的右手边。这样就产生了"以右为尊"的习俗。

目前在国内，我们的商务活动大多数都遵循这一惯例。

[知识链接] 在确定尊位的过程中记住以下五句话：第一句话，面门为上。即面对房间正门的位置是上座。第二句话，居中为上。分中央，分两侧的话，中央的位置高于两侧。第三句话，前排为上。并排走的话，中间高；单行走的话，前排高，因此前排为上。第四句话，以右为上。分左分右的话，国际惯例是以右为上。公关礼仪采用国际惯例，所以也讲究以右为上。第五句话，以远为上。就是离门有远近之分的话，离门越远的位置越高，离门越近反倒是下位。

## 三、商务活动中的位次排序

### (一)商务活动中的位次的含义及意义

位次是指参与商务活动各方人员座位的排序和出场的顺序，这种次序和顺序是一种优先权的获得和体现。在礼仪文化中，特别强调一点，就是优先权的问题，往往尊者是拥有优先权的，比如握手时，尊者有优先伸手权，介绍时，尊者有优先知情权等。优先权在商务活动中非常被看重。位次排序是一件非常严肃，技术性也比较强，同时也是非常敏感的事情，如果排序不得当，很容易引起纠纷和矛盾，特别是在国际交往中。

**案例5-3**

如何排序

1995年3月在丹麦哥本哈根召开联合国社会发展世界首脑会议，出席会议的有近百位国家元首和政府首脑。3月11日，与会的各国元首与政府首脑合影。照常规，应该按礼宾次序名单安排好每位元首、政府首脑所站的位置。首先，这个名单怎么排，究竟根据什么原则排列？哪位元首、政府首脑排在最前？哪位元首、政府首脑排在最后？这项工作实际上很难做。丹麦和联合国的礼宾官员只好把丹麦首脑（东道国主人）、联合国秘书长、法国总统以及中国、德国总理等安排在第一排，而对其他国家领导人，就任其自便了。好事者事后向联合国礼宾官员"请教"，答道："这是丹麦礼宾官员安排的。"向丹麦礼宾官员核对，回答说："根据丹麦、联合国双方协议，该项活动由联合国礼宾官员负责。"

**评析：**国际交际中的礼宾次序非常重要，在国际礼仪活动中，如安排不当，或不符合国际惯例，就会招致非议，甚至会引起争议和交涉，影响国与国之间的关系。在礼宾次序安排时，既要做到大体上平等，又要考虑到国家关系，同时也要考虑到活动的性质、内容、参加活动成员的威望、资历、年龄，甚至其宗教信仰、所从事的专业以及当地风俗等。礼宾次序不是教条，不能生搬硬套，要灵活运用、见机行事。有时由于时间紧迫，无法从容安排，只能照顾到主要人员。本例就是灵活应用礼宾次序的典型案例。

商务活动中的位次排序也反映了参与商务活动各方利益和综合影响力，通过排序我们也可以了解到很多信息，如各方的经济实力，拥有的资源状况，社会影响力与社会地位，被东道主重视的程度，与参与活动各方利益的关系程度等。人员的位次越靠前也就意味着该人士所代表的组织或企业在此次商务活动中受重视的程度越高，越有分量。

## （二）位次排序的方法与原则

当商务活动只有双方参与时，主客双方的位次排序有两种：一种是交叉排列；另一种是平行排列。

交叉排列便于交流。平行排列一般在商务谈判、商务会见时使用。

商务活动中的位次排序要遵循以下几个原则。

（1）主客对等原则：主方和客方人员按照职位高低对等排序。

（2）职位排序原则：按照出席人员的职位高低排序。

（3）利益排序原则：在复杂的多边活动中，将利益权重较大的部门和机构代表放在靠前的位置。

（4）荣誉特例原则：对待一些特殊人群，比如政治家、艺术家、社会名流，为了表示对其社会地位的尊重，将他们的位次或出场顺序超前排列，作为荣誉特例。

## 单项实训

### 实训目标

通过实训使学生明确商务活动中的尊位确定，培养学生良好的尊位排序观念，掌握商务活动位次排序的方法。

### 实训步骤

（1）教师示范讲解尊位确定的方法及位次排序。

（2）观看相关资料。

（3）学生进行小组模拟相关场景。

（4）小组间互相点评。

（5）教师进行打分并总结。

### 实训准备

圆桌、椅子若干、方桌、会见谈判桌。

**实训内容**

1. 了解尊位确定的原则

(1) 尊位要居于众星捧月的位置，如商务会见时的尊位。

(2) 尊位要具有行动上最便利的条件，如乘车时的尊位。

(3) 尊位要具有最佳视野，如商务会议或商务庆典时主席台上的尊位。

2. 商务活动中位次排序的方法

(1) 交叉排列：学生要了解这种排列法适合的情形并现场模拟。

(2) 平行排列：学生要了解这种排列法适合的情形并现场模拟。

3. 乘坐汽车的位次排列

(1) 轿车：专职司机开车时，上座为后排右座，安全方便；主人亲自开车时，上座为副驾驶座，平等互敬。

(2) 吉普车：无论是主人驾驶还是司机驾驶，都应以前排右座为尊，后排右侧次之，后排左侧为末席。

(3) 旅行车：旅行车以司机座后第一排即前排为尊，后排依次为小。其座位的尊卑依每排右侧往左侧递减。

4. 会客时的位次排列

(1) 相对式：公事公办，拉开距离。相对式位次排列的基本要求是面门为上。以右为尊，行进中的右，即进门者的右，动态的右；多人时，内侧高于外侧，以远为上。

实训要点：一组学生模拟该位次排列。

(2) 并列式：平起平坐，表示友善。倘若双方都面对房间正门时，具体的要求是以右为上，指宾主之间客人应该坐在主人的右边，而主人应该坐在客人的左边，这是一种国际惯例。

实训要点：再安排一组学生模拟该位次排列。

5. 会议的位次排列

(1) 小型会议。小型会议通常只考虑主席之位，但同时也强调自由择座，例如主席也可以不坐在右侧，或者面门而坐，也可以坐在前排中央的位置，强调居中为上。

(2) 大型会议。大型会议应考虑主席台、主持人、发言人位次。主席台的位次排列：第一，前排高于后排；第二，中央高于两侧；第三，右侧高于左侧（政务会议则为左侧高于右侧）。主持人之位，可在前排正中；亦可居于前排最右侧。

**实训要点**

由前面两组同学继续分别演示小型会议和大型会议的位次排列，使学生更能深刻的体会。

**实训效果**

(1) 学生就模拟的场景进行打分，并互相评析，指出对方小组做得好和不好的地方并改正。

(2) 实训教师就全场学生的表现进行分析，并给每个学生进行打分，记入该实训项目的总成绩中。

(3) 课后由学生根据该项目实训情况写一份实训小结。

## 任务3　中餐礼仪

任务目标：了解中餐宴会流程，掌握中餐宴会如何排列座次，熟悉中餐餐具使用的注意事项。

**案例5-4**

### 尊贵的位置

张某从师范大学毕业后，在一所职业技术学院任教。工作后，人际交往相对于上学期间变得频繁起来，有时是年轻朋友间聚会，有时是随系里的一些同事参加宴请，每次张某都尽可能选择靠里的位置坐下，他认为这样坐不碍事，方便上菜。一次，张某随系主任出去应酬，所到人员多是些年龄较大或有一定职位的人。

照惯例，张某依然选择了靠里的位置坐下。席间，有人说到："小张，按照礼仪规范，你坐的位置可是最尊贵的位置啊，来喝酒3杯吧。"虽然此人并非出于恶意，但小张的脸还是红了。

**思考：** 请说说张波应该怎样做？

中国、法国和土耳其被誉为世界三大烹饪王国。中国有五千年的历史，其烹调技术同它的文明史一样悠久。中国菜肴品种繁多，约有一万多种。但因地区不同，千差万别，风味各异，民间有"南甜、北咸、西辣、东酸"之说。著名的清宫廷宴席菜肴"满汉全席"，仅一桌冷热菜就有120种之多。吃过满汉全席的人称其为饮食"持久战"。

中餐礼仪，实际上是中华饮食文化的重要组成部分之一，主要是指以中餐待客，或者是品尝中餐时，人们应当自觉遵守的习惯做法和传统习俗。学习中餐礼仪需注意掌握用餐形式、时间地点的选择、菜单安排、席位排列、餐具使用、用餐举止六个方面的规则和技巧。

## 一、用餐形式

### (一) 宴会

中餐宴会，通常指的是以用餐为形式的社交聚会。可以分为正式宴会和非正式宴会两种类型。

正式宴会，是一种隆重而正规的宴请。它往往是为宴请专人而精心安排的，在比较高档的饭店，或是其他特定的地点举行的，讲究排场、气氛的大型聚餐活动。而对于到场人数、穿着打扮、席位排列、菜肴数目、器乐演奏、宾主致辞等，往往都有十分严谨的要求和讲究。

非正式宴会，也称为便宴，不适用于正式的人际交往，但多见于日常交往。它的形式从简，偏重于人际交往，而不注重规模、档次。一般来说，它只安排相关人员参加，不邀请其配偶，对穿着打扮、席位排列、菜肴数目往往不作过高要求，一般也不安排音乐演奏和宾主致辞。

## (二) 家宴

家宴,也就是在家里举行的宴会。相对于正式宴会而言,家宴重要的是要制造亲切、友好、自然的气氛,使赴宴的宾主双方轻松自然、随意,彼此增进交流,加深了解,促进信任。通常,家宴在礼仪上不作特殊要求。为了使来宾感受到主人的重视和友好,基本上由女主人亲自下厨烹饪,男主人充当服务员;男主人下厨,女主人充当服务员,来共同招待客人,使客人产生宾至如归的感觉。

## (三) 便餐

便餐,也就是家常便饭。用便餐的地点不同,礼仪讲究也少。只要用餐者讲究公德,注意卫生、环境和秩序,在其他方面就不用介意过多。

## (四) 工作餐

工作餐是在工作交往中与有业务关系的合作伙伴,为进行接触保持联系、交换信息或洽谈生意而以用餐的形式进行的商务聚会。工作餐一般规模较小,通常在中午举行。主人不用发正式请柬,客人也不用提前向主人正式进行答复,时间、地点可以临时选择。出于卫生方面的考虑,最好采取分餐制或公筷制的方式。

## (五) 自助餐

自助餐是近年来借鉴西方的现代用餐方式。它不安排统一的菜单,是把能提供的全部主食、菜肴、酒水陈列,根据用餐者的个人爱好,自己选择、加工、享用。

采取这种方式,可以节省费用,而且礼仪讲究不多,宾主都方便用餐的时候每个人都可以悉听尊便。在举行大型活动,招待为数众多的来宾时,这样安排用餐,也是最明智的选择。

## 二、时间、地点的选择

根据人们的用餐习惯,依照用餐时间的不同,中餐宴会分为早餐、午餐和晚餐。确定正式宴请的具体时间,主要应遵从民俗习惯,主人不仅要从自己的客观能力出发,更要讲究主随客便,要优先考虑被邀请者,特别是主宾的实际情况,不要对这一点不闻不问。如果可能,应该先和主宾协商一下,力求双方方便。至少,也要尽可能提供几种时间上的选择,以显示自己的诚意,并对具体时长进行必要的控制。

另外,在社交聚餐的时候,用餐地点的选择也非常重要。首先要环境优雅,宴请不仅仅是为了"吃东西",也要"吃文化"。要是用餐地点档次过低,环境不好,即使菜肴再有特色,也会使宴请大打折扣。在可能的情况下,一定要争取选择清静、优雅的地点用餐。其次是卫生条件良好,在确定社交聚餐的地点,一定要看卫生状况怎么样。如果用餐地点太脏、太乱,不仅卫生问题让人担心,而且还会破坏用餐者的食欲。还要充分考虑到,聚餐者来去交通是不是方便,有没有公共交通线路通过,有没有停车场,是不是要为聚餐者预备交通工具等一系列的具体问题,以及该地点设施是否完备。

## 三、菜单安排

根据中国人的饮食习惯，与其说是"请吃饭"，还不如说成"请吃菜"。所以对菜单的安排是马虎不得的。它主要涉及点菜和上菜两方面的问题。

### （一）中餐点菜原则

一般来说，入席后主人会请在座客人点菜，点菜如果是由客人主导，那么可以每人轮点一道菜，或尊重女士意见由女宾来点，或由长官、领导来点菜皆可；客人点菜的原则是不要用"敲竹杠"的心理专点贵菜，要点一些价格适中，大家都可以吃的菜，而且对别人点的菜，不要挑三拣四。

点菜时，不仅要考虑吃饱、吃好，而且必须量力而行。如果为了讲排场，而在点菜时大点、特点，甚至乱点一通，不仅对自己没好处，而且还会招人笑话。这时，一定要心中有数，力求做到不铺张浪费。可以点套餐或包桌，这样费用固定，菜肴的档次和数量相对固定，省事。也可以根据"个人预算"，在用餐时现场临时点菜。这样不但自由度较大，而且可以兼顾个人的财力和口味。

被请者在点菜时，可以告诉做东者，自己没有特殊要求，请对方随便点，这实际上正是对方欢迎的做法。或者是认真点上一个不太贵的而又不是大家忌口的菜，再请其他人点。别人点的菜，无论如何都不要挑三拣四。

一顿标准的中餐大菜，不管它是什么样的风味，上菜的次序都是相同的。通常，首先上桌的是冷盘，接下来是热炒，随后上的是主菜，然后上点心和汤，最后上的是果盘。如果上咸点心的话，讲究上咸汤；如果上甜点心的话，就要上甜汤。不管是不是吃大菜，了解中餐标准的上菜次序，不仅有助于在点菜时巧作搭配，而且还可以避免因为不懂而出洋相、闹笑话。

在宴请之前，主人需要事先对菜单进行再三斟酌。在准备菜单的时候，主人要着重考虑哪些菜可以选用、哪些菜不能用。

优先考虑的菜肴有四类：第一类，有中餐特色的菜肴。在宴请外宾的时候，这一条更要高度重视。例如，中餐里的龙须面、煮元宵、炸春卷、蒸饺子、狮子头、宫保鸡丁等，并不是佳肴美味，但因为具有鲜明的中国特色，所以受到很多外国人的推崇。第二类，有本地特色的菜肴。如西安的羊肉泡馍，湖南的毛家红烧肉，上海的红烧狮子头，北京的涮羊肉，在那里宴请外地客人时，上这些特色菜，恐怕要比千篇一律的生猛海鲜更受好评。第三类，本餐馆的特色菜。很多餐馆，都有自己的特色菜。上一份本餐馆的特色菜，能说明主人的细心和对被请者的尊重。第四类，主人的拿手菜。在举办家宴时，主人一定要当众露上一手，多做几个自己的拿手菜。其实，所谓的拿手菜不一定十全十美。只要主人动手为来客烧菜，单凭这一条，就会让对方感觉到你的尊重和友好。在安排菜单时，还必须考虑来宾的饮食禁忌，特别是要对主宾的饮食禁忌高度重视。这些饮食方面的禁忌主要有以下方面：

宗教的饮食禁忌，一点也不能疏忽大意。例如，中国的佛教徒不吃荤腥食品，它不仅指的是不吃肉食，还包括葱、蒜、韭菜、芥末等气味刺鼻的食物。

　　出于健康的原因，对于某些食品，也有所禁忌。如心脏病、脑血管病、动脉硬化、高血压的人，不适合吃狗肉，肝炎病人忌吃羊肉和甲鱼，胃肠炎、胃溃疡等消化系统疾病的人也不适合吃甲鱼，高血压、高胆固醇患者，要少喝鸡汤等。

　　不同的地区，人们的饮食偏好往往不同。对于这一点，在安排菜单时，也要兼顾。例如，湖南的人普遍喜欢吃辛辣食物，少吃甜食。英、美国家的人通常不吃宠物、稀有动物、动物内脏、动物的头部和脚爪。

　　有些职业，出于某种原因，在餐饮方面往往也有各自不同的特殊禁忌。例如，驾驶员在工作期间，不得饮酒。要是忽略了这一点，还有可能使对方犯错误。

　　在隆重而正式的宴会上，主人选定的菜单也可以在精心书写后，每人发送一份，让用餐者不但餐前心中有数，而且餐后也可以留作纪念。

## （二）中餐上菜顺序及技巧

　　中餐上菜顺序大多是先上冷盘、饮料及酒，后上热菜，然后上主食，最后上甜点和水果。正餐上菜的原则是：先宾客，后主人；先女宾，后男宾；先主要宾客，后其他宾客。从主人右侧的宾客开始，按顺序上菜。

# 四、席位排列

　　中餐的席位排列，关系到来宾的身份和主人给予对方的礼遇，所以是一项重要的内容。中餐席位的排列，在不同情况下，有一定的差异。可以分为桌次排列和位次排列两方面。

## （一）桌次排列

　　在中餐宴请活动中，往往采用圆桌布置菜肴、酒水。排列圆桌的尊卑次序，有两种情况。

　　第一种情况是由两桌组成的小型宴请。这种情况，又可以分为两桌横排和两桌竖排的形式。当两桌横排时，桌次是以右为尊，以左为卑。这里所说的右和左，是由面对正门的位置来确定的。当两桌竖排时，桌次讲究以远为上，以近为下。这里所讲的远近，是以距离正门的远近而言。

　　第二种情况是由三桌或三桌以上的桌数所组成的宴请。在安排多桌宴请的桌次时，除了要注意"面门定位""以右为尊""以远为上"等规则外，还应兼顾其他各桌距离主桌的远近。通常，距离主桌越近，桌次越高；距离主桌越远、桌次越低。在安排桌次时，所用餐桌的大小、形状要基本一致。除主桌可以略大外，其他餐桌都不要过大或过小。

　　为了确保在宴请时赴宴者及时、准确地找到自己所在的桌次，可以在请柬上注明对方所在的桌次、在宴会厅入口悬挂宴会桌次排列示意图、安排引位员引导来宾按桌就座，或者在每张餐桌上摆放桌次牌（用阿拉伯数字书写）。

## （二）位次排列

### 1. 位次排列的方法

　　宴请时，每张餐桌上的具体位次也有主次尊卑的分别。排列位次的基本方法有四条，它们往往会同时发挥作用。方法一，是主人大都应面对正门而坐，并在主桌就座。方法二，是举行多桌宴请时，每桌都要有一位主桌主人的代表在座。位置一般和主桌主人同向，有时也可以面向主桌主人。方法三，是各桌位次的尊卑，应根据距离该桌主人的远近而定，以近为上，以远为下。方法四，是各桌距离该桌主人相同的位次，讲究以右为尊，即以该桌主人面向为准，右为尊，左为卑。

另外，每张餐桌上所安排的用餐人数应限在 10 人以内，最好是双数。例如，6 人、8 人、10 人。人数如果过多，不仅不容易照顾，而且也可能坐不下。

根据上面四个位次的排列方法，圆桌位次的具体排列可以分为两种具体情况。它们都和主位有关。第一种情况：每桌一个主位的排列方法。特点是每桌只有一名主人，主宾在右首就座，每桌只有一个谈话中心。第二种情况：每桌两个主位的排列方法。特点是主人夫妇在同一桌就座，以男主人为第一主人，女主人为第二主人，主宾和主宾夫人分别在男女主人右侧就座。每桌从而客观上形成了两个谈话中心。

如果主宾身份高于主人，为表示尊重，也可以安排其坐在主人位子上，而请主人坐在主宾就座的位子上。

为了便于来宾准确无误地在自己位次上就座，除招待人员和主人要及时加以引导指示外，应在每位来宾所属座次正前方的桌面上，事先放置醒目的个人姓名座位卡。举行涉外宴请时，座位卡应以中、英文两种文字书写。中国的惯例是，中文在上，英文在下。必要时，座位卡的两面都书写用餐者的姓名。

**2. 位次排列要遵循的原则**

排列便餐的席位时，如果需要进行桌次的排列，可以参照宴请时桌次的排列进行。位次的排列，可以遵循四个原则。

（1）右高左低原则。两人一同并排就座，通常以右为上座，以左为下座。这是因为中餐上菜时多以顺时针方向为上菜方向，居右坐的因此要比居左坐的优先受到照顾。

（2）中座为尊原则。三人一同就座用餐，坐在中间的人在位次上高于两侧的人。

（3）面门为上原则。用餐的时候，按照礼仪惯例，面对正门者是上座，背对正门者是下座。

（4）特殊原则。高档餐厅里，室内外往往有优美的景致或高雅的演出，供用餐者欣赏。这时候，观赏角度最好的座位是上座。在某些中低档餐馆用餐时，通常以靠墙的位置为上座，靠过道的位置为下座。

# 五、餐具使用

和西餐相比较，中餐的一大特色就是就餐餐具有所不同。我们主要介绍一下平时经常出现问题的餐具的使用。

## （一）筷子

筷子是中餐最主要的餐具。使用筷子，通常必须成双使用。用筷子取菜、用餐的时候，要注意下面几个"小"问题：一是不论筷子上是否残留着食物，都不要去舔。用舔过的筷子去夹菜，是不是有点倒人胃口？二是和人交谈时，要暂时放下筷子，不能一边说话，一边像指挥棒似地舞着筷子。三是不要把筷子竖插放在食物上面。因为这种插法，只在祭奠死者的时候才用。四是严格筷子的职能。筷子只是用来夹取食物的。用来剔牙、挠痒或是用来夹取食物之外的东西都是失礼的。

[知识链接]　筷子使用十二忌如下：

（1）"三长两短"。这意思就是说在用餐前或用餐过程当中，将筷子长短不齐的放在桌子上。这种做法是太不吉利的，通常我们管它叫"三长两短"。其意思是代表"死亡"。因为中国人过去认为人死以后是要装进棺材的，在人装进去以后，还没有盖棺材盖的时候，棺材的组成部分是前后两块短木板，两旁加底部共三块长木板，五块木板合在一起做成的棺材正好是三长两短，所以说这是极为不吉利的事情。

（2）"仙人指路"。这种做法也是极为不能被人接受的，这种拿筷子的方法是，用大拇指和中指、无名指、小指捏住筷子，而食指伸出。一般伸出食指去指对方时，大都带有指责的意思。所以说，吃饭用筷子时用手指人，无异于指责别人，这同骂人是一样的，是不能够允许的。还有一种情况也是这种意思，那就是吃饭时同别人交谈并用筷子指人。

（3）"品箸留声"。这种做法也是不行的，其做法是把筷子的一端含在嘴里，用嘴来回去嘬，并不时地发出咝咝声响。这种行为被视为是一种错误的做法。因为在吃饭时用嘴嘬筷子的本身就是一种无礼的行为，再加上配以声音，更是令人生厌。所以一般出现这种做法都会被认为是缺少家教，同样不允许。

（4）"击盏敲盅"。这种行为被看作是乞丐要饭，其做法是在用餐时用筷子敲击盘碗。因为过去只有乞丐才用筷子击打要饭盆，其发出的声响配上嘴里的哀告，使行人注意并给予施舍。

（5）"执箸巡城"。这种做法是手里拿着筷子，做旁若无人状，用筷子来回在桌子上的菜盘里寻找，不知从哪里下筷为好。此种行为是典型的缺乏修养的表现，且目中无人极其令人反感。

（6）"迷箸刨坟"。这是指手里拿着筷子在菜盘里不住的扒拉，以求寻找猎物，就像盗墓刨坟的一般。这种做法同"执箸巡城"相近，都属于缺乏教养的做法，令人生厌。

（7）"泪箸遗珠"。实际上这是用筷子往自己盘子里夹菜时，手里不利落，将菜汤流落到其他菜里或桌子上。这种做法被视为严重失礼，同样是不可取的。

（8）"颠倒乾坤"。这就是说用餐时将筷子颠倒使用，这种做法是非常被人看不起的，正所谓饥不择食，以至于都不顾脸面了，将筷子使倒，这是绝对不可以的。

（9）"定海神针"在用餐时用一只筷子去插盘子里的菜品，这也是不行的，这被认为是对同桌用餐人员的一种羞辱。在吃饭时作出这种举动，无异于在欧洲当众对人伸出中指的意思是一样的，这也是不行的。

（10）"当众上香"。其往往是出于好心帮别人盛饭时，为了方便省事把一副筷子插在饭中递给对方。被众人视为大不敬，因为中国的传统是为死人上香时才这样做，如果把一副筷子插入饭中，无疑是被视同于给死人上香一样，所以说，把筷子插在碗里绝对不允许的。

（11）"交叉十字"。这一点往往不被人们注意，在用餐时将筷子随便交叉放在桌上。这是不对的，人们认为在饭桌上打叉子，是对同桌其他人的全部否定，就如同学生写错作业，被老师在本上打叉子的性质一样，不能被他人接受。除此以外，这种做法也是对自己的不尊敬，因为过去吃官司画供时才打叉子，这也就无疑是在否定自己，这也是不行的。

（12）"落地惊神"。所谓"落地惊神"的意思是指失手将筷子掉落在地上，这是严重失礼的一种表现。因为古人认为，祖先们全部长眠在地下，不应当受到打搅，筷子落地就等于惊动了地下的祖先，这是大不孝，所以这种行为也是不被允许的。

## （二）勺子

勺子的主要作用是舀取菜肴、食物。有时，用筷子取食时，也可以用勺子来辅助。尽量不要单用勺子去取菜。用勺子取食物时，不要过满，免得溢出来弄脏餐桌或自己的衣服。在舀取食物后，可以在原处"暂停"片刻，汤汁不会再往下流时，再移回来享用。

暂时不用勺子时，应放在自己的碟子上，不要把它直接放在餐桌上，或是让它在食物中"立正"。用勺子取食物后，要立即食用或放在自己碟子里，不要再把它倒回原处。而如果取用的食物太烫，不可用勺子舀来舀去，也不要用嘴对着吹，可以先放到自己的碗里等凉了再吃。不要把勺子塞到嘴里，或者反复吮吸、舔食。

## （三）盘子

稍小点儿的盘子就是碟子，主要用来盛放食物，在使用方面和碗略同。盘子在餐桌上一般要保持原位，而且不要堆放在一起。

需要着重介绍的，是一种用途比较特殊的被称为食碟的盘子。食碟的主要作用，是用来暂放从公用的菜盘里取来享用的菜肴的。用食碟时，一次不要取放过多的菜肴，看起来既繁乱不堪，又像是饿鬼投胎。不要把多种菜肴堆放在一起，弄不好它们会相互"窜味"，不好看，也不好吃。不吃的残渣、骨、刺不要吐在地上、桌上，而应轻轻取放在食碟前端，放的时候不能直接从嘴里吐在食碟上，要用筷子夹放到碟子旁边。如果食碟放满了，可以让服务员换。

## （四）水杯

主要用来盛放清水、汽水、果汁、可乐等软饮料时使用。不要用它来盛酒，也不要倒扣水杯。另外，喝进嘴里的东西不能再吐回水杯。

## （五）香巾

中餐用餐前，比较讲究的话，会为每位用餐者上一块湿毛巾。它只能用来擦手，擦手后，应该放回盘子里，由服务员拿走。有时候，在正式宴会结束前，会再上一块湿毛巾。和前者不同的是，它只能用来擦嘴，却不能擦脸、抹汗。

## （六）牙签

尽量不要当众剔牙。非剔不行时，用另一只手掩住口部，剔出来的东西，不要当众观赏或再次入口，也不要随手乱弹，随口乱吐。剔牙后，不要长时间叼着牙签，更不要用来扎取食物。

## 六、用餐举止

任何国家的餐饮，都有自己的传统习惯和寓意，中餐也不例外。例如，过年少不了鱼，表示"年年有余"；和渔民、海员吃鱼的时候，忌讳把鱼翻身，因为那有"翻船"的意思。

用餐的时候，不要吃得摇头摆脑，宽衣解带，满脸油汗，汁汤横流，响声大作。不但失态欠雅，而且还会败坏别人的食欲。可以劝别人多用一些，或是品尝某道菜肴，但不要不由分说，擅自做主，主动为别人夹菜、添饭。

取菜的时候，不要左顾右盼，翻来覆去，在公用的菜盘内挑挑拣拣。要是夹起来又放回去，就显得缺乏教养。多人一桌用餐，取菜要注意相互礼让，依次而行，取用适量。不要好吃多吃，争来抢去，而不考虑别人用过没有。够不到的菜，可以请人帮助，不要起身甚至离座去取。

用餐期间，不要敲敲打打，比比划划。还要自觉做到不吸烟。用餐时，如果需要有清嗓子、擤鼻涕、吐痰等举动，尽早去洗手间解决。

用餐的时候，不要当众修饰。例如，不要梳理头发，化妆补妆，宽衣解带，脱袜脱鞋等。如有必要可以去化妆间或洗手间。用餐的时候不要离开座位，四处走动。如果有事要离开，也要先和旁边的人打个招呼，可以说声"失陪了""我有事先行一步"等。

## 单项实训

### 实训目标

通过实训，使学生掌握中餐的位次排列、桌次的排列餐具的使用和用餐举止等方面的规范技巧，并能准确灵活地应用。

### 场景设置

某公司要接待一批重要客户B（和C、D、E、F共五位，其中B为客户代表），公司总经理A先生选择用中餐接待，在就餐时大家应该注意哪些用餐礼仪。

### 实训步骤

（1）教师介绍本次实训的内容和实训场景。

（2）教师示范讲解中餐礼仪及应注意的问题。

（3）根据场景将全班同学按6人一组分组。

（4）确定小组角色及小组讨论角色位次排列：A为总经理王先生；B为重要客户代表李先生；C为年长的客户吴女士；D为年轻的客户丁小姐；E为年轻的客户张先生；F为年长的客户董先生。

（5）模拟训练中餐礼仪。

（6）教师点评。

### 效果评价（见表5-1）

表 5-1　　　　　　　　　　　**中餐礼仪实训效果评价表**

姓名：　　　　　　　　　　　　　　　　　　　　　　　　　　　　时间：

| 考核项目 | 考核内容 | 分值 | 小组评分（50%） | 教师评分（50%） | 实得分 |
|---|---|---|---|---|---|
| 中餐礼仪 | 座位的选择 | 15 | | | |
| | 入座的方式 | 10 | | | |
| | 坐姿 | 15 | | | |
| | 菜肴的食用 | 15 | | | |
| | 餐具的使用 | 20 | | | |
| | 进餐的风度 | 15 | | | |
| | 整体表现 | 10 | | | |
| 合计 | | 100 | | | |

注：考评满分为 100 分，60~70 分为中等，81~90 分为良好，91 分及以上为优秀。

教师签名：

# 任务 4　西餐礼仪

任务目标：了解西餐宴会流程的进行，掌握了西餐酒水礼仪的注意事项。

**案例 5-5**

老张吃西餐

老张的儿子留学归国，还带了一位洋媳妇回来。为了讨好未来的公公，这位洋媳妇一回国就诚惶诚恐地张罗着请老张一家到当地最好的四星级饭店吃西餐。用餐开始了，老张为了在洋媳妇面前显示自己也很讲究，就用桌上一块"很精致的布"仔细地擦了自己的刀、叉。

吃的时候，学着他们的样子使用刀叉，既费劲又辛苦，但他觉得自己挺得体的，总算没丢脸。用餐快结束时，习惯吃饭喝汤的老张盛了几勺精致小盆里的"汤"放到自己碗里，然后喝下。洋媳妇先一愣，紧跟着也盛着喝了，而他的儿子早已是满脸通红。

**思考**：老张在吃西餐的过程中到底哪里做得不对？

无论何事都有一定的礼仪，遵守礼仪是社交的基本要求。西餐也有其一定的吃法，正确掌握吃西餐时的礼仪，日渐重要。在西方，吃饭有两个概念：一是吃饱，即填满肚子；二是享受用餐的情趣。通常，吃饱一类的吃饭是指在快餐店用餐，像麦当劳、肯德基；西方人的传统享受用餐情绪的吃饭则是在餐厅进行。餐厅环境是很安静的，背景光较幽暗，餐桌有点燃的蜡烛，没有喧哗，偶尔伴有优雅轻柔的音乐。

外国人不理解中国人用餐讲究热闹的气氛，英文字典里是找不"热闹"这个词的。在中式餐厅里，人们习惯说话音量提高，厅内灯光明亮，席间有人劝酒、划拳、大声嚷嚷，人们穿梭于餐桌之间，从西方人的角度看，他们不认为这是很好的用餐氛围。

**案例 5 – 6**

小张错在哪?

一位刘小姐和一位姓张的男士在一家西餐厅就餐,男士小张点了海鲜大餐,刘小姐则点了烤羊排,主菜上桌,两人的话匣子也打开了,小张边听刘小姐聊起童年往事,一边吃着海鲜,心情愉快极了,正在陶醉的当口,他发现有根鱼骨头塞在牙缝中,让他不舒服。小张心想,用手去掏太不雅了,所以就用舌头舔,舔也舔不出来,还发出啧啧喳喳的声音,好不容易将它舔吐出来,就随手放在餐巾上。之后他在吃虾时又在餐巾上吐了几口虾壳。刘小姐对这些不太计较,可这时小张想打喷嚏,拉起餐巾遮嘴,用力打了一声喷嚏,餐巾上的鱼刺、虾壳随着风势飞出去,其中的一些正好飞落在刘小姐的烤羊排上,这下刘小姐有些不高兴了。接下来,刘小姐话也少了许多,饭也没怎么吃。

**思考:**请指出本例中男士小张的失礼之处。

# 一、预约餐厅和接受赴宴邀请

提早预约餐厅。越高档的饭店越需要事先预约。预约时,不仅要说清人数和时间,也要表明是否要吸烟区或视野良好的座位。如果是生日或其他特别的日子,可以告知宴会的目的和预算。在预定时间内到达,是基本的礼貌。

接受他人邀请时,应尽早回复。接到请柬后应尽快答复,这是最起码的礼节,特别是指定了席位的宴会,如不及早告知你将缺席,主办方面来不及补充人员,造成席位的空缺,既不礼貌,又很浪费。现在一般采用电话答复,简单快捷。用书信的形式,婉转地说明一下不能出席的理由则更好。

# 二、着装

吃饭时穿着得体、整洁是欧美人的常识。去高档的餐厅,男士要穿着整洁的上衣和皮鞋;女士要穿套装和有跟的鞋子。如果指定穿正式服装的话,男士必须打领带。再昂贵的休闲服,也不能随意穿着上餐厅。此外,最重要的是手一定要保持干净,指甲修剪整齐。进餐过程中,不要解开纽扣或当众脱衣。如主人请客人宽衣,男客人可将外衣脱下搭在椅背上,不要将外衣或随身携带的物品放在餐台上。

# 三、入座

进入西餐厅后,需由侍应带领入座,不可贸然入位。最得体的入座方式是从左侧入座。当椅子被拉开后,身体在几乎要碰到桌子的距离站直,领位者会把椅子推进来,腿弯碰到后面的椅子时,就可以坐下来。手肘不要放在桌面上,不可跷足。不可在进餐时中途退席,如有事确需离开应向左右的客人小声打招呼。用餐时,坐姿端正,背挺直,脖子伸长,上臂和背部要靠到椅背,腹部和桌子保持约一个拳头的距离,两脚交叉的坐姿最好避免。记得要抬头挺胸着吃,在把面前的食物送进口中时,要以食物就口,而非弯下腰以口去就食物。

## 四、餐巾

西餐餐巾一般用布，餐巾布方正平整，色彩素雅。经常放在膝上，在重礼节场合也可以放在胸前，平时的轻松场合还可以放在桌上，其中一个餐巾角正对胸前，并用碗碟压住。餐巾布可以用来擦嘴或擦手，对角线叠成三角形状，或平行叠成长方形状，拭擦时脸孔朝下，以餐巾的一角轻按几下。污渍应全部擦在里面，外表看上去一直是整洁的。若餐巾脏得厉害，请侍者重新更换一条。离开席位时，即使是暂时离开，也应该取下餐巾布随意叠成方块或三角形放在自己的座位上。暗示用餐结束，可将餐巾放在餐桌上。一定要注意这方面，否则在你中途去洗手间时将餐巾放在桌子上，等你回来侍者可能已经把你还未吃完的菜收走了。

用餐巾过程中，千万要注意不要有如下失礼之举：（1）不要把餐巾当成围兜般塞在衣领或裤腰。（2）不要用餐巾擦拭餐具、桌子。（3）不要用餐巾拭抹口红、鼻涕或吐痰，不要用餐巾擦眼镜、抹汗，应该用自己的手帕。（4）不要在离席时将餐巾掉落在地上。（5）不要把餐巾用得污迹斑斑或者是皱皱巴巴。（6）不要将吃剩食物放到餐巾上。

## 五、取食

取食时不要站立起来，坐着拿不到的食物应请别人传递。有时主人劝客人添菜，如有胃口，添菜不算失礼，相反主人会引以为荣。对自己不愿吃的食物也应要一点放在盘中，以示礼貌。当参加西式自助餐时，别一次就把食物堆满整个盘子。盘子上满满的食物让人看起来认为你非常贪得无厌。每次拿少一点，不够再去。

此外，也要清楚地知道西餐的上菜顺序。

**1. 头盘（开胃品）——第一道菜**

西餐的头盘有冷头盘和热头盘之分，常见有鱼子酱、鹅肝酱、熏鲑鱼、奶油鸡酥盒、焗蜗牛等。头盘即开胃品，味道常以咸、酸为主且量少而精。

**2. 汤——第二道菜**

西餐的汤有清汤、奶油汤、蔬菜汤和冷汤四类，常见牛尾清汤、各式奶油汤、海鲜汤、蛤蜊汤、蔬菜汤、罗宋汤、葱头汤。冷汤有俄式、德式冷汤。

**3. 副菜——第三道菜**

西餐的副菜，各种水产类菜肴和蛋类、面包类、酥盒菜肴通常称为副菜。吃鱼类菜肴时西餐讲究调味汁，如荷兰汁、酒店汁、白奶油汁等。

**4. 主菜——第四道菜**

西餐的主菜，即各种肉、禽类菜肴。通常取牛、羊、猪各个部位的肉，用烤、煎、铁扒等方法烹制成各式肉、排菜肴。主要的调味汁有咖喱汁、奶油汁等。

**5. 配菜（蔬菜类菜肴）——第五道菜**

西餐的配菜即蔬菜类菜肴，也称为沙拉。与主菜同时摆上的生蔬菜沙拉，沙拉调味汁主要有千岛汁、醋油汁、乳酪沙拉汁等。

**6. 甜品——第六道菜**

西餐的甜品包括所有主菜后的食物，如布丁、煎饼、冰激凌、乳酪、水果等。

**7. 最后品尝——饮料咖啡、茶**

## 六、招呼侍者

在一流餐厅里，客人除了吃以外，诸如倒酒、整理餐具、捡起掉在地上的刀叉等事，都应让侍者去做。侍者会经常注意客人的需要。若需要服务，可用眼神向他示意或微微把手抬高，侍者会马上过来。在国外，如果对服务满意，想付小费时，可用签账卡支付，即在账单上写下含小费在内的总额再签名。最后别忘记口头致谢。

## 七、西餐中的饮酒礼仪

### （一）西餐中的饮酒顺序

#### 1. 餐前酒

（1）香槟酒：香槟酒能够增添宴会的气氛，适宜在餐前喝，且适宜配合每一道菜喝。它的最佳饮用温度应该是8℃~10℃，因此饮用前可在冰桶里放20分钟或在冰箱里平放3小时。香槟酒的酒杯有两种：一种是高脚开口浅杯；另一种是郁金香外形杯。

（2）鸡尾酒：鸡尾酒是用几种酒加果汁、香料等混合而成的酒，多在饮用时临时调制。喝鸡尾酒时，需用鸡尾酒杯，通常是呈倒三角形的高脚玻璃杯，不带任何花纹。因鸡尾酒要保持其冰冷度，所以手应接触其高脚部位，不能直接触摸杯壁，否则会因其变暖而影响酒味。

#### 2. 佐餐酒

（1）红葡萄酒："红酒配红肉"中所说的红肉，即牛肉、羊肉、猪肉。吃这类肉时，应配以红葡萄酒。红葡萄酒杯为高脚杯，在饮用时，应握住酒杯的杯梗，这样子可以避免体温影响到时酒温，进而影响葡萄酒的口感。而且在红葡萄酒饮用前最好先打开酒盖醒醒酒，或者将酒倒入醒酒瓶中，让其氧化一阵儿。

（2）白葡萄酒："白酒配白肉"中所说的白肉，即鱼肉、海鲜、鸡肉。吃这类肉时，须以白葡萄酒搭配。白葡萄酒的最佳饮用温度是0°~5°。白葡萄酒杯杯身较长，杯肚较瘦，像一朵待放的郁金香，白葡萄酒杯比红葡萄酒杯要瘦一些，以减少酒和空气的接触，令香气更持久一些。

#### 3. 餐后酒

白兰地：在法国西南部有一个小城，因为它出产一种白兰地酒而驰名世界，这个小城叫高尼亚克。有人将它音译为"科涅克"或者"干邑"。大部分人认为白兰地是一种酒香非常浓郁的酒。因此，在净饮时宜用肚大口小的白兰地专用酒杯。这种酒杯适宜于用手指和掌心握住酒杯，这样就可以用体温将酒轻微加温让酒香从酒水中溢出。

### （二）斟酒

#### 1. 斟酒的量

关于斟酒，中国有句话叫"酒满情深"，就是说斟酒以满为敬。因此，酒桌上的酒一般以斟满为敬。实际上，葡萄酒、香槟酒、白兰地、甜露酒等不宜斟满，通常红葡萄酒入杯为1/3；白葡萄酒入杯为2/3；白兰地入杯1/2；香槟入杯1/3，待酒中泡沫消退后，再往杯中继斟至七分满即可。其目的是使饮者在饮用时能让酒在杯中旋起来，使酒香充分地发挥出来。

**2. 斟酒的顺序**

第一次上酒时，主人可以亲自为所有客人倒酒。不过记住要依逆时钟方向进行，从坐在右侧的客人开始，最后才轮到主人自己。客人喝完一杯后，可以请坐在你对面的人（也就是第二主人）帮忙为他附近的人添酒。斟酒的顺序是从正主位右边主宾起逐位向左走，要站在客人右手边上斟，而且酒瓶的商标应面向客人。

**3. 斟酒的方法**

每斟完一杯，要把酒瓶稍收后顺手往右轻轻一旋，以免酒水溢出后滴到桌面或客人身上。如果你同时准备了红酒和白酒，请把两种酒瓶分放在桌子两端。绝对不要让客人用同一个杯子喝两种酒，这是基本礼貌。

在餐厅也可由服务人员斟酒。服务人员一手拿烈性酒，一手拿甜酒，一般先斟烈性酒。如果客人不要烈性酒，就改斟甜酒。

斟酒时，酒杯应放在餐桌上，酒瓶不要碰到杯口。拿酒杯的姿势因不同酒杯而有所不同。高脚酒杯应以手指捏住杯腿，短脚酒杯则应用手掌托住酒杯。

**4. 倒啤酒的方式**

请务必同时用两只手握着酒瓶来倒酒。这时，若是太用力倾倒的话，会起很多泡沫，所以请和缓地倒酒。当他人要为你倒酒时，请拿着杯子并稍微倾斜较好。

## （三）在西餐厅喝酒的注意事项

（1）在西餐厅喝酒是一门大学问，不管在餐中喝的是什么酒，主人都不能自己去开瓶，而一切应由服务人员服务。

（2）在吃中餐时，宾主之间热烈敬酒，频频干杯是很正常的现象。然而吃西餐，除了刚开始时主人可举杯感谢大家赏光之后，则不宜再敬酒，更不可频频劝他人喝酒。至于倒酒，无论是开瓶或添酒，主人与客人都不需自己倒，让服务人员动手倒即可。

（3）在西餐中，酒瓶不能放在桌面上，服务人员倒完酒后，一定会将还盛有酒的酒瓶放在固定的位置上，主人与客人都不要把它再拿来放在桌面上。另外，个人面前的右上角为放水杯的地方，当你喝完酒后，酒杯要放在水杯的正后方。

（4）服务生斟酒时我们不需要捧着玻璃杯。一般而言，倒葡萄酒都是由服务人员为顾客服务的，当他们服务时，原则上顾客并不需要捧着酒杯，只要将手放在桌面上或是膝盖上即可。此外在用餐中，当服务人员再次前来斟酒时，顾客应暂时停下手的动作，对话也稍加节制一些会给他人比较好的印象。再者，若是自行斟酒时，请将酒斟至杯身最宽的部分。这是因为当表面积越大时，越能充分享受葡萄酒的香醇。菜肴由顾客的左方呈上桌，酒则是从右方为顾客服务。

不需要斟酒的拒绝方式。当无法再喝的情形下，服务人员前来斟酒时，你只要伸出单只手轻轻地遮在玻璃杯上，服务人员即能了解。

一饮而尽、边喝边透过酒杯看人、拿着酒杯边说话边喝酒、吃东西时喝酒、口红印在酒杯沿上等，都是失礼的行为。不要用手指擦杯沿上的口红印，用面巾纸擦较好。

## 八、其他

在餐厅吃饭时就要享受美食和社交的乐趣，沉默地各吃各的会很奇怪。所以进餐时应与左右客人交谈，不要只同几个熟人交谈；左右客人如不认识，可先自我介绍。别人讲话不可插话。音量要小到保持对方能听见的程度，别影响到邻桌，切忌大声喧哗。

在高级餐厅中，别使用手机。必要时也要长话短说，否则就应该暂时离开到外面讲。女士们则切记补妆要到化妆室，别在餐桌上梳头或补妆，那是非常不礼貌的。在进餐尚未全部结束时，不可抽烟，直到上咖啡表示用餐结束时方可。如果左右有女客人，应有礼貌地询问一声"您不介意吧！"

吃东西时别把盘子拿起来，甚至于在吃东西时用手持着盘也是不礼貌的。吃完面前的食物后，也记得别把盘子推开。不要把东西吐在桌上。吃到坏的食物非吐出来不可时，也别吐在盘子里，最好在别人不注意时，吐在餐巾上包起来，并要求更换一块新的餐巾。用餐时打嗝是最大的禁忌，万一发生此种情况，应立即向周围的人道歉。就餐时不可狼吞虎咽。每次送入口中的食物不宜过多，咀嚼食物时，记得闭上嘴巴，而且别说话，在大多数国家的文化中，都会认为让对方看见你满嘴的食物是非常粗俗的表现。

吃西餐在很大程度上讲是在吃情调：一般的西餐厅都很别致，高雅，即使小馆子也各具特色，或古典，或现代，或前卫，不拘一格，厅堂内的绿色植物，艺术气质的墙砖和壁灯，使人恍惚身处异邦，舒适、温暖，让人放松陶醉。高级饭店更有华美的大理石的壁炉、熠熠闪光的水晶灯、银色的烛台、美艳的鲜花，缤纷的美酒，抒情的萨克斯，再加上人们优雅迷人的举止，这本身就是一幅动人的油画。此外，还有一些进餐礼仪，是要非常注意的。

（1）应等全体客人面前都上了菜，女主人示意后才开始用餐。在女主人拿起她的勺子或叉子以前，客人不得食用任何一道菜。这是美国人的习惯，同欧洲有些国家不同。

（2）餐巾应铺在膝上。如果餐巾较大，应双叠放在腿上；如果较小，可以全部打开。餐巾虽然也可以围在颈上或系在胸前，但显得不大方，所以最好不这样做。可用餐巾的一角擦去嘴上或手指上的油渍，但绝不可用餐巾揩拭餐具。

（3）进餐时身体要坐正，不可过于向前倾斜，也不要把两臂横放在桌上，以免碰撞旁边的客人。

（4）使用刀叉时，应右手用刀，左手用叉。只用叉时，可用右手拿。使用刀时，不要将刀刃向外，更不要用刀送食物入口。切肉应避免刀切在瓷盘上发出响声。吃面条时，可以用叉卷起来吃，不要挑。中途放下刀叉，应将刀叉呈"八"字形分别放在盘子上。如果把刀叉放在一起，表示用餐完毕。

（5）取面包应该用手去拿，然后放在旁边的小碟中或大盘的边沿上，绝不要用叉子去叉面包。取黄油应用黄油刀，而不要用个人的刀子。黄油取出要放在旁边的小碟里，不要直接往面包上抹。不要用刀切面包，也不要把整片面包涂上黄油，而应该一次扯下一小块，吃一块涂一块。

（6）吃色拉时只能用叉子。应用右手拿叉，叉尖朝上。如果上色拉的同时也上了面包、饼干的话，可以用左手拿一小块面包或饼干，帮着把色拉推上叉子。

（7）吃鱼时可以用左手拿着面包，右手拿着刀子，把刺拨开。已经入口的肉骨或鱼刺，不要直接吐入盘中，而要用叉接住后轻轻放入盘中，或者尽可能不引人注意地用手取出，放在盘子的边沿上，不能扔在桌上或地下。水果核也应先吐在手心里，再放入盘中。

（8）要喝水时，应把口中的食物先咽下去。不要用水冲嘴里的食物。用玻璃杯喝水时，要注意先擦去嘴上的油渍，以免弄脏杯子。

（9）进餐时不要将碗碟揣起来。喝汤可以将盘子倾斜，然后用汤匙取食。喝茶或喝咖啡不要把汤匙放在杯子里。

（10）吃饭，特别是喝汤，不要发出响声。咀嚼时应该闭嘴。

（11）不要在餐桌前擤鼻涕或打嗝。如果打喷嚏或咳嗽，应向周围的人道对不起。

（12）在饭桌上不要剔牙。如果有东西塞了牙非取出不可，应用餐巾将嘴遮住，最好等没有别人在场时再取出。

（13）进餐时，始终保持沉默是不礼貌的，应该同身旁的人有所交谈。但是在咀嚼食物时不要讲话。即使有人同你讲话，也应咽下口中食物后再回答。谈话时可以不放下刀叉，但不可拿着刀叉在空中摇晃。

（14）在餐桌上，一路的食物都应用刀叉去取。只有芹菜、小萝卜、青果、水果、干点心、干果、糖果、炸土豆片、玉米、田鸡腿和面包等可以用手拿着吃。

（15）当侍者依次为客人上菜时，走到你的左边，才轮到你取菜。如果侍者站在你右边，就不要取，那是轮到你右边的客人取菜。取菜时，最好每样都取一点，这样会令女主人愉快。如果实在不喜欢吃某种菜，也可以说："谢谢你，不要了。"

（16）当女主人要为你添菜时。你可以将盘子连同放在上面的刀叉一起传递给她或者交给服务员。如果她不问你，你就不能主动要求添菜，那样做很不礼貌。

（17）餐桌上有些食品，如面包、黄油、果酱、泡菜、干果、糖果等，应待女主人提议方可取食。大家轮流取食品时，男客人应请他身旁的女客人先取，或者问她是否愿意让你代取一些。进餐时，不能越过他人面前取食物。如需要某种东西时，应在别人背后传递。

（18）用餐毕，客人应等女主人从座位上站起后，再一起随着离席。在进餐中或宴会结束前离席都不礼貌。起立后，男宾应帮助妇女把椅子归回原处。餐巾放在桌上，不要照原来的样子折好，除非主人请你留下吃下顿饭。

要使宴会从始至终充满愉快和谐的气氛，不仅客人要举止得当，彬彬有礼，男女主人的态度也至关重要。宴会开始后，男女主人的责任是使席间的谈话始终活泼而风趣，每个客人都不受冷落。如果有人谈及不恰当的话，主人应立即巧妙地设法转移话题。用餐时，主人应待客人吃完一道菜后，再换下一道菜。主人吃饭速度不可太快，如果多数人已吃完，而少数人尚未吃完时，更应放慢速度，以免使客人感到不安。席间，主人应尽力使每位客人感到舒适自如。如客人将刀叉掉在地上。应立即礼貌地为他换一把。如果客人不慎打碎盘碗，女主人应镇静地收拾干净，安慰客人，绝不能显出不悦之色。最后，主人绝不能在客人面前计算请客所花费的费用。

## 九、餐后礼仪

到朋友家赴宴后，别忘了寄致谢函，它可以是一封信函也可以是一张热情洋溢的明信片。就算你已送昂贵的礼物或打过电话道谢，也应写份致谢函寄给主人，和主人为满足你们这一群朋友所花费的心力相比，你会发现，只是说声谢谢根本微不足道。一封得体的致谢函会让主人非常高兴，甚至会被他的家人传阅一读再读或被保存下来成为礼仪典藏。

## 单项实训

### 实训目标

通过实训，使学生掌握西餐就餐礼仪，用餐技巧，并能准确灵活的运用。

### 场景设置

某公司新上任的部门主任 A 请部门员工 B、C、D、E 和 F 到西餐厅用餐，他们应该注意哪些用餐礼仪。

### 实训步骤

（1）教师介绍本次实训的内容和模拟实训场景。

（2）教师示范讲解西餐用餐礼仪及就餐注意事项及要求。

（3）根据模拟活动场景将全班同学按 6 人一组分组。

（4）根据场景进行角色分配：A 为部门主任；B 为部门副主任；C 为年长的王女士；D 为中年的李先生；E 为年轻的吴小姐；F 为新进员工张先生。

（5）全组讨论本组角色位次安排。

（6）西餐训练。

（7）教师点评。

### 效果评价（见表 5-2）

表 5-2                          西餐礼仪效果评价表

姓名：                                                                时间：

| 考核项目 | 考核内容 | 分值 | 小组评分（50%） | 教师评分（50%） | 实得分 |
|---|---|---|---|---|---|
| 西餐礼仪 | 座位的选择 | 15 | | | |
| | 入座的方式 | 10 | | | |
| | 坐姿 | 15 | | | |
| | 菜肴的食用 | 15 | | | |
| | 餐具的使用 | 20 | | | |
| | 进餐的风度 | 15 | | | |
| | 整体表现 | 10 | | | |
| 合计 | | 100 | | | |

注：考评满分为 100 分，60~70 分为中等，81~90 分为良好，91 分及以上为优秀。

教师签名：

# 任务5　自助餐礼仪

任务目标：掌握自助餐礼仪的注意事项，提高交际和沟通能力。

**案例5-7**

自助餐风波

周小姐有一次代表公司出席一家外国商社的周年庆典活动。正式的庆典活动结束后，那家外国商社为全体来宾安排了丰盛的自助餐。尽管在此之前周小姐并未用过正式的自助餐，但是她在用餐开始之后发现其他用餐者的表现非常随意，便也就"照葫芦画瓢"，像别人一样放松自己。

让周小姐开心的是，她在餐台上排队取菜时，竟然见到自己平时最爱吃的北极甜虾，于是，她毫不客气地替自己满满地盛了一大盘。当时她的主要想法是：这东西虽然好吃，可也不便再三再四地来取，否则旁人就会嘲笑自己没见过什么世面了。再说，它这么好吃，这会不多盛一些，保不准一会儿就没有了。

然而令周小姐脸红的是，它端着盛满了北极甜虾的盘子从餐台边上离去时，周围的人居然个个都用异样的眼神盯着她。有一位同伴还用鄙夷的语气小声说道："真给中国人丢脸呀！"事后一经打听，周小姐才知道，自己当时的行为是有违自助餐礼仪的。

**思考**：请问周小姐错在哪儿？

自助餐，是起源于西餐的一种就餐方式。厨师将烹制好的冷、热菜肴及点心陈列在餐厅的长条桌上，由客人自己随意取食，自我服务。自助餐礼仪，泛指人们安排或享用自助餐时所需要遵守的基本礼仪规范。

在以就餐者的身份参加自助餐时，所需要具体遵循的礼仪规范是非常严格的，如有不慎就会成为别人的笑柄。一般来说，在自助餐礼仪之中，享用自助餐的礼仪非常重要。通常，它主要涉及下述八个方面。

## 一、排队取菜

在享用自助餐时，尽管需要就餐者自己照顾自己，但这并不意味着他可以因此而不择手段。实际上，在就餐取样时，由于用餐者往往成群结队而来的缘故，大家都必须自觉地维护公共秩序，讲究先来后到，排队选用食物。不允许乱挤、乱抢、乱加队，更不允许不排队。

在取菜之前，先要准备好一只食盘。轮到自己取菜时，应以公用的餐具将食物装入自己的食盘之内，然后即应迅速离去。切勿在众多的食物面前犹豫再三。让身后之人久等，更不应该在取菜时挑挑拣拣，甚至直接下手或以自己的餐具取菜。

## 二、循序取菜

在自助餐上，如果想要吃饱吃好，那么在具体取用菜肴时，就一定要首先了解合理的取菜顺序，然后循序渐进。按照常识，参加一般的自助餐时，取菜时标准的先后顺序依次应当是：冷菜、汤、热菜、点心、甜品和水果。因此在取菜时，最好先在全场转上一圈，了解一下情况，然后再去取菜。

如果不了解这一合理的取菜的先后顺序，而在取菜时完完全全地自行其是，乱装乱吃一通，难免会使本末倒置，咸甜相克，令自己吃得既不畅快又不舒服。举例而言，在自助餐上，甜品、水果本应作为"压轴戏"，最后再吃。可要是不守此规，为图新鲜，而先来大吃一通甜品、水果，那么立即就会饱了，等到后来才见到自己想吃的好东西，很可能就会心有余而力不足，只好"望洋兴叹"了。

## 三、量力而行

参加自助餐时，遇上了自己喜欢吃的东西，只要不会撑坏自己，完全可以放开肚量，尽管去吃。不限数量，保证供应，其实这正是自助餐大受欢迎的地方。因此，商务人员在参加自助餐时，大可不必担心别人笑话自己，爱吃什么，只管去吃就是了。

不过，应当注意的是，在根据本人的口味选取食物时，必须要量力而行。切勿为了吃得过瘾，而将食物狂取一通，结果是自己"眼高手低"，吃不从心，从而导致了食物的浪费。严格地说，在享用自助餐时，多吃是允许的，而浪费食物则绝对不允许。这一条，被世人称为自助餐就餐时的"少取"原则。有时，有人亦称为"每次少取"原则。

## 四、多次取菜

在自助餐上遵守"少取"原则的同时，还必须遵守"多次"的原则。"多次"的原则，是"多次取菜"的原则的简称。它的具体含义是：用餐者在自助餐上选取某一种类的菜肴，允许其再三再四地反复去取。每次应当只取一小点，待品尝之后，觉得它适合自己的话，那么还可以再次去取，直至自己感到吃好了为止。换而言之，这一原则其实是说，在自助餐选取某菜肴时，去取多少次都无所谓，一添再添都是允许的。所以，二者往往也被合称为"多次少取"的原则。

在选取菜肴时，最好每次只为自己选取一种。待吃好后，再去取用其他的品种。要是不谙此道，在取菜时乱装一气，将多种菜肴盛在一起，导致其五味杂陈，相互窜味，则难免会暴殄天物。

## 五、避免外带

所有的自助餐，不论是以之待客的由主人亲自操办的自助餐，还是对外营业的正式餐馆里所经营的自助餐，都有一条不成文的规定，即自助餐只许可就餐者在用餐现场里自行享用，而绝对不许可对方在用餐完毕之后携带回家。

商界人士在参加自助餐时，一定要牢牢记住这一点。在用餐时不论吃多少东西都不碍事，但是千万不要偷偷往自己的口袋、皮包里装一些自己的"心爱之物"，更不要要求侍者替自己"打包"。那样的表现，必定会使自己见笑于人。

## 六、送回餐具

在自助餐上，既然强调的是用餐者以自助为主，那么用餐者在就餐的整个过程之中，就必须将这一点牢记在心，并且认真地付诸行动。在自助餐上强调自助，不但要求就餐者取用菜肴时以自助为主，而且还要求其善始善终，在用餐结束之后，自觉地将餐具送至指定之处。

在一般情况下，自助餐大都要求就餐者在用餐完毕之后、离开用餐现场之前，自行将餐具整理到一起，然后一并将其送回指定的位置。在庭院、花园里享用自助餐时，尤其应当这么做。不允许将餐具随手乱丢，甚至任意毁损餐具。在餐厅里就座用餐，有时可以在离去时将餐具留在餐桌之上，而由侍者负责收拾。虽然如此，亦应在离去前对其稍加整理为好。不要弄得自己的餐桌上杯盘狼藉，不堪入目。自己取用的食物，以吃完为宜，万一有少许食物剩了下来，也不要私下里乱丢、乱倒、乱藏，而应将其放在适当之处。

## 七、照顾他人

商界人士在参加自助餐时，除了对自己用餐时的举止表现要严加约束之外，还须与他人和睦相处，多加照顾。对于自己的同伴，特别需要加以关心，若对方不熟悉自助餐，不妨向其扼要地进行介绍。在对方乐意的前提下，还可向其具体提出一些有关选取菜肴的建议。对于在自助餐上碰见的熟人，亦应如此加以关照。不过，不可以自作主张地为对方直接代取食物，更不允许将自己不喜欢或吃不了的食物"处理"给对方吃。

在用餐的过程中，对于其他不相识的用餐者，应当以礼相待。在排队、取菜、寻位以及行动期间，对于其他用餐者要主动加以谦让，不要目中无人，蛮横无理。

### 单项实训

#### 实训目标
通过实训，使学生掌握安排自助餐和参加自助餐的礼仪规范和注意事项，并能熟练准确运用。

#### 场景设置
星期六晚上，杨老师带领其研究生一行到某酒店用自助餐。

#### 实训步骤
（1）教师介绍本次实训的内容和模拟场景。
（2）教师示范讲解自助餐礼仪及注意事项。
（3）食用自助餐实训。
（4）把全班按 10 人一组分组。

（5）分组实训。

（6）教师点评。

**效果评价（见表5-3）**

表5-3 　　　　　　　　**自助餐礼仪效果评价表**

姓名：　　　　　　　　　　　　　　　　　　　　　　　　　　　时间：

| 考核项目 | 考核内容 | 分值 | 小组评分（50%） | 教师评分（50%） | 实得分 |
|---|---|---|---|---|---|
| 自助餐礼仪 | 排队取菜 | 10 | | | |
| | 循序取菜 | 5 | | | |
| | 多次少取 | 5 | | | |
| | 照顾他人 | 5 | | | |
| | 积极交际 | 5 | | | |
| | 不要混用专用菜夹 | 10 | | | |
| | 不要使用已使用过的餐盘 | 5 | | | |
| | 不要过久犹豫影响他人取菜速度 | 10 | | | |
| | 不要取菜时挑挑拣拣 | 10 | | | |
| | 不要用手取菜 | 5 | | | |
| | 不要用自己的餐具取菜 | 10 | | | |
| | 按需求量取菜 | 10 | | | |
| | 送回餐具 | 10 | | | |
| 合计 | | 100 | | | |

注：考评满分为100分，60~70分为中等，81~90分为良好，91分及以上为优秀。

教师签名：

## 项目小结

商务活动中宴请是必不可少的，在不同商务场景和商务仪式中的接待与宴请礼仪规范和操作程序有所不同。如何灵活运用宴请礼仪提升个人品位，塑造良好的个人和企业形象呢？本项目主要从席上礼规、中餐礼仪、西餐礼仪、自助餐礼仪等方面介绍了宴会活动中常见的礼仪规范。通过学习，能够正确掌握中西餐的用餐礼仪规范，深刻体验中西方文化在餐饮礼仪上的差异。

## 小测试

**一、单项选择题**

1. 在吃中餐时，以下哪种做法不对？（　　　）

A. 不起身夹菜　　　　　　　　　　　　B. 不乱劝菜

C. 不违食俗　　　　　　　　　　　　　　D. 含食物说话

2. 完整的西餐要由八道菜组成，其中最后一道是（　　）。

　　A. 热饮　　　　　　　　　　　　　　　B. 水果

　　C. 甜品　　　　　　　　　　　　　　　D. 点心

3. 当客人杯中酒水剩下（　　）时，应征询客人是否添加。

　　A. 1/2　　　　　　　　　　　　　　　　B. 1/3

　　C. 1/4　　　　　　　　　　　　　　　　D. 2/3

4. 为客人斟白葡萄酒应是入杯（　　）。

　　A. 1/2　　　　　　　　　　　　　　　　B. 1/3

　　C. 1/4　　　　　　　　　　　　　　　　D. 2/3

5. 以下名品酒不属于法国干邑的是（　　）。

　　A. 蓝带　　　　　　　　　　　　　　　B. 轩尼诗

　　C. 金花　　　　　　　　　　　　　　　D. 人头马

6. 以下执杯方法正确的是（　　）。

　　A. 红葡萄酒的执杯是用手握住杯脚

　　B. 白兰地酒杯适合用手指和掌心握住酒杯

　　C. 白葡萄酒杯适合用手握住杯肚

　　D. 喝鸡尾酒时，手可以直接触摸杯壁

7. 以下对西餐餐巾说法不恰当的是（　　）。

　　A. 西餐餐巾只能用来擦嘴

　　B. 若暂停用餐时，可将餐巾放在桌面上

　　C. 使用正方形餐巾时，应将它折成等腰三角形并将直角朝向膝盖方向

　　D. 在外用餐时，一定不要把餐巾掖于领口并围在脖子上等

8. 以下对于中餐摆菜说法错误的是（　　）。

　　A. 在上鸡、鸭、鱼一类的菜时，不要将鸡头、鸭尾、鱼脊对着主宾

　　B. 第一道热菜应放在第一主人和主宾的前面

　　C. 转盘摆菜时，应按顺序一个一个摆

　　D. 如上咸点心讲究上咸汤

9. 宴会上，为表示对主宾的尊重，主宾的座位应是（　　）。

　　A. 主人的左侧　　　　　　　　　　　　B. 主人的右侧

　　C. 主人的对面　　　　　　　　　　　　D. 面对门的位置

10. 关于守时，不同的场合有着不同的内涵，以下说法不正确的是（　　）。

　　A. 严格遵守宴会邀请时间，准时到达

　　B. 一般邀请时间都比正式开始时间早，所以可以适当晚去一会儿

　　C. 一般情况下要守时，但女士可以适当晚一些到达

　　D. 领导可以晚到一会儿

**二、思考题**

1. 中式宴请的点菜技巧是什么？

2. 西式宴请中，刀叉、餐巾在具体使用过程中的注意事项是什么？

3. 参加自助餐时，如何做到自我照顾与交际并重？

4. 在正餐或宴会上选择佐餐酒，有一条非常重要的讲究需要知晓，即"白酒配白肉，红酒配红肉"。这里所说的白肉是指哪些呢？要搭配哪种酒？这里所说的红肉是指哪些呢？要搭配哪种酒？喝红葡萄酒和白葡萄酒的握杯方式有什么不同？

### 三、案例分析

一位客户经理，为了挽救公司业绩，开设了两场宴会。在第一次宴会中，从客人的左手边拿起酒杯，倒了满满的一杯酒；第二次宴会中，在开席前几分钟，向女同事借来了发胶和梳子，把头发整理了一番，还夸夸其谈地说："这样才能表现我对客人的尊重！"可是两场宴会过后，公司业绩不但没有提高，而且还出现了走下坡的现象。

请思考：

(1) 案例中客户经理的行为有哪些地方不当，赴宴应有哪些礼仪？

(2) 在正式的宴请中还应注意哪些礼仪？

## 项目实训

### 实训目标

通过实训，使学生了解中式宴请中餐具的使用及餐桌礼仪。还应掌握如何使用西餐餐具及就餐过程中的饮酒礼仪。

### 实训步骤

(1) 教师介绍本次实训的内容和模拟实训情景。

(2) 观看有关中餐和西餐的录像资料。

(3) 学生进行小组模拟相关场景。

(4) 教师进行打分并总结。

### 实训准备

圆桌、椅子若干、西餐桌、中餐餐具若干套、西餐餐具若干套。

### 实训内容

（一）点菜实训

点菜既是学问，又是艺术，因此掌握点菜尤为重要。

1. 中餐点菜

点菜过程中也应先了解中餐上菜的顺序，其次掌握一定的技巧：

(1) 注重特色。无论哪家餐馆，其风味都和它所属的派系相近，而且每家都有每家自己的特色，并且各家烹调手法上还是有所区别。所以初到一家，可以先向服务员询问，也可以先到各桌边看看，因为稍好一点的餐馆都会有回头客。

(2) 了解同桌。点菜时一定要先问问桌上同餐者有没有什么人有特殊忌讳。比方说有素食者，不食牛羊肉者，不吃辣椒者，不吃海鲜者等，做到胸中有数。这样点菜时就可以兼而顾之，不会有人大快朵颐，有人停箸默然。

(3) 原材料的荤素搭配，如鸡鱼牛羊猪肉，一般各点一样；烹调方式也要尽量丰富，比方说煎炒烹炸，凉拌锅仔等。一方面是可以丰富口味，另一方面也是由于不同烹调方式所需时间不同，可以陆续上菜，避免等半天一个菜也不上或是一下上齐了菜的局面。

（4）熟悉时尚。烹饪美食是极具时尚意义的生活内容，由于竞争激烈，因此各派各家都在力争创新。

（5）记清老字号。饮食既然是文化一种，那么几十年甚至上百年的历史，不仅会使老字号有着极其丰富的经验积累，其人文积淀也是不可忽视的。

2. 西餐点菜

西餐点菜首先应弄清楚用餐的类型，如西餐早餐、西餐正餐、西餐宴会等。其次要掌握西餐上菜的顺序。

（二）西餐餐具的使用

1. 餐巾

（1）餐巾的放法。从餐桌上拿起餐巾，先对折，再将褶线朝向自己，摊在腿上。绝不能把餐巾抖开，如围兜般围在脖子上，或塞在领口。而把餐巾的一角塞进扣眼或腰带里，也是错误的方法。假如衣服的质地较滑，餐巾容易滑落，而应该以较不醒目的方法，将餐巾的一角塞进腰带里，或左右两端塞在大腿下。

（2）餐巾的作用。餐巾当然是为了预防调味汁滴落，弄脏衣物。但是，最主要的还是用来擦拭嘴巴。吃了油腻的食物后满嘴油渍，若以这副尊容与人说话，委实不雅。况且喝酒时还会把油渍留在玻璃杯上，更是难看。至于口红也是同样要用餐巾略擦一擦，避免唇印沾在酒杯上。

（3）餐巾的暗示。用餐完毕要站起来，首先将腿上的餐巾拿起，随意叠好，再把餐巾放在餐桌的左侧，然后起身离座。如果站起来后才甩动或折叠餐巾，就不合乎礼节了。餐巾用完后无需折叠得太过整齐，但也不能随便搓成一团。如有主宾或长辈在座，一定要等他们拿起餐巾折叠时才能跟着动作。

宴席中最好避免中途离席。非暂时离席时，许多人会把餐巾叠好放在椅子上，这种处理方式并没有错，因为餐巾摆放在桌上容易被误会已经离席。其实，最理想的方式是用盘子或刀子压住餐巾的一角，让它从桌沿垂下，当然脏的那一面朝内侧才雅观。

2. 刀

宴席上最正确的拿刀姿势是：手握住刀柄，拇指按着柄侧，食指则压在柄背上。可不要把食指伸到刀背上啊，因为，除了用大力才能切断的菜肴，或刀太钝之外，食指都不能伸到刀背上；另外，不要伸直小指拿来刀，尤其是女性以为这种姿势才优雅，其实这是错误的。

刀是用来切割食物的，不要用刀挑起食物往嘴里送。记住：右手拿刀。如果用餐时，有三种不同规格的刀同时出现，一般正确的用法是：带有小锯齿的那一把用来切肉制食品；中等大小的用来将大片的蔬菜切成小片；而那种小巧的，刀尖是圆头的、顶部有些上翘的小刀，则是用来切开小面包，然后用它挑些果酱、奶油涂在面包上面。切割食物时双肘下沉，手肘不要离开桌子，这样会令对方觉得你的吃相十分可怕，而且正在切割的食物没准也会飞出去呢！

3. 叉

叉子的拿法有背侧朝上及内侧朝上两种，要视情况而定。背侧朝上的拿法和刀子一样，以食指压住柄背，其余四指握柄，食指尖端大致在柄的根部，若太向前方，外观不好看，太往后，又不太能使劲，硬的食物就不容易叉进去。叉子内侧朝上时，则如铅笔拿法，以拇指、食指按柄上，其余三指支撑柄下方；拇指和食指要按在柄的中央位置，如果太向前，会显得笨手笨脚。

左手拿叉，叉齿朝下，叉起食物往嘴里送，如果吃面条类软质食品或豌豆叉齿可朝上。动作要轻，捡起适量食物一次性放入口中，不要拖拖拉拉一大块，咬一口再放下，这样很不雅。叉子捡起食物入嘴时，牙齿只碰到食物，不要咬叉，也不要让刀叉在齿上或盘中发出声响。吃体积较大的蔬菜时，可用刀叉来折叠、分切。较软的食物可放在叉子平面上，用刀子整理一下。

### 4. 勺子

在正式场合下，勺有多种，小的是用于咖啡和甜点心的；扁平的用于涂黄油和分食蛋糕；比较大的，用来喝汤或盛碎小食物；最大的是公用于分食汤的，常见于自助餐。切莫搞错。汤匙和点心匙除了喝汤，吃甜品外，绝不能直接舀取其他主食和菜品；不可以将餐匙插入菜肴当中，更不能让其直立于甜品、汤或咖啡等饮料中。进餐时不可将整个餐匙全部放入口中。

### (三) 饮酒礼仪

在饮酒礼仪上，东西方虽然颇有不同，但仍有一些共同的原则与做法，以下就是一些东西方通用的饮酒祝酒礼仪：

(1) 宴会的主人应该敬第一杯酒，这杯酒可以敬给与会的每个人，也可以单独敬给这次宴请的主角，即贵宾。

(2) 在敬酒前，确保对你要敬酒的客人有一个大概的了解，敬酒词要简短有力，避免讲易引起误解的玩笑话。

(3) 即使你不善饮酒，在礼貌上也要加入祝酒的行列，当然，杯中可以倒入非酒精性饮料，因为最关键的是向对方表达敬意而不是消费掉酒精。

(4) 敬酒结束后，切勿如领导讲话般前后鼓掌欢迎，这是酒筵，而非会场。

西餐礼仪是西方商务礼仪和社交实践的重要一环，而饮酒礼仪乃西餐礼仪的重中之重，为此，你需要了解葡萄酒的品尝知识及饮酒规范。

按照一个完整的西餐流程，用于佐餐的葡萄酒可以分为以下类别：开胃酒、主菜佐酒、甜点酒和餐后酒。用于商务社交场合的葡萄酒无外乎上述四类。

### 实训效果

(1) 学生就各自的表现做互相评析，由男生及其他女生一起进行打分并指出需要改进的地方。

(2) 实训教师就全场学生的表现进行分析，并给每个学生进行打分，记入该实训项目的总成绩中。

(3) 课后由学生及教师根据该项目各写一份实训小结。

# 商务人员求职礼仪

## 项目目标

知识目标：了解求职礼仪的含义；了解求职前应做的必要准备；了解求职信、求职简历的写作礼仪及注意事项。

能力目标：能够较稳妥全面地进行求职准备；掌握面试过程中的着装礼仪和言行举止要求，能够大方得体地参加求职面试；能够及时有效地做好求职面试的后续礼仪。

素质目标：了解面试的基本礼仪，掌握面试中的身体礼仪、语言礼仪、应答礼仪及面试结束时的礼仪。

教学重点：求职材料的准备礼仪、面试时的仪表形象和言行举止礼仪。

教学难点：面试时的应答礼仪。

## 导入案例

### 莫让细节抹杀一切

作为一名面试官，我最近参加了上海大学与上海房屋销售（集团）有限公司共同启动的教育培训合作项目，即在大二学生中招收房地产营销相关专业的学生，凡通过面试的同学将被上房集团自动录用，成为企业的储备人才。

在整个招聘过程中，我发现很多学生尽管是第一次参加面试，却表现出了良好的求职能力，令人欣慰；然而，也有一些同学的表现让人遗憾。面试时，学生们大多提前半小时到达等候区，这点让我们很欣慰。少部分同学由于当天学院里的临时安排而无法如约参加面试，但他们通过电话等形式和我们的工作人员取得了联系。这些细节上的重视是一个合格的职业人员所必须具备的素养，因此对于这些学生，我们当然也提供了另一次面试的机会。

可是也有一些学生不修边幅，穿着背心等太过休闲的服装，佩戴夸张的饰品前来面试；一些学生在回答问题时，口气张狂，不可一世；有的还边嚼口香糖边回答考官提问……他们显然忽视了一些起码的礼仪细节，在仪容仪表这个单项上的得分很低，从而影响了综合分数。在限额面试中，这样的情况当然谁都不愿意看到。我觉得一个人如果连自己都不重视，那么别人为什么要来重视你呢？

所谓大礼不辞小让，细节决定成败。在此特别提醒在校生们：莫让细节破坏一场面试。

资料来源：窦吉. 面试时，学会展示自己——一位考评官的提醒 [J]. 成才与就业，2005（16）.

**评析**：求职面试是大学生步入社会的第一步，做好全面的求职准备，特别是礼仪方面的准备是十分必要的，细节决定成败，关注细节能帮助求职者更好地展现自己的能力和风采。

**思考：**让考官觉得有些遗憾的是什么？从本案例中你得到了什么启发？

　　无论是找工作还是换工作，求职应聘总是人们遇到的第一道门槛，也是人们职业生涯历程中一个重要的环节。注重求职礼仪，能够更好地帮助求职者抓住机会，找到专业对口和自己感兴趣的职业。因此，要想"职"在必得，除了拥有扎实的专业基础，练就过硬的本领，有真才实学之外，还要加强自身的修养，提升自己的综合素质，掌握一定的社交技巧和求职礼仪。文雅的谈吐，得体的举止是一个成功求职者的必修课程。那么，究竟何谓求职礼仪呢？求职礼仪是公共礼仪的一种，它是求职者在求职过程中与招聘单位工作人员接触时应具备的礼貌行为和仪表规范。它通过求职者的应聘资料、仪表仪态、言行举止、着装打扮等方面体现其内在素质，正如古人所云："见微而知著"。

# 任务1　求职面试前的准备

　　任务目标：了解求职面试前的准备内容，掌握求职材料的准备。

**案例6-1**

记忆犹新的面试

　　身为某外资企业市场总监的胡先生，提起十年前的第一次面试，还让他记忆犹新。

　　当时的就业压力并不大，但胡先生还是早早地为面试做好了充分的准备。无论是求职信、个人简历，还是自己的着装，请教过很多人，可以说是很完美。并且，他事先也做了充分的心理调节，所以心态也很放松。

　　面试的时候，无论是说自己的经历，还是谈技术，从主考官的表情来看，对他还是非常满意的。40分钟的面试就要接近尾声。突然主考官问："胡先生，我看您事先做了很充分的准备，说明你对我们公司和这份工作很重视。那你知道我们公司是干什么的吗？""干什么的？"胡先生一下子就懵了，对呀，干什么的我还真没注意过！半晌，胡先生一脸尴尬地说："对不起，这一点我还没来得及进行足够的关注……"主考官手一挥："好了，胡先生，你可以走了。"

　　**思考：**胡先生为那场面试做了哪些必要的准备？漏掉了什么？求职前应该做好哪些必要的准备，才能够提高面试成功的概率？

　　求职准备，表面看来似乎与礼仪"风马牛不相及"，实质上，两者之间却有着密切的联系。礼仪的基本内容就是尊重人、关心人，而做好求职准备，正充分体现了求职者对求职应聘的重视，对招聘工作人员和招聘单位的尊重。本任务旨在从求职的思想准备、心理准备、物质准备三方面探讨如何才能做到对人对己的真正尊重，全面充分地完成面试的前期工作，以使求职者加深对求职礼仪的理解，并能积极付诸操作实践。

## 一、自尊、尊人的思想准备

　　求职作为人生的一件大事，关系到今后乃至一生一世的事业与生活、发展与前途，所以求职者必须充分了解自己，广泛搜集信息、认真分析、慎重考虑，做到心中有数。实际上，慎重选择既是对自己负责，也是对别人的尊重；既是对招聘单位负责，也是自己社会责任感的体现。

很多时候，招聘单位面对众多的求职者已经"视觉疲劳"，雷同的求职信，没有针对招聘单位特点去准备的简历，以及没有特色的求职面谈根本难以打动招聘方的心。招聘单位求贤若渴，但更加希望看到求职者把"特别的爱给特别的你"。因此，求职者要较全面地了解自己、了解行业、了解企业，然后把自己具备的，又是招聘方需要的个人优势有针对性地提供给招聘方，这样才能做到有的放矢，提高求职的成功率。

## （一）学会分析自己

求职应聘，首先要对自身有客观、全面的认识，了解自己的长处、兴趣、人生目标、就业倾向等。在校学生可以充分利用大学生发展辅导中心或心理咨询中心、利用毕业生就业指导课等渠道，采用专业的测评工具，了解自己的个性特点，提前为求职应聘做好准备。

### 1. 了解自己的个性和气质

人的个性，是指在一个人身上经常地、稳定地表现出来的心理特点的总和。人们个性上的差异性也决定了每个人所应选择的发展方向。对于面临人生转折和职业选择的求职者来说，了解自己的个性是正确选择职业和顺利就业的一个重要前提。

**案例 6 – 2**

肖小姐的选择

在粤西南的一个偏僻小山村长大的肖小姐，谨记父母的教导，十几年来埋头于书本，成绩一直骄人。因为喜欢公关小姐的洒脱、清丽与飘逸的个人形象，毕业后她选择了公关这个职业。肖小姐平时并不开朗，个性内向，选择公关这个职业本无过错，但她"本性难移"，不懂得适时改变自己的个性，在一次次的公关活动中让公司大为失望，公司不得不向她亮起红灯。当她再去人才市场求职被问及想应聘何职时，她沉吟了一会说，可能做个文秘之类的会更适合自己。

可见，求职宜从自己的个性出发，而非跟随潮流。常见的个性问卷有卡特尔16因素个性问卷、艾森克个性问卷等，求职者可根据自己的需要选择测评。

此外，求职者在择业时，也可以了解一下自己的气质，根据自身的气质特点来选择适合自己的职业，扬长避短，使自己的事业顺利发展。

### 2. 了解自己的优势与弱势

（1）自身的优势。

首先我学习了什么？在学习期间，我从专业学习中获得了什么收益？努力学好专业课程是职业设计的重要前提，要注重学习、善于学习，为自己求职多积累资料。

其次曾经做过什么？在学习期间担当的学生干部职务、社会实践活动取得的成就及工作经验的积累等。要提高自己经历的丰富性，有针对性地经历一些与职业目标相一致的工作项目，增强自己工作经历的说服力。

最后最成功的是什么？在做过的事情中最成功的是什么？又是如何成功的？通过分析，可以发现自己的长处，例如坚强、有韧性、口才好、善于发挥创造性等，以此作为个人潜能挖掘的动力之源和魅力闪光点，形成职业设计的有力支撑。

你要准备去应聘一个职位，前提是要考虑自身素养是否与此职位相适应，也就是你对用人单位的招聘条件是否心知肚明，你的专业技能、业务特长或潜能与应聘职位是否吻合？

（2）自身的弱势。

首先性格的弱点。人无法避免与生俱来的弱点，这就意味着，你在某些方面存在着先天不足，是力不能及的。静下心来，积极地与别人交流，看看别人眼中的自己是什么样子，与预想是否一致，找出其中的偏差并努力弥补，有助于自我提高。

其次经验或经历中所欠缺的方面。正确认识自己经验中所欠缺的方面，善于发现，认真对待，努力克服和提高。

### 3. 了解自己的兴趣和职业倾向

人的兴趣在职业活动中起着十分重要的作用，只有当一个人对自己从事的职业有着浓厚的兴趣才会迷恋其中，迸发出强烈的积极性和创造性。如何选择一个适合自己兴趣的职业呢？求职者有必要借助科学的手段对自己的职业兴趣进行测试。常见的有霍兰德职业兴趣测验（SDS），它是由美国职业指导专家霍兰德根据其大量的职业咨询经验以及他所创立的"人格类型"理论的基础上编制的测评工具。霍兰德在其一系列关于人格与职业关系的假设的基础上，提出了六种基本的职业类型：实际型、研究型、艺术型、社会型、企业型和传统型。

能力倾向是一种潜在素质，是指经过适当训练或被置于适当环境下完成某项任务的可能性。对职业能力倾向进行测验是了解人在职业领域中某些潜力的有效手段，它可以帮助人们认识自己在某职业领域中最可能获得成功或最不可能成功。例如，公务员录用考试中的行政职业能力倾向测试，考察的就是一个人能否做好行政工作的基本潜能。一般职业能力倾向测验通过考察被试者的文字运用、数字理解、推理能力、机械工作能力、适应环境、想象力、判断力等方面的因素，以确定被测试者的能力倾向。目前我国应用较广的是北京人才评价与考试中心于1988年制定的《职业能力测验》，该测验分为Ⅰ型和Ⅱ型两种，Ⅰ型是一般职业能力倾向测验，Ⅱ型是特殊职业能力倾向测验。

求职者可通过咨询学校的就业指导中心或心理咨询中心，借助一些较成熟的、整套的测评量表来了解自身的能力倾向，为自己求职就业提供参考。

通过以上自我分析与认识，解决了"我选择干什么"的问题，明确了职业方向，然后再根据职业方向选择一个对自己有利的职业和得以实现自我价值的组织，是每个人的良好愿望，也是自我实现的基础。

## （二）学会搜集就业信息

就业信息是指有关求职就业方面的消息和情况，它包括了解人才市场动态、了解职位需求和浏览具体的招聘信息。

了解就业市场状况，包括国家经济政治状况、就业指导计划、社会各部门需求情况以及未来产业、职业的发展趋势等宏观情况。具体来说，还包括某些单位、部门对就业者的素质要求，某一职业的发展情况，某一地区的差异性，单位的具体情况，人力资源供求状况等。

了解市场就业信息的途径概括起来主要有三类：

**1. 新闻媒介**

包括报纸、杂志、广播、电视及一些专业网站等。例如，很多地方都有的综合性报纸如《江南都市报》《扬子晚报》等专门开辟的一些招聘专栏；专门报纸《中国人事报》《人才市场报》《毕业生就业指导》等发布的种类繁多，包罗万象的招聘类招聘信息；有些企业招聘专业性较强的人才也会在相关的专业期刊上发放广告；还有一些地方的广播电视也会有招聘信息；此外，还有一些专业网站，如前程无忧网、智联招聘网、中华英才网、各地的人事人才网站、各高校的就业网站及企事业单位自己的官网等都有较全面的招聘信息发布。

**2. 各式各样的供需见面会**

各地的人才市场及一些中介机构都会举办供需见面会。如南京人才市场，周一至周五为常规招聘，周末为大型综合性招聘会；各地政府相关部门也会在毕业生毕业时期举办大型的综合性人才供需见面会及网上招聘；各高校也会邀请有关企事业单位参加学校的专场招聘会。

**3. 亲朋好友获得的招聘信息**

已经参加工作的亲朋好友或自己的师长，都有一定的人脉或社会关系网络，对工作领域接触较多，他们也会了解一些单位内部的招聘信息，也是一个较好的求职信息来源。

[知识链接] 随着人才流动的日益频繁，求职的方法也越来越多，求职者应当适当地加以运用，可以有效地增加自己求职成功的机会。

（1）参加招聘洽谈会。各类招聘洽谈会包含着大量的信息和求职机遇。

（2）上网求职。上网求职信息量大，且快捷方便，对求职者和招聘单位都十分有益。登录专业人才网站、各地人事人才网站、高校就业网站及企业官网，既可以搜集到很多招聘信息，也可以发布自己的求职信息。

（3）搜集相关报纸、杂志或广播电台媒体上的招聘信息。很多用人单位都会通过当地媒体发布招聘广告，求职者可以从从容容地选择相关企业去应聘。

（4）咨询学校就业指导办公室。大学生们在这里可以得到许多用人单位的需求信息，得到有关就业政策、择业技巧的指导。

（5）借助职业中介机构。通过职业中介机构介绍求职，要注意了解鉴别其合法资质，是否是正规的中介公司，以免上当受骗。

（6）亲自上门，毛遂自荐。当你看好某单位、了解相关信息后，亲自上门，毛遂自荐，展示自己的工作实力，让用人单位向你发"请柬"的做法，也是一种可尝试的求职方法。

（7）电话求职。收集相关的联系电话，电话询问你感兴趣的单位是否需要你。

（8）利用社会关系。同学、同事、亲戚、朋友、亲戚的亲戚、朋友的朋友组成的社会关系网是大可利用的财富，他们会给你提供丰富的需求信息或者给你牵线搭桥。

（9）刊登求职广告。利用报刊、广播、电视刊登求职广告也是一种较好的求职方法，但要注意，求职者条件很好、特长突出，刊登广告的作用才大，反之，则无须刊登求职广告。此外，还要注意选择好当地的媒体，写好广告词。

## （三）学会分析招聘单位

面试之前，应多了解用人单位的情况，上网浏览一下公司的相关网站，把能找到的报道和资料浏览一遍，搞清楚单位名称的读音和准确写法、明确单位是国际性还是国内性的、单位建立时间的长短、单位规模及单位声誉、单位的工作条件和企业文化等，尽可能多地了解用人单位，对用人单位了解越多，面试时心理就越有把握。

此外，还要了解用人单位可能采用的招聘方式。目前，企业在招聘过程中，除了传统的笔试和面试外，还加入了管理游戏和情景模拟面试法，以期对求职者进行更全面的观察。求职者要了解用人单位的用人制度和招聘岗位的要求，估计可能遇到的考察方式，在面试前最好做一次有针对性的模拟面试，以做到心中有数。

[知识链接] 对待"跳槽"，必须谨慎为之。孟子有云："求有不得，反求诸己"，所以首先要反思自己的工作表现，分析在现单位工作的长处与弊端，如果确实发现有更好的能够展示自己才华的用人单位，必须当机立断，寻找、选择适合你发展的理想职业。在跳槽前，要注意以下几个方面的准备：(1) 选择合适的"跳槽"时机，考虑自己是否存在支付违约金的情形，成本有多大，原单位是否会顺利放你走，工作的淡季或合同快到期时是一个比较好的时机。(2) 多方了解，广收信息，权衡利弊。积极寻找能够发挥自己特长和优势的"门庭"。(3) 严守秘密，两手准备。要一如既往地做好自己的工作，履行好岗位职责，"跳槽"千万不要急躁。(4) 遵守《劳动合同工法》或有关法律法规约定，提前 1 个月告诉原用人单位或双方协商一致解除劳动合同关系。

## 二、自信、耐心的心理准备

为了在激烈的职业竞争中找到适合自己的工作，求职者在面试前应做好心理准备，培养自己健康的心理素质，既可以让自己在竞争中取胜，也能在失败时经受住打击，总结经验教训，进一步参与竞争。这是求职礼仪的基本要素和前提。

### (一) 培养良好的心态

在求职竞争中，我们应该明白，竞争是众多的人在追求同一个目标，每次竞争的结果，可能都有人不能如愿，要认识到这是一种正常现象，保持一种求胜心和平常心的协调统一。所谓，"尽人事，听天命"，只要尽心尽力，就顺其自然。要知道成功有先后，只要目标合乎客观实际，加上自己的顽强努力，不断从失败中总结经验，就可能成功。因此，求职者要保持良好的心态，正确看待择业过程中遇到的挫折，主动摆脱挫折后的颓丧情况，积极寻求新的择业机遇，努力争取下一次求职成功。

### (二) 培养热情，充满自信

自信是求职面试前必备的心理素质，是面试成功的关键。面试前要做好心理准备，用充满必胜的信念和旺盛的精力来面对求职面试，努力克服自己的恐惧心理，培养自信的心态。同时，要培养对工作的热情，一个对自己的工作有热情的人，不论工作有多么困难，或需要多久的训练，都始终会努力地进行。培养并发挥热情的特性，一定会受到用人单位的欢迎。

## （三）培养耐心和韧性

人的一生要有所成就，除了靠实力之外，还需要有耐心和韧性把握机遇。

**案例 6 - 3**

松下辛之助求职

松下电器创始人松下辛之助，原本家境贫寒，为了养家糊口，年轻的他到一家大电器公司去求职。身材瘦小的他来到公司人事部，说明来意，请求安排一个工作最差、工资最低的活给他。人事部主管见他矮小瘦弱、衣着寒酸，不便直说，就随便找个理由："我们现在暂时不缺人，你一个月以后再来看看吧。"

本是推托之辞，可一个月后松下真的来了，那位负责人又推托说有事没空，过几天再说。隔了几天他又来了，如此反复了多次，主管只好直接说出了真话："你衣冠不整是进不了我们公司的。"于是他立即回去借钱买了一身整齐的衣服穿上再来。负责人看他如此实在，只好告诉他："关于电器方面的知识，你知道得太少了，我们不能要你。"

不料两个月后，松下再次出现在人事主管面前："我已经学会了不少有关电器方面的知识，您看我哪方面还有差距，我一项项弥补。"这位人事主管盯着态度诚恳的他看了半天，才说："我干这一行几十年了，还从未遇到像你这样来找工作的。我真佩服你的耐心和韧性。"

松下的毅力终于打动了人事主管的心，如愿以偿地进入那家公司工作，并经过不懈努力，成为经营之神。可见，保持健康心态，不轻言放弃，坚持下去定能有所收获。

## 三、严谨细致的物质准备

"工欲善其事，必先利其器"，必要的物质准备是确保求职面试成功的基础。在求职面试之前，要准备与面试场合相符的服饰、必备的证件和求职材料、笔和笔记本等物质资料。下面重点介绍求职材料的准备及其礼仪要求。

## （一）求职信的写作礼仪

求职者前去应聘，一般都要带上自己的求职信和简历。写好求职信，是求职者引起对方注意的重要手段之一。也是求职应聘的"敲门砖"和"通行证"。

**1. 求职信写作的基本礼仪要求**

（1）格式正确，清楚工整。求职材料要介绍求职者的身份、学业资历、工作经验、特长爱好等。字迹要工整，不要模糊不清，如果是手写的话，文字要潇洒大方，字体大小适宜；如果是打印的话，油墨要均匀，清晰可辨，四周要适当留白，行间距适度，字体大小合适，不可过于拥挤，切忌让人看了感觉杂乱无章。这样才能让招聘人员感觉舒畅，引起注意。

（2）言简意赅，表述真诚。求职信宜短，篇幅控制在一页 A4 纸以内，但内容一定要引人入胜，因为你只有几秒钟的时间吸引招聘工作人员看下去。真诚朴实见长，严禁卖弄文采；尽量使用简短精练的词语和句子，避免繁杂冗长。

（3）细心琢磨，避免出错。一份好的求职信不仅能体现求职者清晰的思路和良好的书面表达能力，也能体现求职者的性格特征和职业化程度。因此，一定要注意措辞和语言，写完之后要通读几遍，反复琢磨，切忌有错字、别字、病句及文理欠通顺的现象发生，否则会给人以粗心大意、工作不踏实、马虎、缺乏诚意，不尊重人的感觉。

**2. 求职信的写作方法**

求职信是个人求职意愿的反映，虽然没有十分严格的模式，但典型的求职信一般分为开头、主体和结尾三部分。

（1）开头部分。主要说明写信的目的。求职信的开头由称呼、问候语、缘由和意愿等组成。与一般的私人书信不同，求职信的称呼应严谨、正规。可以是用人单位的全称，或者是招聘单位主管人员的姓名、职务。例如，若是写给国家机关或事业单位的人事部门负责人，可称呼"尊敬的××处长（司长）"；若是写给企业负责人，可称呼"尊敬的××董事长（总经理）"；若是写给院校人事处负责人或校长，可称呼"尊敬的××处长（校长、教授、老师）"，如果打探到对方是高学历者，可用"尊敬的××博士"称呼之，则其人会更为容易接受，无形中对你产生一种亲切感；如果事先对负责招聘工作人员不了解，可称呼"尊敬的招聘经理（主管）"。问候语一般写：您好！缘由和意愿要根据具体情况来写。

第一种情况：应征性求职。如果是看到用人单位的招聘信息而求职的，我们称为应征性求职。它是针对用人单位的招聘广告而写的。首先写明信息的来源渠道，然后说明你对该工作的兴趣，并肯定你能满足招聘广告中提出的各项要求。例如，本人从《××晚报》上得悉贵公司正在招聘一名日语翻译，特前来应聘。我曾赴日留学 3 年，有较强的听、说、读、写能力，并能熟练运用中、日文电脑工作，相信我能够优质地为贵公司提供服务。

第二种情况：申请性求职。如果没有看到用人单位的招聘信息，而直接向用人单位申请的，我们称为申请性求职。这类求职信，开头可直接写明写信的具体目的，表明你想寻找什么类型的工作和自己所具备的从事这项工作的知识和能力。

撰写申请性求职信时，要注意技巧，一开始就要抓住目标单位的注意。常见的开头方法有以下几种：一是赞扬目标单位近期取得的成就或发生的重大变化，表明自己加盟的愿望。二是表述自己的特长和能力。例如，贵公司如果需要一位有良好的素描和色彩调配能力，能熟练设计企业画册、网络广告、精通 Photoshop、AutoCAD 的美工，请通知本人。三是先说明目标单位要求有哪些技能，然后陈述自己的工作能力，表明你有足够的能力做好此项工作。

（2）主体部分。主要概述自身能胜任的各种知识和技能，主要包括求职资格、工作经验、相关社会活动经历和个人素质。有关内容如在个人简历中已经说过，就不必再重复，但可以对其稍作解释。例如，我在大学学习的是酒店管理专业，现已有两年酒店客房部管理工作的实践经验。我相信自己有足够的能力为贵酒店做好客房管理工作，提供优质的服务，与客人建立良好关系，及时解决工作中的各种问题，为酒店树立良好的社会形象。最后，应该提及个人简历，提示对方查阅附加资料，以进一步了解你。

（3）结尾部分。主要是请求目标单位做出进一步的反应，给予面谈的机会。一般应表达两层意思，一是希望对方给予答复，并热切地希望能够得到参加面试的机会；二是表示敬意、祝福之类的词句。例如，"顺祝愉快安康""深表谢意"等，也可用"此致、敬礼"之类的通用词。

此外，可以在结尾处写明自己的详细通信地址、邮政编码和联系电话，值得注意的是，求职信上写明了有关联系方式，简历上也要写明，因为单位的招聘工作人员一般习惯从简历上查找联系方式，不一定会翻回到求职信上来找。

最后是署名和日期。署名，如果是中文简历，则按照我们国家的习惯，直接签上自己的名字即可。若是英文简历，则在名字前加上"Sincerely yours/Faithfully"等之类的词。日期，写在名字的下方，用阿拉伯数字书写，年、月、日全都写上。

有些求职者还会在正文的左下方一一注明附件，如身份证、学历证、职称证、获奖证书的复印件，这种方式可以根据需要适当采用。

**3. 求职信写作范例**

[范例1]

尊敬的先生/小姐：

　　您好！

　　我是一名即将从江西财经职业学院会计专业毕业的大学生，为了找到适合自己专业和兴趣的工作，更好地实现自己的人生价值，抱着对贵单位的向往和期盼，特前来自荐。

　　我热爱会计专业并为其投入了巨大的热情和精力，在三年的学习生活中，我系统学习了会计学的基础知识，特别是掌握了一系列的会计实际操作技能，自信能够胜任会计、出纳、财务管理等有关工作。

　　我深知，计算机是将来的工作工具，在学好本专业的同时，我能够熟练操作Windows XP、金蝶管理、用友财务等系统应用软件，熟悉Foxpro、C语言等程序语言。

　　我希望能够加入你们的单位，我会踏踏实实地做好属于自己的一份工作，竭尽全力地在工作中取得好的成绩。我相信经过自己的勤奋和努力，一定能够优质地为贵单位服务。希望各位领导能够对我予以考虑，我热切期盼你们的回音。

　　最后，感谢您在百忙之中给予我的关注，顺祝您工作顺心、健康如意！

×××
2019 年 8 月 20 日

[范例2]

尊敬的××老师：

　　您好！

　　我在网上得知贵单位招聘经济管理系物流专业教师的信息，仔细阅读后觉得与自己的专业基础和职业期望非常吻合，抱着对贵校的信赖和热忱，特前来应聘。

　　1. 我本科就读于江西财经大学信息管理学院，硕士研究生就读于上海理工大学，今年6月初毕业，已获授硕士学位及毕业证，所学专业均为省重点学科。

　　2. 对自己所学专业及课程，我一直抱有浓厚的兴趣。

　　3. 我的籍贯是安徽省宿松县，离九江很近，所以对贵校所在的地理位置有深厚的感情。并且，强烈认同贵校的办学理念，期待能与之共奋进。

　　后面附有我的个人简历及成绩单，期待您的回音，谢谢！

　　祝工作愉快！

　　真诚祝愿贵单位事业蒸蒸日上！

　　此致

敬礼！

×××
2019 年 4 月 22 日

## （二）简历的写作礼仪

简历，也叫履历，英文名称是 Resume，是求职者向用人单位介绍其基本情况、教育和工作经历、所获荣誉或特长等情况的文书，它是求职者学习生活的简短锦集，也是求职者自我评价和认定的主要材料，既能使用人单位了解求职者的部分情况，也能激起用人单位与求职者进一步接触的浓厚兴趣。求职时，可以准备通用的简历，如果时间和条件允许的情况下，最好就招聘单位的特点和要求，突出相应的重点，写出有针对性的简历，以表明对用人单位的重视和热情。

写个人简历要尽量格式化，因为简历是一份重要的、向用人单位自我推销的材料，格式化有助于强调重点和避免遗漏，同时使材料简洁明了、说服力强。

### 1. 简历写作的基本礼仪要求

（1）清楚整洁。目前绝大部分都是电脑打印的求职简历，在清楚简洁上要注意以下几个方面：一是选择合适的简历格式。可将下载的简历格式根据自己的需要作适当的修改，然后选择能反映求职的必要信息、信息量大的格式。二是要设计美观的页面。简历上下左右页边距要设置美观，字体大小适宜，段落首行要缩进，或者使用粗圆点之类的标记，以迅速引导别人的视线指向那些可能吸引他的内容。三是打印油墨要均匀，字迹要清楚。如果是手写简历，字迹要潇洒大方，清晰可辨，不能随意涂改，以免给人一种工作马虎、不尊重人的感觉，但如果没有书法方面的特长，最好使用电脑打印。

（2）真实简明。简历上的内容必须真实，因为在面试时，你的简历就是面试官的靶子，他会就简历上的任何问题提出疑问，如果你真学或真做了，你就能答上来，否则你和考官都会很尴尬，你在考官眼里的信誉也就没有了。同时，简历要简单明了，最好控制在一页 A4 纸为宜。如果内容过多，又缺乏层次感，会给人以琐碎的感觉。建议求职者将重要的信息浓缩到一页上，然后把次要的信息，诸如每学期成绩单、获奖证书复印件等信息都当作附件，这样的简历主考官只看一页就清楚了，主次分明，非常有效。

（3）重点突出。内容是关键，简历一定要写得充实、有内容、有个性，至少能在一定程度上反映出你的综合情况，这样才会有吸引力，并使招聘单位对自己和自己的目标有良好的印象。因此，简历一定要突出个人的经验、能力以及过去的成就，充分展示自己的专业特长和一般特长。可以列出一些业内认为的有说服力的证书以说明自己某方面的能力，例如，英语能力，可以用 CET4、CET6 证书或 GRE 成绩来说明；计算机技能就可以用计算机等级证书来说明，等等。

（4）注重细节。简历上不要出现语句不通顺、不完整或者有错别字、漏字等现象，尽可能在简历投递之前逐字检查一遍，标点符号也不能落下。同时，要注意以下几个方面：一是简历的起止时间要连贯。不要出现空档，除非你这段时间确实没有参加学习或工作；也不要出现时间重叠，除非你这段时间确实在边工边学或身兼数职；二是要注意简历内容的逻辑性，不要出现不合逻辑或自相矛盾的地方；三是要简历内容要尽量与应聘岗位要求相匹配。

### 2. 简历的写作方法

一般来说，个人简历可分三个部分来写：

（1）介绍个人基本情况。用明了的格式、简洁的语言说明个人的情况，主要内容包括姓名、性别、民族、籍贯、政治面貌、学历、通信地址、联系方式等。撰写时要注意，姓名、年龄等必须与其他相关资料保持一致，以免引起招聘单位的误会和不必要的麻烦；通信方式要填写很容易找得到你的电话，如手机或家庭电话。张贴照片以端庄大方的证件照为佳，如果招聘单位要求有生活照，则另附一张全身照片为宜。

（2）陈述个人的职位胜任能力。职位胜任能力是个人简历中的重要部分，也是可以出彩的部分，是筛选求职者的主要信息来源之一，主要包括受教育情况、工作资历和取得的相关资格证书和任职资格情况。陈述的语气要积极、坚定、有力，列举的事例也要有一定的说服力。

受教育情况。写明毕业学校及专业，起止时间，在学校或班级所担任的职务、证明人等。一般写 2 ~ 3 个学历层次，如大学本科毕业人员，可以从高中写起。

工作资历情况。如果有实习、兼职或工作经验，最好详细列明，写清起止时间、工作单位、日期、职位、工作职责或内容等。

所获荣誉及证书。可以将学习或工作中所获得的荣誉及证书列出，以增加自身的吸引力。如在校期间获得奖学金或其他荣誉称号、英语、计算机或职业技能证书等；在工作期间所获得的一些奖励等都可以列出来。

总的来说，求职者在写简历时，要根据自己和所应聘职位的情况，有所侧重和取舍。如果是应届毕业生，教育经历就是主要内容之一，应详细陈述。此外，列明学习期间所取得的各项奖励和荣誉；所参加的与求职目标相关的各种教育、培训及取得的成绩；学习期间的实习和兼职经历；参加或组织的各项社会活动以及在工作或活动中的成长感悟和收获，等等。

如果是重新择业，工作经历和所获得的经验则是主要优势，要将其作为陈述的重点。陈述经历一定要真实全面，按时间顺序把每一阶段的工作情况列出，并要说明已取得的工作成绩，它是展示个人能力的重要砝码。

（3）求职意向和特长爱好。求职意向即个人期望的工作职位，表明你希望得到什么样的工种、职位及你的奋斗目标，可以和个人特长、兴趣爱好等合写在一起。特长是指你拥有的技能和长处，特别是指中文写作、外语及计算机方面的能力，其他还有如写作能力、书画特长、公关社交等专长均可简略说明。

**3. 简历写作范例**

［范例3］

| | |
|---|---|
| 姓名：刘×× | 应聘××系教师 |
| 毕业学校：××××大学 | 专业：经济法硕士 |
| 政治面貌：中共党员 | 出生年月：19××年××月 |
| 籍贯：江西×× | 电子邮箱：××××@126.com |
| 联系电话：135×××××××× | |

核心竞争力

夯实的法律专业基础，一次性高分通过国家司法考试；

突出的口头、书面表达能力和沟通能力；

丰富的实习和社会实践经历，知晓金融和财会知识。

## 教育背景

2010.9 至今　　　　××大学　法学院经济法学系　　　硕士研究生
主修课程：高级商务英语、财务会计、国际货物买卖法、美国侵权法、税法
2006.9 ~ 2010.7　　××大学　人文社会科学学院法学系　法学学士

## 技能水平

法律　　　　　　2009 年高分通过国家司法考试，取得法律职业资格证。
英语　　　　　　通过大学英语四、六级
计算机　　　　　熟练使用 Office 等办公软件和各种操作系统，打字娴熟。

## 实习经历

2012.1 ~ 2012.2　　九江银行泰和支行　　　　　　　　大堂经理
处理客户提出的批评性意见，减少客户投诉；解答客户的业务咨询；根据客户需求，向客户推介先进、快捷的金融产品和交易方式、方法。

2011.3 ~ 2011.9　　北京国舜律师事务所　　　　　　　律师助理
全程参与案件，并独立代理案件，撰写法律文书；合同审查，并提出修改意见；负责与客户沟通，为客户提供法律咨询。

2011.7 至今　幸福家庭杂志社　　　　　　　　　　　　驻北京编辑
负责具体分配栏目稿件的海选、发稿；按照编辑部的要求，准确、及时地完成编辑与校对工作。

2010.10 ~ 2010.11　　万学教育集团　　　　　　　　法学专业授课老师
撰写授课讲义、讲授法学专业课程、解答学生问题。

## 实践活动

2011.10 至今　　　　　　××大学就业指导中心宣讲会助理
与用人单位接洽，协助用人单位安排宣讲、笔试和面试；保障宣讲会顺利进行。

2011.5 ~ 2011.7　　　　××律师协会乒乓球赛西城区代表队领队助理
组建球队、组织球队训练和参加比赛，取得北京市律协乒乓球赛女子团体第三名的好成绩。

2010.12 ~ 2011.1　　　　××大学产品质量与安全法制研究中心资料搜寻和整合
2010.6 ~ 2010.7　　　　江西辉创电脑公司总经理助理
负责组建和管理公司网店，综合行政事务管理。

2010.4 ~ 2010.5　　　　××经济开发区人民法院民庭实习生，担任临时书记员
2008.9 ~ 2009.9　　　　××大学辩论协会副会长

## 获奖情况

文体类　　　　　北京市西城区律师行业红歌会演优秀奖
学术类　　　　　院科研立项三等奖、"挑战杯"科研立项优秀奖
奖学金类　　　　校二等奖学金、三等奖学金
社团工作类　　　优秀社团工作者、校"三好学生"、优秀团员

[**知识链接**]　求职者已经递交了求职信、简历和相关的材料，但到达面试场所后，有的用人单位仍然会让你填写一份他们设计好的应聘申请表，而表格上的有些信息在自荐信和求职简历中有所反映或者告诉过对方，这种情况下，求职者此时千万不要不耐烦，更不要恼火。正确做法是，工整清楚、细致耐心地填写。可以事先准备一份较详细的材料，到时重新看一遍，略加修改，或者照抄内容，就可派上用场了。用人单位让你填写他们设计好的表格，主要有两方面的因素：一是有些信息在求职者简历中没有反映，而用人单位想利用他们设计好的表格进行收集，例如，期望的薪酬待遇、简述你的职业生涯规划、身份证号等；二是统一的表格有利于用人单位进行有针对性的比较和筛选。

## 任务 2　求职面试过程中的礼仪

　　**任务目标**：了解面试前应做的准备，掌握面试中的礼仪。

**案例 6 - 4**

介绍信

　　李某，某大学化工专业本科毕业生，在校品学兼优。一家合资企业的外方经理约请他前往面试。面试当天他决定骑自行车去，却迟到了 10 分钟。招聘经理问起，他说公交车误点了。面试过程十分顺利，无论专业知识，还是质量管理方面的大胆设想，都赢得了总经理的频频点头，双方用英语交谈了近一个小时，离开时李某颇为得意。几天后，李某却接到一份不予录用的通知。经了解，总经理对他作出了这样的评价"不守时，不诚实。"他后悔莫及，原来精明的老外早从办公楼的窗口看到了李某骑车的身影。

　　**评析**：用案例中招聘经理的话来说，李某求职失败并非在于自己的能力和水平，而是失之于其人格，一次迟到难道和人格有关吗？

　　**思考**：案例中的李某犯了什么错误？对你求职面试有什么启示？

**案例 6 - 5**

最好的介绍信

　　某私企老板登报招聘一名他办公室的勤杂工，约有 30 多人前来应聘，但这位老板却只挑中了一个男孩子。朋友问他原因，他说："他神态清爽，服饰整洁，在门口蹭掉脚下带的土，进门后随手关上了门，说明他做事小心仔细。当看到那位残疾老人时，他立即起身让座，表明他心地善良，体贴别人。进了办公室他先脱去帽子，回答我提出的问题干脆果断，说明他既懂礼貌又有教养。对于这个岗位，注意小节就相当于一封最好的介绍信。"

　　**思考**：有人说，礼仪和素养训练在于点滴的积累，结合案例中求职者的表现，谈谈你对此种论调的看法？

　　求职面试是指用人单位对应聘求职者进行有目的的面谈，它是主考官在特定场景下，以交谈与观察为手段，由表及里测评应试者有关素质的一种方式。求职者在面试过程中表现出的礼仪水平，不仅反映出求职者的人品、修养等个人形象，而且直接影响着面试官的最终决定。因此，求职者需要注意面试时的基本礼仪。

## 一、进一步熟悉有关资料

首先，接到面试通知时，一定要问清楚应聘的公司名称、面试时间、地点（包括乘车的路线）等基本信息，顺便问一下通知人的姓名和面试官的职位等信息，最后，别忘了道谢。

其次，进一步熟悉用人单位的相关背景和应聘职位的情况，包括职位名称、工作内容和任职要求等。

最后，查看现场或网上投放简历时的谈话和记录情况。

## 二、注重仪表形象

个人形象，是一个人仪容、表情、着装、举止和谈吐的综合体现，个人形象还反映了你对其他人的态度以及对自身价值的重视程度，甚至可以反映出你的内在素质、创造能力和职业特征。如果将注意力过分集中于个人形象是不可取的，但如果不关心对于你成功有重大影响的个人形象问题也是不行的。

**案例 6 - 6**

尼克松竞选失败

美国前总统尼克松曾在 1961 年就参加过总统竞选，但是却败在了肯尼迪的手下，他的失败就与仪表风度有关。

尼克松在竞选前夕的民意测验中，以 56% 比 44% 的多数票领先于肯尼迪，但是竞选结果却出人意料——原因是：在竞选过程中，尼克松与肯尼迪要面对美国 7000 万电视观众展开辩论，尼克松却在这之前不久发生车祸撞伤膝盖，以至身体消瘦，形容枯槁。在电视屏幕上尼克松服装显得松垮宽大，灯影又使他看上去眼窝下陷，疲惫憔悴、萎靡不振。而此时的肯尼迪正好相反，他高大魁梧、健康结实，衣着合体大方，精神饱满、气宇轩昂，结果肯尼迪以美国历史上最微弱的总统竞选差额 49.9% 比 49.6% 击败尼克松，取得胜利。

不难看出，仪表是导致尼克松失败的原因之一，尽管尼克松其他方面都比肯尼迪优秀一些，但对电视观众来说，与形象的差别相比，辩论观点的分歧已显得不那么重要，美国公民希望有一个神采奕奕，具有崭新的领袖风度的总统，而他们只能从电视上的直观形象做出对比和选择。

竞选败北的尼克松终于对良好形象的重要性有所领悟，在 1968 年，他东山再起又一次投入到总统竞选的角逐之中。这次，他雇佣一大批公共关系顾问和形象专家，精心筹划竞选活动，花费很大的气力去塑造成功者的形象。结果，一举成功，当上了美国总统。

虽然尼克松当选还有很多重要原因，但是，他的外表形象，却在很大程度上影响着他能否获得竞选的成功，这是不容置疑的。

资料来源：余忠艳，李荣建. 现代商务礼仪 [M]. 武汉大学出版社，2008.

好形象能带给人良好的第一印象，也是一张最好的通行证，最有权威的介绍信。良好的仪容仪表，既是自尊自爱的表现，也是对他人尊重的体现，在最初的交往中，仪容仪表往往比一个人的简历、文凭、证书等作用更直接。在面试过程中，主考官首先是通过仪容仪表来认识应聘者的。下面，简要谈谈求职者的仪容修饰和着装礼仪。

## （一）仪容

仪容即人的容貌，主要是指面部，还包括发部、手部和脚部。在求职面试时，求职者应注意以下几个方面：

**1. 发部修饰的要求**

面试前一天，要彻底清洗头发，务求保持干净、清爽、整齐。造型上，男士以庄重、大方的短发为主导风格，一般要做到前发不覆额、侧发不掩耳，后发不及领；女士发型以端庄、简约、典雅为宗旨，要避免滥加装饰之物，如果必须使用发卡之类物品时，应遵循朴实无华的原则，谨慎选择。

**2. 面部修饰的要求**

要保持面部干净清爽，无汗渍和油污等不洁之物。眼、耳、鼻、口也要清洁干净，不要有分泌物或异味等。另外，男士在面试前最好剃净胡须，不要给人以不拘小节或邋里邋遢的感觉；女性在面试前，面部化妆要清新、素雅，色彩和线条的运用都要"宁淡勿浓"，恰到好处，既要使自己显得精神饱满，又要把握好分寸，给主考官留下良好印象。最后，女性打理面部一定要在洗手间进行，不宜当众打理。

**3. 其他要求**

双手也是能显露出人高雅的气质，在求职礼仪中是不可忽视的。当你在递简历、与人握手时，首先看到你的手，通过这双手可以给人形成一种印象，可以判断出个人的修养与卫生习惯，甚至对生活的态度。因此，要保持双手清洁，指甲要修剪整齐，女性应避免对指甲的过分修饰，指甲油应以本色或透明色为佳，如果不能保持指甲油涂抹后的完美效果，就应放弃涂指甲油而保持一双干净、整洁的双手。

## （二）着装

一位人力资源部经理曾说："你不可能仅仅因为打了一根领带而获取某个职位，但你却会因戴错了领带而失去一个职位"。由此可见，端庄得体的衣着，对求职成功起着不可忽视的重要作用。

**案例 6 – 7**

时尚的应聘者

头发挑染的小张穿着一身休闲装走进了应聘现场，双肩包上挂满了各式小铃铛，颈部及手腕上的饰品闪闪发亮。

**专家点评**：对于在校学生而言，应聘一般职位不一定要穿什么时装、名牌服饰，庄重、朴素、得体就好。但也不可忽略不同职位的不同要求，例如，应聘公关职位就要适当地注意时尚，而应聘文秘、财会职位就应与时尚拉开适当的距离。仪表修饰最重要的是干净整洁，一般不要太标榜修饰。应聘时佩带太多的饰物，容易分散考官的注意力，有时也会给考官留下不成熟的印象。

**思考**：请同学们阅读上面的案例和专家点评，结合实际进行讨论分析，谈谈自己的看法。

**评析：**求职者面试时要根据应聘职位的特点选择合适的着装，避免两种错误趋向：一些人过于注意着装、修饰细节，或是服装款式、色彩夸张，给考官留下油头粉面或浮华不实的印象；还有一部分人不注意细节，如发式、鞋与衣服不配套，或西服标签不去掉等。通过合理的修饰，为自己增加求职成功的砝码。

**1. 求职男士的着装礼仪**

在正式场合，服饰要达到整体和谐，即从头到脚颜色、款式相配，才能体现一个男人的文化修养、审美能力和潇洒风度。就求职面试而言，无论选择穿西装还是穿夹克，都要把握稳重、大方、整洁的原则，还要注意着装与企业性质、文化相吻合，与所应聘的岗位相称。不论去什么公司，正装不仅正式大方，而且给人一种尊重的感觉，所以西装一般是男性求职者的首选装束。下面，简要谈谈穿西装时应注意的事项：

（1）拆除袖口的商标。购买回来的西装一定要记得拆除左衣袖上的商标、纯羊毛标志以及其他标志。即使您的西装是正宗的"皮尔·卡丹"，也不能成为商标在穿着时依旧挂在袖子上的理由。

（2）保持西装外形的平整。如果西装不是刚刚才买的，一定要定期干洗，穿着前熨烫平整。只有西装穿起来显得平整挺直、线条笔直，它的美感才能充分地展示出来。皱皱巴巴的"抹布西服"，只会让观者皱眉。

（3）注意内衣的搭配。西装的标准穿法是西装里面直接穿衬衫，而衬衫之内不穿内衣。在西装上衣之内，原则上不允许穿毛衫。如果在冬季时实在寒冷难忍，也只宜穿上一件薄型"V"领的单色羊毛衫。

（4）不卷袖口和裤管。求职场合，无论如何也不能卷起西装裤管，或者挽起西装上衣的衣袖，以免给人以粗俗的感觉。

（5）扣对西服的纽扣。西装纽扣，是区分款式、版型的重要标志，求职中，要正确地扣好西装纽扣。单排二粒扣西装，扣子全部不扣表示随意、轻松；扣上面一粒，表示郑重；全扣表示无知。单排三粒扣西装，扣子全部不扣表示随意、轻松；只扣中间一扣表示正宗；扣上面两粒，表示郑重；全扣表示无知。双排扣西装是最正式的商务款西服，在正式场合，扣子一定要全部扣上。

（6）慎用西服的口袋。西服的口袋，装饰作用多于实用价值。所以不能让口袋显得鼓鼓囊囊，使西装整体外观走样。

**2. 求职女士的着装礼仪**

求职女士着装的基本原则是整洁美观、整齐明快、稳重大方、协调高雅，不应失去女性特质。服饰色彩、款式、大小应与自身的年龄、气质、肤色、体态、发型和拟聘职业相协调、相一致。例如，着装要适应职业特点，与所应聘的职业相称，给人一种鲜明的职业形象的感觉：如果你应聘的职业是教师、工程师、机关公务员等岗位，打扮就不宜过分华丽、过分时髦，而应选择庄重、素雅、大方的着装，以显示稳重、文雅、严谨的职业形象；如果你应聘的职业是导游、公关、销售等岗位，你就可以选择华美、时髦的着装，以表现活泼、热情的职业特点，等等。

（1）服装要得体。女士求职服装一般以西装、套裙为宜，这是比较通用和稳妥的。不论年龄大小，一套剪裁合体的西装、套裙和一件配色的衬衣或罩衫外加相配的小饰物，会使你看起来显得优雅而自信，会给对方留下良好的印象。至于服装的颜色，可以根据应聘职业需要进行适当选择，并非限定于黑色或蓝灰色。求职实践表明，不论应聘何种职业，相对保守的穿着会被视为有潜力的候选人，会比穿着开放的求职者更容易被录用。因此，女士求职时的着装应避免脏、破、乱、露、透、短等。

（2）鞋袜要适宜。求职女士的鞋子要在颜色和款式上与服装相配。面试时，不宜穿长而尖的高跟鞋，中跟鞋是比较好的选择，既结实又能体现职业女性的尊严。设计新颖的靴子也会显得自信而得体。此外，袜子不能有脱丝，时装设计师们认为，肉色作为商界着装是最适合的。建议平时在包里放一双丝袜备用，以在脱丝时能及时更换。

（3）饰物少而精。女士饰品佩戴是服饰礼仪的重要组成部分。饰品不仅具有美化的功能，同时还能传播一定的信息，具有一定的象征意义。在求职面试场合，饰物要选择一些精致得体、不要太华丽的，要与服装的款式、颜色相协调，同时，耳环、项链、手镯、眼镜和围巾等饰物也不能太杂乱，应控制在四种以内。

一切准备妥当之后，别忘了出门前应再一次面对镜子或请朋友帮助审视自己的仪容仪表，务求做到整洁、端庄、得体、大方。

## 三、注意求职面试时的言行举止

对于礼仪求职者不可掉以轻心，下面从细节方面谈谈基本的面试礼仪。

### （一）见面的礼仪

#### 1. 准时守信

守时是一种美德，亦是一个人良好素质修养的表现。所以面试时一定要准时守信，这不仅说明自己的诚意，也是对主考官的尊重。迟到，会给人以言而无信、马虎随便、缺乏责任感的印象，而且大公司或单位的面试往往一次要安排很多人，迟到了几分钟，就很可能永远与这家公司或单位失之交臂了。

去面试时，要考虑到途中堵车或没找到地点等意外情况，可提前20～30分钟到达。如果一切顺利，则可利用这段时间先熟悉下环境，稳定情绪、检查仪表、调整心态，做一些简单的准备，以免仓促上阵，破坏了第一印象。如果的确有特殊情况不能按时到达，应事先打电话告知考官，以免对方久等。同时，你不要太介意面试考官的礼仪、素养，如果他们有些不妥之处或迟到等，你应尽量表现的大度开朗一些，这样往往能使坏事变好事。

#### 2. 礼待接待人员

对接待员要以礼相待，恰当地表示礼貌，对接待人员的询问，应礼貌回答，但也要注意，切记"人不闲，勿事搅，人不安，勿话扰"，以免妨碍他人工作，引起不满。候试期间，应端坐在指定位置上，不可随意走动，东张西望。等候时间越久，越要沉稳，不可露出焦急不耐烦的神态，也许这正是面试的一部分。

#### 3. 入场礼仪

当接待人员引导自己去面试时，在进入面试室时应先敲门，即使面试室的门是虚掩的，也应先敲门，得到允许后再轻轻推门进去，进入考场后，转身静静地把门关好，动作轻便，以从容、自然为好。入场后向招聘考官略鞠一躬，之后主动微笑着向主考官点头，打招呼，礼貌地问候："您好"或"各位考官，好!""早上好"。如果你一入室，便听到主考官亲切、热情地问候"你好"或"很高兴见到你"等等，则应视情况回答"您好""见到您我也很高兴"或"感谢您给我这次面试的机会"之类的话。开场问候是给主考官的第一印象，从言谈举止到穿着打扮将直接影响到你被录取的机会。

**4. 开口微笑**

笑容是一种令人感觉愉快的面部表情，它可以缩短两人之间的心理距离，为深入沟通与交往创造温馨和谐的氛围。求职者在踏入面试室，与主考官四目交投之时，便应面露微笑，用和颜悦色来与对方见面。如果有多位考官，应环视一下，面带微笑，用眼神向所有的人致意。求职者与主考官相识之后，便要稍微收敛笑容，集中精神，平静自然地投入面试。

**5. "请"才入座**

进入面试室不要自己坐下，要等主考官示意坐下时，应说先说"谢谢"，再就座，并坐在主考官指定的椅上，如果没有特意为你留座位，你可以选择与主考官面对面的位置，这样在方便与主考官面对面交谈。坐下来时，注意坐姿的优美与精神，坐椅子时最好只坐 2/3，两腿并拢，身体可稍稍倾斜。女士应先用手在背后抹平裙子，以免裙子坐下时叉开不雅观。如果还需要递送个人简历、证件、介绍信或推荐信等必要的求职资料，应双手奉上，表现得大方和谦逊。

## (二) 自我介绍的礼仪

自我介绍是考官对面试者进行的综合能力考察，有经验的面试官会从中窥出面试者的表达能力、学习能力、理解能力、沟通能力和团队合作精神等。求职者自我介绍时，应注意有关礼仪，"凡道字，重且舒，勿急疾，勿模糊"，语言要简洁、清晰、充满自信；态度要自然随和，语速要不快不慢，目光正视对方。如果面试官只要求应聘者简要介绍一下自己的情况，一定要言简意赅、不卑不亢，要表现出自己良好的气质和风范。

**1. 自信大方**

自我介绍时要充满自信、落落大方、态度诚恳。只有自信的人才能使他人另眼相看，才能有魅力并使人产生信赖的好感，如果流露出羞怯心理，则易削弱对方的信任感。

**2. 把握分寸**

自我介绍时措辞要注意适度，有些人一开始便炫耀自己的身份、门第和博学多才，显得锋芒毕露，让人觉得夸夸其谈，华而不实；也有些人正相反，喜欢做一番自我贬低式的介绍，以示谦虚和恭敬，其实也大可不必。只有实事求是，恰如其分地介绍自己，才会给人以诚恳、坦率、可以信赖的印象。

**3. 重点突出**

当主考官要求你作自我介绍时，不要像背书似地简单地把简历上的内容再重复一遍，那样只会令考官觉得乏味。用舒缓的语气将简历中的重点内容稍加说明就可以了，如姓名、毕业学校、专业、特长等，如果主考官想深入了解某一方面时，你再作详细介绍。

求职者在作自我介绍时要注意：一是介绍内容要与简历相一致，不要自相矛盾；二是坦诚自信地展示自我，重点突出与应聘职位相吻合的优势，介绍与职位相关的能力和素质。表述要以真实为基础，顾及表达的逻辑性和条理性，避免冗长而没有重点的叙述。建议面试前最好把自我介绍的讲稿写好，熟悉相关的表述层次和重点内容，再根据面试时的具体情况舒缓流畅地表达。

[**知识链接**] 求职者自我介绍一般分成三部分：第一，介绍自己的学校及专业，略说；第二，自己的工作经验、学习到的知识经验及自己的能力，重点介绍；第三，自己对应聘的工作及企业的认识和了解。介绍时应把握以下几个要点：首先，要突出个人的优点和特长，并要有相当的可信度，特别是具有和招聘职位相关的实际工作经验。要突出自己在这方面的优势，最好是通过举例的方式来验证说明一下；其次，要展示个性，使个人形象鲜明，可以适当引用别人的言论，如老师、朋友等的评论来支持自己的描述；再次，不可夸张，坚持以事实说话，少用虚词、感叹词之类；最后，要符合常规和逻辑，介绍时应层次分明、重点突出，使自己的优势很自然地逐步显露，不要一上来就急于罗列自己的优点。须谨记，要突出自己曾经做出的贡献，如增加营业额、减低成本、发掘新市场、开发新客户等。

## （三）应答与询问的礼仪

求职面试的核心内容就是应答，求职者必须认真地把握自己的谈吐，在应答过程中，要注重相应的原则和礼节规范。

### 1. 听清题目及要求

考官发问时，要善于聆听，用目光注视说话者，适当地微笑或点头，全神贯注、认真听清题目及其要求，记住问话的内容重点，然后针对问题的核心做最正确完善的回答。忌过分热情，不问青红皂白，口若悬河。

**案例 6 - 8**

双倍学费

有一个年轻人，去向著名哲学家、演说家苏格拉底请教演讲术。他为了表现自己，便夸夸其谈，滔滔不绝，以求得到器重。谁知，他谈完之后，苏格拉底却让他交双倍的学费，那人不明何意。苏格拉底说："因为我要教你两门功课，一门是怎样演讲，另一门是怎样闭嘴。"那人听了，脸色通红。

### 2. 适当的眼神交流

眼睛是心灵的窗户，恰当的眼神能体现出智慧、自信及对公司的向往和热情。面试时，应试者应当把目光聚焦在考官身上，并与主考官保持适当的目光接触，展现出自信及对主考官的尊重。正确的眼神表达应该是：礼貌地正视对方，注视的部位最好是考官的鼻眼三角区；目光平和而有神，专注而不呆板；如果有几位面试考官同时在场，说话的时候要适当地用目光扫视一下其他人，以示尊重。开始回答问题前，可以把视线投在考官背后的墙上，约思考 2 ~ 3 秒钟，不宜过长，回答问题时，则应把视线收回来。

### 3. 注意音量和语言习惯

回答考官问题时声音要清晰有力，表达流利，用词得当，言之有物，回答简练完整。尽量不要用方言、俚语和口头语，不带"嗯""啊""这个"等无关紧要的习惯语，否则在评议表达方面就存在一定的缺陷。有些求职者喜欢在回答问题时夹杂几句英语，以表明自己的英语水平，这种做法很可能弄巧成拙，有不少外资企业的人力资源部经理对这种语言方法颇为反感，他们认为如果求职者的中文或英文水平高，完全可以用一种语言来表达自己的意思。

**4. 重点突出，有的放矢**

当考官提问的时候，求职者一定要深思熟虑，有问必答。回答问题要有的放矢，切忌答非所问，或不着边际离题万里。有的主考官会故意提问一些令人感到受冒犯的问题，用来试探一下你如何对待，考察你的抗压或应变能力，这种情况下，一定要冷静，不能意气用事，可以态度温和或婉转地化解。在面试中遇到实在不会回答的问题，就应坦诚地回答："这个问题我没有思考过，不会回答。"这样反倒会给主考官留下诚实、坦率的好印象。不要含糊其词和胡编乱造。

## (四) 面试结束时的礼仪

面试结束时，不论是顺利录取，还是只得到一个模棱两可的答复，我们都要注意以平常心看待，慎重对待告别问题，注重一些基本的礼仪。面试到尾声时，一般的面试官会以起身表示面谈的结束，另一些人则用"感谢你前来面试"等来结束谈话，对此，面试者应十分敏锐，及时起身告辞，主动道别。离开时应询问"您还有什么要问的吗"，在对方表示没有后微笑起立，并对考官抽出宝贵时间与自己见面表示感谢，并表示期待着有进一步面谈的机会（有些大公司通常会经过2~3轮面试才确定最终人选）。离开办公室时应把刚才坐的椅子扶正到刚进门时的位置，再次致谢后出门。经过前台时，要主动与前台工作工作人员点头致意或说"谢谢你，再见"之类的话。

总之，在面试时要善于互动，体现自己有教养、训练有素或具有潜力、孺子可教的一面，这样自然会赢得考官的青睐。

# 任务3  求职面试的后续礼仪

任务目标：掌握求职面试的后续礼仪内容。

**案例 6-9**

迟到的感谢信

孙某刚跨出大学的门槛，就有一家心仪已久的外资公司通知她去面试。那家公司总经理是个叫约翰的美国人，和蔼可亲。在一番亲切交谈后，他很愉快地给了孙某一张他的名片，孙某恭敬的收下了。近半个小时的面谈，给孙某留下了深刻的印象。

接下去的日子便是漫长的等待，孙某天天在电话边上守着。一天、两天、一个星期、两个星期过去了，一点消息都没有，而且孙某在等待中也放弃了其他机会。

无奈中，孙某又翻阅了招聘广告，不是她觉得不合适就是她不喜欢。这时她才发觉，自己很在乎那份工作。于是她找到总经理约翰的名片，按照上面的地址写了一封信，感谢总经理给了她面试的机会，并期望得到进一步通知。当白色的信封投入绿色邮筒的时候，孙某的心里一阵轻松。第三天，就接到了约翰先生的电话，恭喜她被录用了。孙某高兴得禁不住跳了起来！

上班后再次见到约翰先生，孙某问他，为什么会录用自己？他笑着说，因为你的那封信让我觉得你是一个有礼貌的人。你写了一封信感谢我给予的面试机会，而在近百名求职者当中，你是唯一一位写了感谢信的人，虽然来得有点迟。

　　**评析：**每个就业机会，都会遇到很多竞争对手，然而有些时候，个人的能力素质是很难比较的。这时，如果能用礼貌而得体的方法，引起公司对你的注意，并在厚厚的一摞求职信中找出你的简历，你就赢了。

　　**思考：**孙某的求职成功，对你有什么启示？

　　在求职过程中，许多求职者只留意了面试时的礼仪，而忽略了面试后的善后工作。以下是对于做好求职面试后续礼仪的几点建议。

## 一、不忘感谢的礼仪

　　为了加深招聘人员对你的印象，增加求职成功的可能性，面试后两天内，求职者最好给招聘人员打个电话或写封信表示感谢，感谢信的形式可以是传统信件或电子邮件。感谢电话要简短，最好不要超过 5 分钟。感谢信要简洁，最好不要超过一页纸。

　　感谢信的开头部分主要提及自己的姓名、简单情况及面试时间，并对招聘人员表示感谢；感谢信的中间部分要重申对公司、应聘职位的兴趣，增加一些对求职成功有用的新内容，尽量弥补可能留给招聘人员的不良印象；感谢信的结尾部分可以表示自己能为公司优质服务的信心或表示有机会能为公司的发展壮大做贡献的决心。

## 二、查询结果的礼仪

　　在查询结果时，重点是把握查询的时机。一般情况下，每次面试结束后，考官都要进行讨论和投票，然后送人事部门汇总，最后确定录用人选，这个阶段可能需要 3~5 天的时间，求职者在这段时间内一定要耐心等待，不要过早打听面试结果。如果两周后或在主考官许诺的时间到了，还没有收到对方的答复时，就应打电话给招聘单位或主考官，询问是否已作出了决定。

## 三、调整好心态

　　如果同时向几家公司求职，在一次面试结束后，要注意调整自己的心情，全身心地去准备第二家单位的面试。因为，在接到聘用通知之前，面试结果还是个未知数，求职者不应该放弃其他机会。如果求职成功，接到上班通知，就应当收拾起求职的忙碌和疲惫心情，为上岗工作做积极准备；万一求职失败，也千万不要气馁，找出失败的原因，积极总结经验教训，并针对面试中的不足重新做准备，并积极寻找新机会，以期早日找到自己满意的工作。

### 项目小结

　　求职礼仪是人们在求职过程中应当具备的礼貌行为和仪表规范，它对求职成功有着不可忽视的影响。本项目分为三个任务：主要讲述了求职面试前应做的准备、求职面试过程中应注意的仪表形象和言行举止、求职面试的后续礼仪等内容。通过这些内容的学习，可以增强学生对求职礼仪的了解，帮助学生正确运用求职礼仪规范自己的求职活动。希望在实际求职过程中，学生能够正确运用相关的求职礼仪知识和技巧，顺利实现自己的求职目标。

## 小 测 试

问题1：本周日上午在市展览中心有一场大型综合招聘会，你是一位即将毕业的会计专业大学生，想应聘会计或财务管理等相关岗位，请你做好周日参加招聘会的相关准备。

问题2：招聘会结束后，有一家大型连锁家电销售公司人力资源部招聘人员电话通知你于下周三上午 8：00 前去市中心国贸大厦 11 楼 1106 室参加面试。此时，你该怎么做？另外，你打算在面试中如何表现？

## 项目实训

求职礼仪训练

### 实训目标

通过实训使学生掌握如何做好参加招聘会、求职面试的准备，培养学生在面试中采取得体的言行举止。

### 实训步骤

（1）教师提前布置实训内容，将学生分成若干小组，每组 5~8 人。选 1 个小组扮演面试考官，其他小组的同学分别应聘不同的招聘岗位。课前设计好面试评价表，并请扮演求职者的同学以参加模拟面试为课题，从着装、发型、坐姿、面试时的言行举止等方面对自己进行形象设计和准备。

（2）教师指导考官组进行公司背景描述、准备招聘广告，具体包括招聘岗位名称、岗位要求、招聘人数、待遇标准、工作地点等有关资料。

（3）布置模拟面试现场。在教室中心布置演练区。学生按抽签顺序进行演示，台下同学以小组为单位，对演示者进行评审打分。模拟面试现场设计参考如图 6-1 所示。

模拟面试现场设计参考

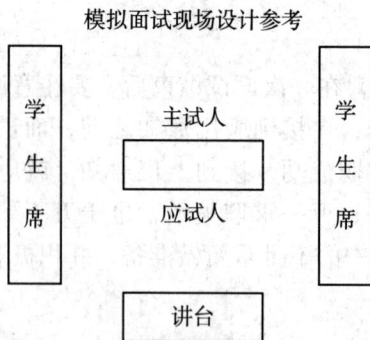

图 6-1　模拟面试现场

（4）模拟面试现场演练。由教师或一名学生扮演面试主试人，面试组其他成员列席面试。扮演求职者的同学分别上台演示。演示包括站姿、坐姿、走姿和回答问题等行为举止，台下同学认真做好记录。

演示者在教室门口站立等候，听到指令后，步入指定位置前站立；向主试人问好；进行3分钟左右的自我介绍；转身面向同学选取两种以上坐姿坐在椅子上。然后，转身面向主试人回答其提出的问题。结束后，从教室另一侧下台。时间5~10分钟。台下同学认真填写面试评价表，最终评选出5名最佳表现者。

（5）交流研讨。分组讨论，以正确行为举止为主题，讨论10分钟，并请学生代表谈谈自己的感受。最后，评选出最佳表现者。

（6）教师进行总结点评。

**实训准备**

方桌、椅子若干、招聘广告、应聘申请表、面试题本、面试评价表、座位牌、计时器。

**实训内容**

1. 了解求职过程中应做的必要准备

（1）求职面试前要重点准备好求职信、求职简历、有关服装服饰等物质资料。

（2）求职面试中要重点准备好自我介绍、见面礼仪、面试时的言行举止等。

2. 求职面试有关礼仪的准备方法

（1）根据有关写作礼仪要求，有针对性地准备好求职信、求职简历及相关证书复印件等资料。

（2）根据应聘岗位的要求准备得体的着装，并进行适宜的仪容修饰。

（3）面试前，进一步了解、熟悉应聘企业的有关情况。

（4）准备好有特色的、重点突出的自我介绍。

（5）注意面试中的一些言行举止细节。

3. 现场模拟面试训练

由学生分角色扮演求职者参加面试，其他同学观察并记录表演者的现实表现。

**实训效果**

（1）学生就模拟的场景进行打分，并进行讨论评析，在实训教师的引导下，评选出最佳表现者。

（2）实训教师就全场学生的表现进行分析，并给每个学生打分，记入学生该实训项目的总成绩中。

（3）课后由学生根据该项目实训情况写一份实训小结。

**效果评价**（见表6-1）

**表 6 - 1**　　　　　　　　　**求职礼仪效果评价表**

姓名：　　　　　　　　　　　　　　　　　　　　　　　　　　时间：

| 考核项目 | 考核内容 | 分值 | 小组评分（50%） | 教师评分（50%） | 实得分 |
|---|---|---|---|---|---|
| 求职礼仪 | 形象 | 15 | | | |
| | 进门前的准备 | 10 | | | |
| | 敲门 | 5 | | | |
| | 进门过程走姿 | 5 | | | |
| | 面试中的坐姿 | 5 | | | |
| | 语言运用、语速 | 15 | | | |
| | 语言表达是否流畅简洁 | 15 | | | |
| | 结束礼仪 | 10 | | | |
| | 离开 | 10 | | | |
| | 整体表现 | 10 | | | |
| 合计 | | 100 | | | |

注：考评满分为 100 分，60～70 分为中等，81～90 分为良好，91 分及以上为优秀。

教师签名：

# 模块三

## 选介篇

# 商务人员的公共礼仪

## 项目目标

知识目标：熟悉和掌握商务活动中的交通礼仪、公共场合礼仪和一般交际礼节。

能力目标：让学生能够运用公共礼仪的有关知识指导自己的日常行为。

素质目标：让学生掌握书本知识的同时，能够掌握正确的商务人员的公共礼仪，并能在外出旅行等活动中进行实际运用。提高学生的沟通能力、社会交际能力和应变能力。

教学重点：交通礼仪、公共场合礼仪。

教学难点：一般交际礼节。

## 导入案例

### 耳语

台湾著名学者柏杨曾在《丑陋的中国人》一书中讲过这样一件事：某天，两个广东人在美国的大街上讲话，由于两人说话的音量很大，美国人以为他们在吵架，怕他们打起来影响社会治安，于是急拨电话报警。警察火速赶到，问两人在干什么，他们说："我们正在耳语。"

**评析：**公共场合不应大声喧哗，这是最基本的礼仪规范。作为社会人，我们都必须遵守社会公德，只有这样才能不影响他人，这也是重要的修养。

**思考：**商务人员在外出行、住宿、观光、购物都要遵循哪些礼仪规范？

# 任务1 交通礼仪

任务目标：了解交通礼仪的基本知识，能够在日常生活中按照礼仪要求行路、行车、乘车、乘机，用礼仪知识规范自己的行为。

**案例 7 – 1**

### 进门的启示

在德国的公共场合，凡是有门的地方，总会有这样的现象，走在前面的人，进去后总要回头看后面有没有人进门。如果有，他就扶着门让后面的人进去，后面的人进去后，也总是要向扶门的人说声谢谢，很少有人进门后一甩门扬长而去的举动。令人感动的是，所有的人都这样做，而且是非常自觉。

**评析：**公共场合，关注他人的感受，给予他人方便帮助，既是礼貌的行为，也是文明的素养。

**思考：**商务人员在外出行，在公共场合都要遵循哪些礼仪规范呢？

**案例 7 - 2**

修养

一个小伙子从某名牌大学毕业，曾参与的诸多社会实践使他获得了很好的工作能力。他的应聘简历获得了一家大型企业人力资源部的赏识。

面试那天，他进行了精心的准备，穿上了得体的服装上路了。可一大早公交站台上就排满了人。当公车还没停稳，他就一个箭步冲向车门，拼命挤上了车……

车在行驶过程中，突然一个急刹车，他"哎呀"一声！原来他的脚被重重地踩了一下，"眼睛瞎了！"他张口就骂。旁边一位女士尴尬地跟他道歉"对不起，对不起……"，他正眼也没看她："我今天去面试，你踩脏了我的皮鞋。要是我面试没通过你得负责！！！"女士一再的道歉才避免了事态的升级。

他准时地到达了这家企业，并被引领到面试的会议室里。过了一会，人力总监与助理进来了。面试进行得非常顺利，他的应答也是对答如流，人力总监一再点头。正当他洋洋自得的时候，助理说话了："你的学习经历以及你的实际工作能力都让我们非常赏识，这个职位也非常适合你。但请允许我将今天早上公车上发生的事情向总监做一个如实汇报。"原来这个助理恰巧是在公车上被他骂的那位女士。

当总监听完情况的汇报之后，坦诚地对小伙子说："一个人的工作能力很重要，但是你知道吗？一个人成功的要素，能力和学识只占15%，更多的在于他的人际关系、处事能力以及他的基本修养。"

**思考：**这个案例给你什么启示？

一个人出行在外，就等于进入了一个新鲜而陌生的世界。实行文明礼貌的第一个处所是在公共场所。形形色色素不相识的人们暂时凑在一个空间，性别不同，年龄各异，彼此又不明底细。在众目睽睽之下，人们不认识你，只能从你的行为举止来看待你。每个人主动而自觉地讲究公德，关心他人，就成了旅行是否愉快的关键。"不要在公众场合故意引人注目"，这是礼仪最重要的原则之一。心理学家认为，人际交往遵循"互动"原则：只要一方向另一方做出礼貌友好的表示，另一方也会做出相应的礼貌友好的回报，从而感染周围小群体。

## 一、行路礼仪

我们每个人几乎天天都要出门走路，这看似简单，其中的礼仪却容易被人们所疏忽。在众目睽睽的街道上，怎样的言行才是得体的呢？

### 1. 遵守法规，各行其道

横穿马路，要等到绿灯亮起时再过，要走地下通道、过街天桥或斑马线；如果路口没有信号灯，应看清过往车辆；不要跨越马路上的栏杆，那样既违反交通法规，又很不安全。

**2. 多人并行，讲究位置**

两人或以上在路上并行，位置有一定讲究。一般地说，两人并行时，尊贵、安全的位置是在人行道的内侧，应把尊贵、安全的位置留给长者、尊者、女士；三人并行时，尊贵的位置则在中间；当四人同行时，不应同排并行，最好前后两两并行，这样就不至于影响他人行路方便。

**3. 路遇朋友，热情有度**

路遇朋友、熟人，可站到路边，或边走边谈，不要站在人行道中。在路上遇见异性朋友，应举止有度，对经人介绍新认识的或认识不久的异性，点头示礼即可。

**4. 问路有礼，乐于助人**

出门行路免不了要问路。问路要有礼貌，忌用"喂""嗨"等不雅称呼。别人指路后应致谢。若遇到他人问路，要热心相助，自己不知道，应如实相告，并向对方致歉。

**5. 相互礼让，与人方便**

在人行道行走，应主动给老弱、妇幼、病残者让路。如果不小心踩了别人的脚或撞到别人的身体应及时赔礼致歉。若是别人踩了你的脚，应能容忍别人，不要大声斥责。有时走在路上，手上提着东西，为了不妨碍他人行路，一般提在右手。若与人同行，提物人应走在人行道内侧。男士与女士同行时，应主动为女士提物，但女士随身带的小包不在此列。

## 二、乘车礼仪

以车代步，这是现代都市生活中的常事。让谁先上车，让谁先坐下，上下车辆不要拥挤等，这不仅是礼貌问题，而且反映了社会道德、个人修养等问题。不管在什么时候乘车，我们都应记住"男女有别，长幼有序"这个原则。上车时，男士一定要站在女士或长辈的后方，扶助女士或长者先上；下车时，则应该由男士先下，然后扶女士或长者下车。

如果是坐出租车，则男士应首先走近汽车，把右侧后车门打开，等女士或长辈上车后再行入内。乘车之时虽然短暂，但仍有保持风度、以礼待人的必要。要注意座次有别，举止中规及上下车顺序。

乘坐公共汽车时应注意下述几个方面的具体问题。上下车辆时上车依次排队，提前准备下车，上车后将随身所带物品放到适当位置不要放到座位上或挡在过道上。乘坐公共汽车，一定要遵守有关车票购买的规定事项。座位的选择有其特殊性，要注意对号入座，自由择座，主动让座，留出特殊座位，不宜随处乱坐。自觉保持车厢的清洁卫生，不在车厢内吸烟、吐痰、乱丢废弃物，不向窗外扔垃圾。乘坐公共汽车时，多无熟人在场。此时应一如既往地严于律己，约束个人的表现。

## 三、驾车礼仪

现在，在许多国家，私人汽车已成为主要交通工具，美国就被称为"汽车轮胎上的国家"。于是，"文明驾车"便成了现代礼仪中不可或缺的一项行为准则。假如每个驾车人都能遵守"己所不欲，勿施于人"的原则，公路上就会少许多车祸。

无论在哪个国家驾车，遵守交通规则是起码的。驾车上路应提前取得正式的资格，并进行系统的知识学习、技术培训与正规考试。技术不合格者，绝对不准许驾驶汽车外出。但要开好车，还需要自己通过"驾驶礼节"的考试。例如，对那些红灯变绿时还正走到路中间的人按喇叭，不仅有失厚道，而且可能使他闯入另一车道而发生危险。将喇叭不必要地乱按一通也是件失礼的事。另外，一位有礼貌的人，也不会驱车来到别人门口，以粗声粗气的喇叭声来表明他的造访。

在停车、超车、会车时都有许多"驾驶礼节"需要注意。最坏的一种犯规者，是在公路拥塞的时候，从一列车阵中脱身而出、超越前面的驾车者。同样危险的是开车如"蜗牛"，盘踞在马路中间或高速公路的超车道上，不管后面的车子怎么按喇叭，就是不让。此外，晚上开车，明知车灯照射会使对面来车看不清，却不将车头灯由远灯改为近灯，这样的驾车人也是危险人物。至于酒后驾车的人，法律都会做出严厉的处罚。

每一名驾驶者在驾车时，为了自己与他人的安全，为了交通的畅行无阻，都应以小我服从大我，自觉地接受管理。在开车过程中，有时会遇到有警车在后面追赶。当你发现后应该在不影响其他车辆行驶的情况下把汽车在路边停下来，坐在车里，准备好驾驶执照和行车证件，摇下车窗玻璃等候警察过来。绝不可开快车逃避，也不可走出停下的汽车，这两种做法都会被认为是反抗的表现。对警察要彬彬有礼，不宜强词申辩。如果你确实认为警察的干涉没有道理，可以诉诸法律，听从法庭裁决。

汽车行驶，在中国实行"右行"规则。但在国外驾车必须注意到有"左行"和"右行"规则之别。第二次世界大战结束后，汽车数量的急剧增加和国际公路交通的迅速发展，大大促进了全球从左行到右行的转变过程。不但大多数汽车是按右行规则设计制造的，而且司机在穿越国界时，也不喜欢因左右行的不同而来回变换行车位置。因此，越来越多的国家改左行为右行，而且效果良好。但在日本、英国、巴基斯坦等国仍规定所有汽车必须沿马路左侧行驶，在我国的香港和澳门地区也是如此。

## 四、乘飞机礼仪

飞机的出现使相隔关山万里的人们变成了邻居。在乘坐飞机的过程中，乘客必须严格遵守各种乘机规定，服从机组人员的指挥。但是也会遇到这样的乘客，他们径自吞云吐雾，而无视"禁止吸烟"的信号灯，并认为那是机组人员存心剥夺他们抽几口香烟的享受；还有的乘客不系安全带，认为这条规则是为"胆小鬼"制定的，这些乘客的行为是不可取的。

### （一）登机前的准备

为乘坐飞机而提前进行的准备工作，主要包括下述几个方面。

**1. 提前到达**

考虑到目前各地的交通问题，为了能顺利乘机，应提前出发。一般来说，国内航班要求提前一个小时到达，而国际航班则需要提前一个半小时到达，以便留出较宽裕的时间来进行托运行李，安全检查等工作。

**2. 打点行李**

因飞机载重有限，故对乘客所携带的行李都有明文规定。一般而言，每件手提行李不得超过五公斤，其他能托运的行李要随机托运。

**3. 登机手续**

办理登机手续，具体包括换取登机牌、托运行李、接受安全检查等几项。

## （二）乘机时的表现

乘坐飞机期间，一定要注意约束个人行为，在严格要求自己、尊重乘务人员、善待其他乘客等诸方面合乎礼仪规范。

倘若你乘坐的是喷气客机，靠前舱的座位较好，因为前舱的颠簸和噪声较小，故头等舱设在前舱。乘坐螺旋桨飞机则不同，后舱噪声较小，故头等舱靠近后舱。飞机与火车差不多，起点站上飞机时一般是对号入座，所以你不能上飞机抢先占一个好位置。如果你希望换位子，只要有空位，可以在起飞后通过空中小姐进行调换。飞机起飞和降落时，不准吸烟，不得上厕所，要系好安全带，座位要放直。在飞机升降过程中可以咀嚼糖果等，以免由于气压变化，引起耳膜疼痛。

飞机上提供一些免费的服务，但不能每隔三五分钟就招呼空中小姐一次。无论机组人员和空中小组怎样竭尽全力使乘客在他们的飞机上如同在家里一样舒适方便，乘客也始终不要忘记，自己不是在家，飞机上还有许多其他人。

## （三）抵达后的事项

抵达目的地后，乘客应带好随身携带的物品，按次序下飞机，不应抢先出门。下机后，可在指定地点提取自己所交付托运的行李。乘坐国际航班下飞机后，要办理入境手续，通过海关前可凭行李卡认领托运行李。

# 五、乘火车礼仪

在国内，目前人们进行长途旅行时，火车往往是第一位的考虑。在此情况下，任何人都有必要学习有关乘坐火车的礼仪。上火车，应该做到持票式持证（某些动车高铁可持身份证直接上车）上车，排队上车及携物定量。

上火车后，即应立即寻找座位。对号入座，切勿占用他人座位，如需换座位，也必须征得他人同意。坐火车的人大都行程较远，因此在火车上的绝大多数时间都是在休息。在火车上休息，应当切记着装文明、姿势优雅，带孩子的人，一定要看管好孩子。不要在不准吸烟的车厢抽烟，没有特别原因不要在车厢狭窄的过道上走来走去。也不要津津有味、旁若无人地大嚼特嚼丰盛的食品，乱扔果皮残渣，把废纸留在桌上。更不能穿着睡衣在车厢里逛来逛去，把列车上的肥皂、垃圾盘等物品拿走留作"纪念"。

在火车上，不与他人进行任何交往是不可能的，而且也不礼貌。与他人交际，以下三个方面应予注意：问候有礼，交谈适度，相互关照。乘火车旅行，特别是长途旅行，可以多交一些新朋友，同他们进行友好的交谈。但是，要看对象，可能有不喜欢同别人一见如故的人。试图同有意回避交谈的人谈话是不明智的。即使与旅伴谈得很投机，也不要没完没了，看到对方有倦意，就应该收起话匣子。决不要随意问人的姓名住址，也不要迫不及待地向他们叙述自己家庭的情况。下火车时，要提前准备，与人道别，排队下车。

# 任务2 公共场合的礼仪

**任务目标：** 掌握公共场合各类的基本礼仪，并在日常生活中正确运用礼仪规范指导自己的行为。

**案例7-3**

重 逢

王某在大学读书时学习非常刻苦，成绩也非常优秀，几乎年年都拿特等奖学金，为此同学们给他起了一个绰号"超人"。大学毕业后，王某顺利地获取了到美国攻读硕士学位的机会，毕业后又顺利地进入一家美国公司工作。一晃八年过去了，王某现在已成为公司的部门经理。

今年国庆节，王某带着妻子儿女回国探亲。一天，在大剧院观看音乐剧，刚刚落座，就发现有3个人向他们走来。其中一个人边走边伸出手大声地叫："喂！这不是'超人'吗？你怎么回来了？"这时，王某才认出说话的人正是他高中的同学贾某。贾某大学没考上，自己跑到南方去做生意，赚了些钱，如今回到上海注册公司当起了老板。今天正好陪着两位从香港来的生意伙伴一起来看音乐剧。这对生意伙伴是他交往多年的年长的香港夫妇。

此时，王某和贾某彼此都既高兴又激动。贾某大声寒暄之后，才想起了王某身边还站着一位女士，就问王某身边的女士是谁。王某这时才想起向贾某介绍自己的妻子。待王某介绍完毕，贾某高兴地走上去，给了王某妻子一个拥抱礼。这时贾某也想起该向老同学介绍他的生意伙伴了。

**思考：** 上述场合的见面礼仪有无不符合礼仪的地方。若有，请指出来，并说明正确的做法是什么。

礼仪在公共场合的重要性应该说不亚于在正式社交场合，在商务出行期间尤其是这样。在剧院、在餐馆、在街头……商务人员所遇到的大多数人对其来说都是匆匆过客。此时，你的一举一动或许比在其他任何地方都更能表现出本人文明程度的高低。

## 一、在街头要注意的礼仪

每位商务人员来到一个陌生的地区或国度，哪怕日程安排得再紧，一般也会到大街上走一走。所以，每位商务人员体现文明礼貌的一个好处所就是在街头。

在街头，首先应注意走路的姿态。走路似乎很简单，但要走得端庄、走得潇洒，却需下一番工夫。走路时，要姿势端正，面向前方，笔直向前；落脚要轻，犹如在草坪上行走；不要弓着腰，瞅着地，或者走起路来蹭鞋底，这些都是很不美观的。

男女同行时，通常男子应该走在人行道靠马路一边。古时行道没有人行道，马路上来往穿梭着马车，于是男士总是走在"最危险"的一边。现在的街道上修建了人行道，一切过往车辆都严格地照章行驶，然而，男子依然应让女士在人行道的内侧。需要调换位置时，男子应从女士的背后绕过去。在大街上走路，勾肩搭背是很不雅观的。当一个男子和两个以上的女士结伴而行时，男士不应插在女士们中间，而应该走在女士们的外侧。四五个朋友聚在街角，无所顾忌地畅怀大笑，或者排成一列横队，昂首阔步，占领大半个路面，这都是不合礼仪的。在无意碰触到别人后一定要表示歉意，但不要认为口称"对不起"就可以横冲直撞。遵守行路礼仪，应做到始终自律，严格约束个人行为。特别要做到不吃零食、不吸香烟、不乱扔废物、不随地吐痰、不过分亲密、不尾随围观、不毁坏公物、不窥视私宅、不违反交通法规。在行路时，对于任何人，即使是一位素昧平生的人，都要相互关心，相互帮助，相互照顾，相互体谅，并且友好相待。

## 二、在剧场要注意的礼仪

在许多国家，文化生活是很受重视的，有的人一个月不去一两次剧场或音乐厅就觉得是生活中的缺憾。不论是观看芭蕾舞或歌剧，倾听交响乐或演唱，人们不仅把这看作是娱乐消遣，更是当做一种艺术享受。因此人们对上剧场或者音乐厅都是郑重其事，彬彬有礼的，大家共同维护剧场、音乐厅、影院的典雅、和谐的气氛。

西方剧场同中国的旧戏院大不一样，有一套全然不同的礼节。看戏的观众应该在开场前入座，迟到者打扰别人是非常不礼貌的。某些剧院节目开始后就不准入场，要等幕间休息时才让进去。演员们在台上表演时，观众也不应该离座外出。节目进行过程中谈话或发出其他任何声音都是不礼貌的。

很多西方人将剧院看作是神圣的殿堂，在这里发生的任何破坏秩序的行为都被视为一种罪行，而且应该立即受到惩治。在剧场里不仅应处处彬彬有礼，而且还要殷勤热情。进剧院或者影院时，男士应该把入场券拿在手中，举到让检票员可以看到的高度，以便检票员先让女士进去。入场之后，男士应立马上将帽子脱下来，妇女虽可戴着帽子就座，不过懂礼貌的妇女，如果她们的帽子可能挡住后面的人的视线，她不等别人要求便早已脱下来了。在存衣室，男士应先协助女士脱下大衣、披风，然后再自己脱去外套。

如果检票员没有按照入场券上的座号引导入座，男士就应走前几步为女士引路。在从两排之间穿行走向自己的座位时，应面向已经就座的观众致以歉意。同时女士应走在前面，男士随后，但是，如果是几个男士和几个女士一起上剧场或电影院，那么首先穿过就座观众的应是男士，接着是女士，最后进的还应是男士。这样安排座次可以使女士不与陌生人坐在一起。关于在剧场里入座的次序，只有一条规则是不变的，就是男士应当坐在最靠近走道的位子。

进入剧院时，即使座位被别人占去了，也不要争吵。碰到这种情况，最好去请检票员或者剧院的某个工作人员来澄清误会，不必为此焦躁不安，尤其不必大动肝火。如果被要求调换座位，以使原来分开坐的朋友或夫妇坐在一起，应该尽量满足别人的请求。

议论剧情或演员的演技最好是在幕间休息时，而不要在演出过程中大发议论。在幕间休息时谈话也应尽量放低声音，不要影响到其他观众。

为演出所打动，也不要在演出过程中叫好或鼓掌，而影响演员的表演。鼓掌通常是在演完戏剧的一幕或全剧结束时。如果你观看的是歌剧，那么通常应在一曲咏叹调唱完时鼓掌。在音乐会上，则是在乐队指挥站到乐谱架后时鼓掌。有的时候，主要演员在演出之前走上舞台时也应报以掌声。如果你对演奏的乐曲不太熟悉，最好不为人先，等大家掌声响起之后再跟着鼓掌，否则"孤掌独鸣"会出洋相。狂热的掌声并不总是观众理解剧情的表示。

西方一些名剧院特别讲究礼节，维也纳歌剧院位居世界六大名剧院（维也纳歌剧院、奥地利歌剧院、巴黎歌剧院、米兰歌剧院、科隆歌剧院、百老汇剧院）之首，一年300个晚场，节目没有一场重复，票价昂贵。这家剧院最重礼节，凡有观众鼓掌喝彩，乐声便骤然而止，演员冗立不动，直到掌声停止才恢复表演，以示感谢。所以，观众绝不能乱鼓掌和随意喧哗。剧场还规定观众必须衣着考究。男子必须穿深色礼服，系领结，严肃得好像接受国王召见一样。

但是想了解异国文化的愿望并不是总能得到很好满足的，有时候，所观看的戏剧虽然很独特，别具一格，却不十分理解，此时对一个人的教养无疑成了一种考验。一个文明的人应尽可能认真地看完一出戏，这既是出于对演员辛勤劳动的尊重，更是对当地人和他们的国家的尊重。没有一个国家的人不希望本民族的文化受到外国人的青睐，而掌声能给台上台下带来更多的激动和满足。

## 三、在宾馆住宿的礼仪

**案例 7-4**

住宿的陋习

有一个旅游团在退房时，被酒店查出客房配备的一双并非一次性使用的拖鞋不见了踪影，而且没有人承认自己拿走了，为避免出现让大家开箱检查的尴尬局面，领队只好掏钱赔付了事。有游客退房前会恶作剧般将毛毯、枕头踩脏，用毛巾来擦皮鞋。更有甚者，会将宾馆的毛巾、杯子等低值东西带走。还有一些游客贪图省事会少带换洗衣物，因为他们备有"高招"：将小件衣服洗后，挂在台灯上连夜"烘"干，因此，台灯罩上常常会出现一道道黄色的水渍。

一般来说，个人住宿时的礼仪，实际上就是对客人在宾馆之内的具体要求和行为规范。在宾馆里住宿，对于自己所遇到的一切人，都应当以礼相待。在通过走廊、进入电梯，或是接受宾馆里所提供的各项服务时，要懂得礼让他人。对于为自己服务的各类宾馆工作人员，要充分地予以尊重和体谅。

## (一) 客房休息

客人在客房内休息时，虽然拥有极大的个人自由，无需在意外人的反应，但依然不能随心所欲、忘乎所以。客人在客房中仍须面临种种特殊的人际关系。它主要包括客人有可能与之相处或接触的宾馆服务员、同屋室友、来访客人、周围邻居等。在处理与这些人的人际关系时，应勿忘敬人为先、克己自律。若要充分享受宾馆为客人所提供的常规服务，其前提是必须对其有一定程度的了解。千万不要自以为是、不懂装懂、硬充内行，从而贻笑大方。入住客房之后，应自觉保持卫生。此举不仅对自己有益无害，而且也是对客房服务员辛勤工作的一种尊重。

虽然打扫客房是服务员的工作，但是也不能因为有人代劳就不注重保持清洁卫生，废弃物要扔到垃圾筐里。在洗手间，不要把水弄得到处都是。如果你要连续住上几天，你可以留一张纸条给客房服务员，告诉他们，床单和牙刷不必每天都换，这样的客人一定会受到宾馆的尊重和欢迎。

## （二）内部活动

在现代化宾馆之内，有许多娱乐、餐饮、购物、通信、办公设施。因此，住宿于宾馆的客人或非住宿者都可到此会友、娱乐、休闲。不论是谁，在宾馆内部活动时，都应遵守基本的礼仪规范。在宾馆内部活动时，住宿者与非住宿者的着装既要与周围的环境相协调，又要文明得体、不失身份。在宾馆之内活动，既要不超出规定的活动范围，又要注意使自己的行为举止不妨碍别人。宾馆是专供住宿者进行休息的处所，因此，保持肃静被视为宾馆的基本规矩。在宾馆内部的公共场所，一定要注意调低自己说话的音量，走路轻手轻脚。即使是在自己住宿的客房里，亦应当保持安静，不制造与周围环境不和谐的噪声。电视的音量要适中，更不可太早或太晚开电视，注意不要影响别人的休息。在宾馆内，包括在本人住宿的客房之内，最好不要吸烟。在宾馆内部明文规定禁止吸烟公共场所活动进出，更是要自觉地遵守这项规定。

在宾馆内，通常都设有专供客人使用的餐厅、咖啡屋、酒吧等。在宾馆内用餐时，应注意耐心等候、尊重侍者、严禁酗酒。在国外的宾馆下榻时，首先要对有关的规定有所了解，然后需要对此严格遵守。

[**知识链接**] 国外的宾馆，尤其是高档的星级宾馆，通常都有下述规定：第一，不允许两名已经成年的同性共居于一室之内。唯有一家之人，方可例外。第二，不允许住客在自己住宿的客房之内，随意留宿其他外来之人。第三，不提倡住客在自己住宿的客房之内会晤来访的人士，特别是不提倡住客在自己的客房内会晤异性来访者。在一般情况下，宾馆的前厅或咖啡厅，被视为住店客人会客的理想去处。第四，不提倡互不相识的住店客人相互登门拜访。随意去素不相识的宾客住处串门，或是邀其一起进行娱乐，都是十分冒昧的。第五，不允许住店客人身着内衣、睡裙、背心、裤衩之类的"卧室装"在宾馆内部的公共场所活动。打赤膊，或是衣冠不整，同样也不允许。第六，不允许将客房或宾馆之内其他场所的公用物品，随意带走，占为己有。

# 任务3　一般交际礼节

任务目标：掌握在各种交际场合必须了解和掌握的一般交际礼节。

**案例 7 - 5**

谁应优先

一位中国参赞曾和一位希腊女士共同赴宴，由中方做东。到达宴席地点后，国人首先安排参赞坐下，接着才让同行的女士入座。随后服务员等待点餐时，国人又让参赞先点。参赞称他当时有些尴尬，不知所措。因为在希腊等西方国家，女士优先已经成为社交准则之一。

**思考：**你如何理解"女士优先"？

一般交际礼节是指在各种交际场合都适用的待人接物的基本要求和方法。现代社会的一般交际活动要遵守三大准则：女士优先的原则、守时惜时的原则以及在公共场合不妨碍他人的原则。

# 一、女士优先

女士优先要求每一位成年男子都要尊重、照顾、体谅、帮助、保护女士。对妇女的态度，应该说是反映了一个国家的文明程度。现在，虽然歧视妇女的现象还在一些国家不同程度地存在着，但"女士优先"却是世界公认的国际礼节。

"女士优先是欧美传过来的习惯，这是受了中世纪骑士作风的影响，所以在社交活动中，总是给妇女各种优待。"法国的让·塞尔在总结西方礼仪的特点时指出，"中世纪和文艺复兴的连续影响把妇女置于社交生活的中心地位，使妇女成为受尊重的对象，这是其他文明所没有的。"

女士优先有一系列具体做法：在街上与女士同行，男子应该在人行道靠马路的一边走；陪伴女士同乘火车或电车时，男子应该设法给她找一个座位；在狭窄或人很多的人行道上行走，男子应闪到路边，给女士让路；进入自动电梯时，男子负责按电钮，并有礼貌地询问女士所上的楼层；女士携带的东西坠地，男子不论相识与否，都应该帮助她拾起；在社交场合中，当一位女士走进来时，男子应起身，等到她坐下来以后，方可坐下，相反，女士则可安坐不动。总之，处处给她们以照顾。

在西方国家，上层人士更注意这一礼节。遇到有重要会见，夫人走在前面，丈夫走在后面。进入宴会厅时，同样是夫人在前，丈夫随后。上菜、敬酒应先女后男，拜访时，先向女主人致意，告别时，先向女主人道谢，等等。

女士优先，并不是说以前的男尊女卑现在变成女尊男卑，而是因为男女在体质上先天有别。在男女平等的社会，男士的体质比女子强，动作也比女士敏捷，这一点并没有变。因此，男士利用体质上的优势，去帮助女士，减轻她们的负担，该是男士应有的雅量。

经常有人询问，男性是否应该时时刻刻总让女性走在前面。无论在屋内或者室外，男性只有特殊的情况下才应走在女性前面。譬如，进屋时，男性应赶前几步，打开房门，让女士先进，自己随后；上楼梯时，女先男后，下楼梯时，男先女后，为的是防止女士万一失足；男士应该首先走出公共汽车或火车车厢，然后把手递给女士，以便她可以扶着自己的手下车。在类似的情况下，也就是男士感到女性需要他帮助的时候，他可以请女性挽着他的胳膊。这么一来，我们可以知道，"女士先行"有时为了必要，是可以权变一下的。

对于现代能干的妇女而言，保护她以免她滑倒的想法并不总是合乎现实。即使如此，礼仪上还是要求男士做出这种姿态。如先踏上小艇，准备好扶她上船。

在19世纪的英国，当时人们认为，男士应该帮助他所陪伴的女士携带属于她的任何东西，其中包括手套、阳伞、礼帽等。这条曾经是男士绝对遵守的老规矩，在今天，只有看了反映当时生活的影片后才会使人回想起来。但是，这条规矩的实质却保留至今，这就是：男士应该帮助女士。例如，男士应该携带从商店里采购的较重的物品，等等。而那些似乎已成为女士服装一部分的物品，男士就不必拿了。有一样东西男士永远不能拿，那就是女士们手上的小手提包。

国外但凡涉及位次顺序时，都讲究"以右为尊"。西方过去有一条非常重要的礼规，绝对不能把女士的座位安排在男士左边，坐在男士左边的女士不是"高贵女士"。现在，一般情况下男士仍应让女士坐在他的右边，这样显得更加礼貌，但并非绝对要这样做。此外，主宾席应安排在男主人或女主人（开会时则是会议主席）的右边。新娘走进教堂时应走在其父亲右边，举行婚礼活动时新娘应坐在新郎的右边。这一切都是从过去把女士安排在男士右边这一规定中演变而来的。

法国人对女士的尊敬和热情，是闻名于世的。有教养的男士都保持"法国式礼貌"的良好习惯，遇到无礼者则迫使他做。男士陪同女士上街，照例是女士应走在男士的右边。开辟了女士的人行道，上面不允许男士单人行走，有女伴则另当别论。去宾馆和公共场所，男士要为女士开门。就餐时男士必须征求女伴的意见然后才能就座。点菜以及与服务员打交道，通常都由男士承担，算账时当然也由男士掏钱。不过，现代法国已开始实行男女平摊或由女士付账。

在交际场合，对于认识或不认识的女士，都要讲究礼仪，礼仪的好坏是人的修养与内心世界的自然流露。在国际交往中，和女士接触是一个敏感的问题，因此这方面要特别留意。不要在人前对自己的妻子或别的女士说三道四，评头论足，避免不必要地接触女性的身体。总的原则是，一个有风度的男士，在女性需要帮助时都应给予帮助。

男士在礼节方面承担着一些特殊的义务，尽管今天有些妇女热衷于女权运动，不那么乐于接受男士的殷勤服务，但是尊重妇女这一条"金科玉律"仍然是经久不衰的。

# 二、守时惜时

**案例 7 - 6**

守时的拿破仑

拿破仑（1769～1821 年）是一个时间观念很强的人。有一次他请手下的几位将军用餐，时间到了，那几位将军还未到，拿破仑便一个人大吃起来，等到那些将军来到后，他已经吃完了。他对他们说："诸位，聚餐的时间过了，现在咱们开始研究事情吧。"弄得这些将军下不了台，以后再也不敢迟到了。

现代礼仪是加快交际节奏的需要，首要一条就是遵守时间。现代人惜时如金，大家的共同观念是：守时是立业之本。那么怎样才算守时呢？

集会约会，按时到达。大多数的公共集会，如演讲会、音乐会、演戏等，都是准时开始的。在集会开始前就座才是符合礼节的行为。如果与某人约定某时相会，不管是业务约会还是个人约会，都应当按时到场。人们经常用来提醒自己的一句话是，一分钟也不要迟到。

参加宴会，提前几分钟。举行家宴，主人通常都是按照请帖中预定的时间准时开宴。应邀参加宴会的客人怎样算守时呢？客人应当计划好预定的时间提前五分钟到达，这样恰好有时间脱去外套和帽子，并在开餐前与别的客人家聊几句。假如提前太多时间，会打乱主人的计划，使主人难堪。假如迟到，会让其他客人等得不耐烦，大家都会感到扫兴。

世界上时间概念最强的是日本人、德国人和英国人，他们在正式交往中都严守时间。日程表在印度尼西亚不像西方那样严格，雅加达人有句口头禅："雅加达如果不塞车，那就不算雅加达"，以致约会的时间往往得推迟。当地人碰上这种情况便开玩笑说是"橡皮时间"，意即可长可短，不准时。与阿拉伯人约会要有足够的耐心，因为他们来迟是司空见惯的。不管是学者、官员还是企业家，迟到半小时是常事。在他们看来，这似乎不算迟到，因而也难得听到他们表示道歉。同阿拉伯人一样，世界上还有一些国家的人时间观念不强，如巴基斯坦、爱尔兰等国。菲律宾人、葡萄牙人也不太强调准时赴约，但是客人最好准时赴约。

## 三、不妨碍他人

在公共场合遵守不妨碍他人的原则，这是指我们在候车室、在街头、在宾馆、在一切公共场合都要讲究公德，自觉维护所在国所在地的公共秩序，而绝不能因自己的行为不慎影响到其他人。美国礼仪专家指出，在今天拥挤的城市里，严格说原属于私人的行为全都极容易变成公众的行为。例如，身居闹市，一套公寓里发出来的声音，其他好多房间的人都可以听到，所以在居民当中最重要的事是必须顾及别人。不妨碍他人，就要求我们在琐碎的小事上也应该循规蹈矩。英国作家巴巴拉·卡德兰德曾经对英国人在法国、瑞士、意大利和西班牙的公共行为进行了观察，结果发现，违反本国的基本行为准则的大有人在。这些不良的公共行为包括：在街道上乱丢脏东西，在禁行的地方横穿马路，在禁烟的车厢里抽烟，不给宾馆服务员或剧场存衣室服务人员应给的小费等。

有许多人能够在社交场合中讲礼节，而且显得彬彬有礼、温文尔雅，然而一旦现身于公共场合，便我行我素，判若两人。这种人尽管是社交场上的君子，但由于他们只计个人得失，不顾他人，因此，他们的礼貌充其量不过是表面而已。

许多国家在维护公共秩序、遵守各项规章制度，特别是书面制定的规章制度方面是不容许打折扣的。例如，一位观众在奥地利首都维也纳去剧院观看演出时迟到5分钟，但剧院人员可能根本就不让他进去。不论如何解释，不论来自哪个国家，即使说有生以来一直渴望到这个剧院看演出也无济于事。规矩就是规矩，规矩是不容破坏的。

在其他一些国家，有关"琐碎小事"的规章非常严厉。《日本经济新闻》的一篇通讯，描述新加坡是"洁癖之国"和"罚款之国"。吸烟者和爱吃零食者，一不小心将烟盒或糖纸扔弃于地，麻烦立至；过马路不走斑马线，到厕所解手之后不冲厕所，马上就有人上前指责你犯法，结果当然是被罚款。

所以说，在琐碎的小事上也应该循规蹈矩，也许在我们看来这都是些区区小事，但别人却不这样认为。这种情况使许多国家都出版了一些有关礼节规范的专题丛书。这类丛书对在国外，尤其是在旅游者经常光顾的某些国家中应该如何行事提出了种种建议。

[知识链接] 欧洲旅游总会建议旅游者应该遵循的基本准则：(1) 你不要忘记，你在自己的国度里不过是成千上万同胞中一名普普通通的公民，而你在国外就是"西班牙人"或者"法国人"。你的言谈举止决定着他国人士对你的国家的评价。(2) 如果你无意中感到，国外的一切都比自己的国家糟糕，那么请你永远待在家中；如果你觉得外国的一切都更好，你就不要返回祖国，因为你没有祖国。(3) 在国外不要高声喧哗，要处处保持谦恭沉静。(4) 不要使自己的衣着特别引人注目。穿着应该朴素大方的款式。(5) 只有在别人邀请你

唱歌的时候才唱。（6）请你不要在你注定失败的方面尽力表现自己。（7）有的时候，也不要流露出过多的喜悦。（8）请你尽量搞清楚你不知道或者第一次遇到的事情。（9）请不要试图教训别人，最好是自己当学生。

## 四、吸烟之戒

吸烟也是一种重要的社交礼节。在国外，在公共场合吸烟是最容易惹是非的一件"琐碎小事"。现在，有许多国家是明令禁止在商店、机场、博物馆、教室以及出租汽车内吸烟的。由于专家们不断提出忠告，有许多人相信吸烟有碍身体健康，特别是被动吸烟危害更大。所以，与外国人打交道时，既不要让烟，也不要我行我素。要明白吸烟并不纯粹是个人的私事，它也与周围的人有关。

懂礼貌的人在吸烟之前总是先看看，自己所处的场所能不能吸烟。如果在车厢、休息厅、剧院或者其他什么场所挂着"请勿吸烟"的小牌子，那么无论是公开地还是偷偷地吸烟，把烟灰弹在纸片里，或者更糟糕的是弹在地板上——都是不允许的。咖啡馆和餐馆虽不禁止吸烟，但懂礼貌的人在吸烟之前总是征得与他同桌就餐的女士的同意，并且在这位女士没有结束用餐之前是绝不吸烟的。

在别人家里用餐，吸烟的人一定要征得主人的同意才能在餐桌上吸烟。当主人不在餐桌上放置烟灰缸，就是告示吸烟者在餐桌上吸烟是不受欢迎的。在宴会上，想要吸烟，只能在吃过了饭菜开始喝咖啡之后。

有人吸烟，喜欢把烟吸到只剩下滤嘴才肯扔掉，也有人还没有吸上几口就把烟弄熄，这两种吸烟方式都不对。不要在桌上弹烟头，烟灰要弹在烟缸里。丢烟头时要捏灭，不让其在烟缸中继续冒烟。吸烟的人，不论男女，都应该自己带烟和火，如果别人没有请你抽烟，你绝不要向对方要烟抽。

当你敬烟时，要整包递过去，等别人取出烟后就用打火机或火柴为其点燃，然后自己才取烟点火，而且，每次点烟不要超过两人。

现在越来越多的调查证明吸烟有碍健康，所以戒烟或禁烟之风在许多国家越刮越猛。只要听到有人咳嗽或有人因烟味而感到不舒服时，都该有礼貌地问一声："是不是我的烟影响了你？"只要对方有这样的暗示，就应该即刻把烟灭掉。

## 五、小费

### （一）小费的来历

来到异国他乡，还有一件对于中国人来说比较陌生而且叫人头痛的事，那就是付小费。付不付、付给谁、何时付、付多少，处理不好便会尴尬。因此，怎样付小费是出国前"行装"里必备的知识。

英国《牛津英语词典》指出："小费"这个词最早出现在1755年前后的英国文学作品中。但对别人所给予的帮助要付额外赏金这种行为习惯，则可追溯到人类历史的初始阶段。小费这个词的释义为：送给地位或身份低微者的小份额钱币礼物，也可以叫做小账或赏金。

在 18 世纪英国伦敦，有的酒店的餐桌上出现了一个"保证服务迅速"的碗，顾客把钱放入碗中，将会得到周到的服务。这种做法不断延续，使用的面也不断扩大，便成为对招待人员的一种报酬。

今天，不同国家和地区对小费的态度大不相同。在东方大多数国家，收小费并未得到官方的赞同。而在西方多数国家，付小费成为一种规定，该给小费时如果不给，就不光是个失礼的问题，还可能把要办的事弄糟。一位首次去美国的澳大利亚人在飞机上宣称，他到美国旅行绝不向任何人付小费。他说他在澳大利亚从不付小费，为什么在美国却要白白破费自己辛辛苦苦挣来的钱呢？飞机到了洛杉矶，行李经检查后还得托运到芝加哥，他分文没付帮他忙的搬运工。两个星期后行李没运到芝加哥，而是运到 1500 公里以外的迈阿密。由此付出的代价使得这位旅行者懂得付小费在很多国家是日常生活中难以摆脱的事。

在一些高级饭店的餐桌上，往往放着一块小牌子，上面写着："本店是不收小费的，但您若对服务非常满意的话，我们也愿接受您的表示。"此话写得很委婉，千万别误会，实际上是提醒您应当付小费了。

## (二) 小费的金额

在国外，向服务人员给付小费的具体金额颇有讲究。它往往既不可以少给，也不必多给。给付的小费金额过少，会被人视为吝啬鬼；给付的小费金额过多，则又会被人视为有意炫耀富有。

小费的计算方法有三种：第一种，按账单金额的 15% 左右计算。在欧洲，所有的宾馆在算账时都要加收 10% ~ 15% 的服务费。第二种，按件数计算。国外大多数机构，搬运工是按件收小费的，每件行李收 50 美分。第三种，按服务次数计算。在欧洲的影剧院，如果你接受了节目单，一般给门口分发节目单的服务员 25 美分的小费。

在美国、加拿大，宾馆服务员把行李搬进房间，一般每件付 50 美分；客房服务员付 1 人 1 天 2 ~ 4 美元。餐点送到客房应付饭费的 15%。在理发店理发，乘出租汽车，所付小费一般也为总金额的 15%。

但有些人是不必给他们小费的，如公共汽车司机、戏院服务员、售货员等。特别要注意的是切勿给警察、政府官员和公务员小费。

在欧洲，乘出租汽车、住旅馆、下饭馆吃饭都要付小费。有的饭馆把小费作为服务费列入账单，结算时一并付清，可不必另付小费，付小费一般按账单的 10% ~ 15% 掌握。接待单位提供车辆，不必给司机小费，可送点纪念品给司机以示谢意。此外，乘公共汽车、乘地铁、在自助餐厅就餐都不必付小费。

在英国，付给机场、宾馆的行李搬运工的小费是每只提箱 25 ~ 30 便士，使用盥洗室 10 便士。在法国，对出租车司机、剧场影院引座员、博物馆解说员付 2 法郎，使用盥洗室 1 法郎。顾客除了必须交纳包括在账单内的服务费外，在欧洲一些国家如德国，还要多少给侍者一些零钱。在宾馆里演出的乐手，小提琴手等，一般都不是宾馆的雇员，他们没有固定的工资收入，给不给他们小费，这完全出于顾客自愿。如果你没有点唱或点奏，就不用破费了，可给领头乐师 1 ~ 2 美元。

在欧洲，当驾驶的汽车加油时，通常得给加油的工人 20 ~ 30 美分的小费，但英国加油站的工人则不收小费。

## （三）付小费的注意事项

在给付服务人员小费时，还有一些注意事项。

第一，尊重对方。给付服务人员小费，意在看到其工作成绩，因此应对对方不失尊重，切勿居高临下，侮辱、戏弄对方。

第二，私下给付。向服务人员给付小费时，宜悄然进行，而切忌在大庭广众之下公开操作。一般小费放在菜盘、酒杯底下；可在感谢招待服务人员时直接塞进其手中；或在付款时，只将找回的整款拿走，零钱就算做小费；或者多付款，余钱不拿走。

第三，掌握时机。付小费的时机，往往直接制约着服务的效果。有经验的人通常都会"先入为主"，在服务开始前或服务之初付给服务人员小费。

第四，按质付费。给付小费，亦须"按质论价"。当服务质量下降或欠佳时，可以减少小费的具体数额或者拒付小费。

第五，给付本币。付给服务人员的小费，宜为该国法定本币。有时，亦可向其给付美元、欧元等硬通货币。在国际上，美金是通用的。所以，无论去哪个国家，最好备上一些1美元1张的纸币。在一些国家里，付小费是不能给硬币的，那样会被视为看不起服务员，人家会说你是在"给小钱儿"，因为在很多国家，硬币是给乞丐用的。

## （四）其他事宜

在日本，一般情况下，付小费不但没有必要，还会惹人讨厌，无论门卫、服务员、出租司机都不稀罕小费。当你把钱塞到他们手里时，许多人会拒绝接受。一位外国人在日本吃寿司。在寿司店饱尝一顿后，心满意足地去柜台结账，临走，还从口袋里摸出500日元放在柜台上作为小费。但没等他走多远，寿司店的侍者便急忙赶上来，满面笑容地把500日元双手送还给他。

但是在日本，到了夜晚11：00～12：00，正值日本人从剧院或宾馆出来回家时，如果不付高出正常价格二三倍的车费的话，可能就找不到出租汽车了。

澳大利亚不流行小费，不过旅游业的服务人员还是希望得到一点，付车费留个零头给司机比较好。在印度给小费与其说是表示感谢之意不如说是为保证把这件事情做好。有时别人如果认为你给的小费太少，他会把钱扔到地板上——但请注意，他们总是又把它拾起来。韩国没有给小费的传统，如拿不准就不要给。新加坡政府极力阻止付小费，并禁止机场、休息室、旅馆和餐厅收小费。

也有一些通常不用付小费的场合。例如，对旅馆中的服务台职员或轮船上的管理员就不必付小费。在写有"请不要给小费"字样的地方，无论如何也不要付小费。

## 项目小结

出行在外时，要遵循公共场所的基本礼仪，这些礼仪它不但反映了一个人的文化修养，同时也代表了一个国家的形象。公共场所礼仪反映了人们的社会公德，是人类文明程度的集中体现，更是社会和谐的综合展现。本项目着重介绍了交通礼仪、公共场合礼仪和一般交际礼节。通过本项目的学习，使学生能够熟悉和掌握出行在外的各项礼仪规范，培养正确运用公共礼仪的能力。

## 小 测 试

### 一、单项选择题

1. 一般而言，上楼下楼宜（　　）行进。

   A. 并排　　　　　　　B. 单行　　　　　　　C. 无所谓

2. 上、下楼梯需要注意（　　）。

   A. 左侧行走　　　　　B. 右上右下　　　　　C. 快速超越他人

3. 下列说法不正确的是（　　）。

   A. 多人并排行走时，一般以右为尊，以内侧为尊

   B. 多人并排行走时，以左为卑，以外侧为卑

   C. 若并行者多于三人时，则以居中者为尊

   D. 多人单行行走时，则大多以后为尊

4. 在公共汽车、地铁、火车、飞机上或剧院、宴会等公共场所，朋友或熟人间说话应该（　　）。

   A. 随心所欲　　　　　B. 高谈阔论　　　　　C. 轻声细语，不妨碍别人

5. 支付小费给服务员应该使用（　　）。

   A. 纸币　　　　　　　B. 硬币　　　　　　　C. 支票

### 二、判断题

1. 电梯服务员在看到客人走向电梯时，应首先进入电梯，在电梯内欢迎客人。（　　）

2. 安全行驶 树立所谓安全意识，就要做到"查一查""想一想""严一严""看一看""听一听""让一让"。（　　）

3. 乘坐轿车时，嘉宾坐在哪里，即应认定那里是上座。（　　）

4. 男女同行时，通常男子应走在人行道靠马路的一侧。（　　）

5. 到著名剧院观看演出应盛装出席。（　　）

### 三、思考题

1. 乘坐轿车和火车时，都有哪些礼仪规范需要遵守？

2. 乘坐飞机时怎样做才符合礼仪规范？

3. 在宾馆住宿时如何接待来访者？

4. 参观时应遵循哪些礼仪要求？

5. 私家车已经是我国的普遍现象，驾驶时应该注意哪些方面？

6. 宾馆是指规模较大、设备较好、档次较高的旅馆。不论去宾馆访友、娱乐、用餐，还是去宾馆办公、住宿，都必须遵守宾馆所通行的特殊礼仪，所谓的"特殊礼仪"包括什么？

## 项目实训

### 入住宾馆礼仪训练

#### 实训目标

通过实训使学生了解入住宾馆的主要程序以及相关注意事项，能够较熟练、得体地入住宾馆。

**实训准备**

客房实训室、前厅实训室相关设备。

**实训步骤**

(1) 教师介绍本次实训的内容和实训情景。（某公司营销经理 A 带领其团队入住宾馆）

(2) 教师示范讲解入住宾馆的主要程序以及相关注意事项。

(3) 根据模拟活动情景分组。把全班同学按每组 8 人分组。

(4) 确定模拟活动情景角色：A 为 ×××——某公司的营销经理；B 为成员甲；C 为成员乙；D 为成员丙；E 为成员丁；F、G、H 分别为宾馆工作人员。

(5) 全组讨论本组入住宾馆的主要程序以及相关注意事项。

(6) 入住宾馆模拟训练：抽签排序，一组一组进行；一组模拟时，其他组观摩并指出问题；在小组成员中临时挑选 2~3 名学生扮演前台、客房等岗位工作人员。

**实训效果**

(1) 教师分别对每组进行考核。

(2) 观摩的学生分别讨论模拟中存在的问题并给出改正的建议。

(3) 实训教师就全场学生的表现进行分析，并给每个学生进行打分，记入该实训项目的总成绩中。

**效果评价（见表 7 – 1）**

表 7 – 1　　　　　　　　　入住宾馆礼仪效果评价表

姓名：　　　　　　　　　　　　　　　　　　　　　　　　　　　时间：

| 考核项目 | 考核内容 | 分值 | 小组评分（50%） | 教师评分（50%） | 实得分 |
|---|---|---|---|---|---|
| 入住宾馆礼仪 | 下车礼仪 | 10 | | | |
| | 宾馆迎宾 | 10 | | | |
| | 引领 | 15 | | | |
| | 入住接待 | 25 | | | |
| | 客房接待 | 25 | | | |
| | 整体表现 | 15 | | | |
| 合计 | | 100 | | | |

注：考评满分为 100 分，60~70 分为中等，81~90 分为良好，91 分及以上为优秀。

教师签名：

# 项目八

# 涉外礼仪

## 项目目标

知识目标：熟悉和掌握涉外接待活动、接待过程中的礼仪及部分国家的商务礼仪。

能力目标：能够运用涉外礼仪的有关知识指导自己的涉外行为。

素质目标：掌握正确的涉外礼仪，并能更好地进行现实生活中和网络环境下的国际交往和沟通。

教学重点：涉外接待过程中的礼仪。

教学难点：部分国家的商务礼仪。

## 导入案例

### 尴尬的小费

小王刚到公司不久，由于业绩突出，荣升为销售经理，公司派他到法国巴黎的一家公司洽谈一个合作项目。刚抵达法国巴黎的那天下午，小王邀请陪同他游玩的法国生意伙伴上咖啡厅喝一杯，说好了由小王来付账单。享受完醇厚浓郁的法式咖啡，起身时小王留下了3法郎的小费，向来对数字糊里糊涂的小王一时还未弄清楚英镑与法郎的汇率，于是便向身旁的法国生意伙伴请教这点钱够不够应付小费的，对方点点头说是可以了。但当小王转身时眼角却瞥见那位陪同他的法国朋友正急忙地从口袋里又掏出来几枚硬币放在了桌子上，一时令小王颇为窘迫。可见，商务人员在国外的宾馆或餐厅等场合接受别人服务需要给付小费的时候，一定要事先弄清小费给多少适宜，以免造成不必要的尴尬。

**评析：** 小王对外出给小费这一涉外礼仪的疏忽导致了此行的不愉快，可见，商务人员在出国时要了解当地的礼仪。

**思考：** 商务人员出国或是与外国人交际要注意些什么呢？如何才能得体地与外国人交流？

## 任务1　出国访问礼仪

任务目标：掌握涉外访问礼仪知识，懂得涉外访问的规则，掌握正确的方法。

**案例 8 – 1**

不懂风俗也会贻误商机

小李是个时尚青年，喜穿奇装异服，长发掩耳。一次赴新加坡与一华裔商人张先生洽谈一笔出口业务，同是华人，小李有一种亲切感。进入办公室忙丢掉手中的烟蒂，随便踩灭，上前说："张先生，恭喜发财！"见张先生没有反应，小李又拱了拱手加重声音说"恭喜发财"。张先生似有不悦之意。"怎么，财也不要发了？"小李随之又幽了一默。张先生说："对不起今天我还有个会议，我们改日再谈吧？"小李惘然地退出，心想不是早就约好今天洽谈的吗？怎么可以随便变更呢？新加坡人都是这么不讲信用的吗？后来小李再也没有见到张先生，这笔业务也就不了了之。

**思考：**是张先生不讲信用还是小李不懂当地风俗？你怎么认为？

在涉外交往中，相互拜访是一种常见的形式。在拜访时，尤其是在进行正式拜访时，必须恪守一系列完备的礼仪规范。

# 一、出访原则

出访原则主要是指有关正式出国访问时，特别是在进行具体的准备工作时，所应该遵守的惯例和规定。进行出国访问时，必须做好下列八项工作。

## （一）确定出访国与出访日期

在国际交往中，重要的出访活动，按惯例均须由相关双方通过外交渠道商定。在一般情况下，出访的具体日期最好应当避开东道主一方重要的节假日与重要的活动时间。

## （二）经过报批并通报给东道主

目前，在我国凡正式因公组团出国访问，必须依照有关方面的规定，报请上级主管部门审核、批准。在正式出访之前，还需要以传真或电子函件的形式，将我方的出访通报给东道主。其内容应当包括：访问的性质与目的，访问的日期与停留天数，抵离目的地的航班或车次，全部出访者的名单。按照国际惯例，出访者的正式名单，必须按礼宾次序进行排定。

## （三）办妥护照与签证

护照是一国公民出入本国国境和在境外旅行时必须持有的国籍证明和合法身份证件。在领取护照后，要认真查验其有无差错。在使用期间，要注意有效期，并严防丢失。签证指的是一个主权国家的主管部门，为同意持有合法护照的外国人出入或过境本国领土而正式颁发的签注式证明。当前，世界各国的签证主要分为礼遇签证、外交签证、公务签证、普通签证四种。有些国家之间，根据外交协定，还可按照护照不同种类而免予办理签证。除互免签证的国家外，出国访问者在办理护照后，只有获得了前往国的签证方可成行。在办理签证时，要提交必要的文件、资料，必要时，还须交纳一定数额的"签证费"。

## (四) 制定具体而详尽的访问日程

按照常规，出访者在访问国进行访问的日程应由宾主双方经过协商之后，由东道主根据来访者的意愿制定。其内容大致应当包括：举行迎送仪式，安排宴会，进行会见、会谈，出席签字仪式，外出观光游览，召开记者招待会，举办晚会等。在一般情况下，出访之前，出访者可就某些重要的访问日程提出自己的建议或要求。

## (五) 确定出访时乘坐的交通工具

在国际交往中，出访时来回乘坐的交通工具均应由出访者自行负责解决。在具体确定选择何种交通工具时，最重要的是要安全、省时、经济，并且选择合理而方便的具体时间、地点与路线。在一般情况下，要尽量避免在晚间，特别是后半夜抵达目的地，以乘坐直达目的地的交通工具为佳。

## (六) 准备必要的卫生检疫证明

出访人员在出国之前，除了要按规定注射疫苗、携带预防药品之外，还应办理《健康证明书》《预防接种证明书》《艾滋病检验证明书》，并且随身携带，以备入境他国时查验之用。

## (七) 认真做好安全保密工作

通常，出访期间，特别是重要代表团出访期间，有关其安全、保卫方面的一切事项均由东道国方面全权负责。出访者所要注意的主要是在这一方面给予东道国有关人员以协助、配合。在国外期间，尽量不要个人单独行动，尤其是不要前往不安全区域活动或是夜晚外出活动。还须注意，在出访期间，应对保密问题给予高度重视，严防泄密。在一般情况下，出访时不准私自携带涉密的文件、资料以及一切与此相关的笔记、图表、录音、录像、软件。确有必要携带时，应经本单位或上级有关领导批准，并妥为保管。在一切可能泄密的场所，如饭店、商店、餐馆、酒吧、机场、车站以及交通工具之上，切勿阅读涉密文件，或谈论涉密事宜。在使用公用通信工具时，亦应注意此点，严防他人窃密。

## (八) 充分了解出访国的风土人情与主要交往对象的个人状况

在出国访问前，应集中一段时间专门系统而认真地学习有关出访国的国情、习俗方面的知识。对于主要交往单位及其个人的状况，亦应有一定程度的掌握。

## 二、仪表与着装的礼仪

首先要适时理发，梳理整齐。如出国访问时间较长，除出访前应理发外，任何男士都不得留长发、蓄胡须，女士也应注意不做奇形怪状的发型或留长指甲，不盲目追求所谓的时髦。

参加商务活动前，不要吃葱、蒜、韭菜等有异味的食品，必要时可以嚼口香糖或含茶叶，以除去臭味。生病的人员不要参加涉外活动，如感冒、外露皮肤病等，以免令人反感。

在正式场合，忌讳挖眼屎、擤鼻涕、抠鼻孔、挖耳秽、剔牙齿、剪指甲等不卫生的动作。患有传染病的人严禁参加外事活动。

在对外交往中，不能仅凭个人爱好着装。从原则上说，参加正式、隆重、严肃的场合着深色、上下同色、同质的毛料服装，配黑色皮鞋和颜色相宜的袜子。对于男士在正式场合的着装，有必须遵守"三色原则"的要求。对于女士在正式场合的着装的评价，人们往往关注于一个细节，即她是否了解不应该使自己的袜口暴露在外。不仅在站立之时袜口外露不合适，就是在行走或就座时袜口外露也不合适。穿裙装的女士最好穿连裤袜或长筒袜。在国外的社交场合，涉外人员的着装应当重点突出"时尚个性"的风格。既不必过于保守从众，也不宜过分地随便邋遢。目前的做法是，在需要穿着礼服的场合，男士穿着黑色的中山套装或西装套装，女士则穿着单色的旗袍或下摆长于膝部的连衣裙。在休闲场合，涉外人员的着装应当重点突出"舒适自然"的风格，着装颜色不限，深浅均可。参观游览活动一般可以着便装，了解参观游览活动安排，在两场正式活动之间，则需要正规着装。

## 三、住宿的礼仪

出国进行商务活动都会住宿在宾馆、饭店之内。在国外住宿应该注意以下事项。

### （一）要讲究礼貌

在宾馆里，通过走廊、出入电梯或是接受饭店里所提供的各项服务时，要懂得礼让他人。在国外许多国家，住宿宾馆时，对提供了服务的客房服务生、行李员、餐厅侍者都要支付一定数目的小费。大型会议代表如住在旅馆里，亦可按当地习惯给小费。

### （二）要保持肃静

宾馆是专供住宿者进行休息的场所，保持肃静被视为宾馆的基本规定。在宾馆内的公共场所，会见客人、用餐或个人休息时，一定要注意尽可能降低说话音量，走路要轻。进入客房，要轻关房门，以防自己活动的声音影响他人。

### （三）要注意卫生

在宾馆客房内最好不要吸烟，以免影响室内空气质量。不要随地吐痰或者将废弃物扔到地上或窗外，更不要乱涂乱画。不要在客房内洗涤、晾晒衣物，可以把换洗的衣服放入衣柜内的洗衣袋中，并填写洗衣单，把单子也放入袋中，然后再打电话送洗。在国外，许多宾馆的卫生间并不提供免费的盥洗用具，如牙刷、牙膏、洗发液等，这些都要自备。

### （四）要严守规定

在国外的饭店，尤其是星级宾馆，通常有以下规定：第一，除了一家人外，不允许两名已经成年的同性共居于一室；第二，不允许住客在自己所住宿的客房内留宿其他的外来人；第三，住客会见来访人士，特别是异性来访者一般应在宾馆设有的咖啡厅或者会议室内进行。欧美的一些酒店浴室内还设有一根绳子，可千万别乱拉，因为那是为防止心脏病人突然发病时的报警装置。

## （五） 要注意仪表

若在旅馆房间内接待临时来访的外宾时，如来不及更衣，应请客人稍坐，立即换装，不得光脚，着拖鞋、睡衣、短裤接待来客。住客不可身着内衣、睡裙、背心等在宾馆内公共场所活动。

## 四、饮食的礼仪

在国外，上饭店吃饭一般都需事先预约。预约饭店时有几点要特别注意说清楚。首先，要说明就餐的人数与时间；其次，要表明是否要吸烟区或者视野良好的座位，在预订的时间到达是基本的礼貌。另外，再昂贵的休闲服也不能随意穿着上餐厅，吃饭时得体的穿着是欧美人的常识。上高档的餐厅就餐，男士要穿着整洁，女士要穿套装和有跟的鞋子。如果指定穿正式服装的话，男士则必须打领带，进入餐厅的时候，男士应先开门，请女士进入，同时应注意女士走在前面。入座、餐点端来时，都应让女士优先。特别是在团体活动时，更别忘了让女士们走在前面。

进门时，先把大衣以及帽子、雨伞等寄存衣帽间；进门后由领座员引导入座。服务员一般会先请客人点饮料，然后摆上菜单供客人选菜。点完菜后，服务员会先将餐具摆上。在国外，餐前用餐巾把餐具擦一下是十分忌讳的，表示顾客对餐馆的卫生不满意。服务员若是看到这种情况会马上换一套新的。万一发现某一餐具不干净，可直接找服务员说明，请其调换。

吃西餐时，如果吃不完已盛到自己盘内的食物是很不礼貌的。在进餐中途暂时离开座位时，餐巾应放在椅子上，如果放在桌子上，会被误以为已用完餐。欧美餐厅结账大多在座位上付钱，如果用餐者发现账单上不含服务费，那么就应付总额 10% ~ 15% 的小费。不过，有些没有写明"服务费"的账单上会写着"OK"，表示无需付小费。你如果希望饭店送食物进客房，可要求"送餐服务"，不过这比在餐厅吃要贵 15% 左右，而且小费要付现金，约为餐费的 20% 。

## 五、出行的礼仪

## （一） 步行礼仪

国外步行的礼仪遵循"女士优先"。在升降梯上应把左侧让给有急事的人。路遇熟人时，忌在路中央交谈或在路旁久谈。与女子路谈，应边走边谈，忌在路边立谈。不要在马路、走廊上数人并排行走。开闭门时，如后面还有人，应按住门等候。勿随便露出令人误解的微笑，勿牵手或勾肩搭背行走。注意遵守交通法规，不要任意闯红灯，要走人行横道。

很多国家规定，只要有人踩上斑马线，汽车必须停下来让行人先走。就行进方向而言，目前主要存在两种模式：一种是"右侧通行"，如俄罗斯、法国、德国、中国、美国、巴西等国家；另一种是"左侧通行"，主要是日本、英国以及英联邦国家和地区。

## （二）乘车礼仪

轿车座次安排通常有以下几种情况。

第一种，双排座、三排座的小型轿车。基本座次原则为"由前而后，自右而左"。但具体安排根据驾驶员的身份不同而具体分为两种情况：如果由主人亲自驾驶，前排为上，后排为下，以右为尊。双排五座轿车上其他的四个座位的座次，由尊而卑依次应为：副驾驶座，后排右座，后排左座，后排中座。三排七座轿车上其他六个座位的座次，由尊而卑依次应为：副驾驶座，后排右座，后排左座，后排中座，中排右座，中排左座。如果由专职司机驾驶，通常后排为上，前排为下，以右为尊。

第二种，轻型越野车，简称吉普车。不管由谁驾驶，其座次尊卑依次为：副驾驶座，后排右座，后排左座。

第三种，多排座的中型轿车或大型轿车。无论由何人驾驶，通常应以距离前门的远近来确定座次，离前门越近，座次越高。驾驶员身后的第一排为尊，其他座位以前排为上，后排为下，右高左低。

按照惯例，在商务场合，副驾驶座被称为"随员座"，专供助理、秘书、翻译、警卫、陪同等随从人员就座。上下车时应注意先后顺序，通常是尊长、来宾先上后下，助理或其他陪同人员后上先下。即请尊长、来宾从右侧车门先上，助理或陪同人员再从车后绕到左侧车门上车。下车时，助理或陪同人员应先下，并协助尊长、来宾开启车门。

## 六、拜访礼仪

在国外进行商务拜访时，需要严格遵守的礼仪规范，主要涉及下述六个方面。

### （一）要有约在先

受到拜访对象的专门邀请后，务必要在拜访前与对方约定好见面的具体时间和地点。约定的时间通常应当避开节日、假日、用餐时间、过早或过晚的时间以及其他会引起对方不便的时间。

### （二）要守时践约

进行涉外拜访时之所以要守时践约，不只是为了讲究个人信用，提高办事效率，而且也是对交往对象尊重友好的重要表现。

要做到守时践约，既不可迟到或失约，也不必早到。万一因故不能准时抵达，务必要及时通知拜访对象，以免对方久候。必要的话还可将拜访另行改期。在这种情况下，一定要记住向对方郑重地道歉，应该杜绝出现失约不到的情况。有些外国人喜欢选择酒吧、餐馆、咖啡厅或饭店的前厅作为会客地点。倘若对此处的环境、路线不太熟悉，则不妨提前5分钟抵达，确认地点无误后，先在附近小候片刻，然后准时赴约。

### （三）要进行通报

进行拜访时，倘若抵达约定地点之后，未与拜访对象直接见面，或是对方没有派人员在此迎候,则在进入对方的办公室或私人居所的正门之前有必要先向对方进行一下通报。

具体而言,前往大型的公司、企业拜访他人,尤其是拜访重要人士时,应首先前往接待处,向接待人员进行通报。或者先行前往秘书室,由秘书代为安排、通报。

前往饭店、宾馆拜访他人时,通常情况下,首先应当在拜访对象下榻的饭店、宾馆的前厅里打一个电话给对方,由对方决定双方见面的具体地点,切勿直奔对方的客房而去。

前往私人居所或普通人的办公室进行拜访时,要首先轻叩一两下房门,或是轻按一两下门铃,得到主人的允许后再推门而入。叩门或按门铃时要保持耐心,不要再三再四,或者二者并用。为安全起见,国外的有些私人居所的门上装有监视器、对讲机或门镜。在此处登门拜访时不要胡闹或者吓唬主人。

## (四) 要登门有礼

登门拜访外国友人时,不论与对方是深交还是初识,均应遵守以下基本的礼节,切忌不拘小节、失礼失仪。

首先,当主人开门迎客时,务必要主动向对方问好,并且要与对方互行见面礼节。倘若主人一方早已在门口恭候,并且不止一人时,则对对方的问候与行礼必须在先后顺序上合乎礼仪惯例。标准的做法如下:其一是先尊后卑。即先向地位、身份高者问候、行礼,后向地位、身份低者问候、行礼。其二是由近而远。即先向距离自己最近者问候、行礼,然后依次而行,最后再向距离自己最远者问候、行礼。

然后,应在主人的引导之下进入指定的房间,并且在指定的座位上就座。在就座之时,要与主人同时入座,不要抢先就座。

进入外国友人的办公室或私人居所后,按照惯例应当将自己身上的帽子、墨镜、手套和外套脱下来,以示对对方的敬意。

## (五) 要举止大方

在拜访外国友人时,在其办公室或私人居所内进行停留时要注意自尊自爱,并且时刻以礼待人。

与友人或其家人进行交谈时,要慎选话题。特别重要的是,不要跟对方开玩笑,出言无忌。与异性交谈时,更要讲究分寸。不要有意回避其他的人,或是故意压低声音。对于在主人家里所遇到的其他客人,不管对方来得比自己早还是比自己晚,都要表示尊重、友好相待。不要在有意无意之间冷落对方,更不要对对方视而不见,置之不理。

在主人家里,不要随意脱衣、脱鞋、脱袜,也不要大手大脚,动作嚣张而放肆。未经主人的允许,不要自作主张地在主人家中四处乱闯,尤其是不应当进入其卧室。随意乱翻、乱动、乱拿主人家中的物品,也是严重的不合乎礼仪规范的行为。

## (六) 要适时而止

在拜访他人时,尤其是进行较为正式的拜访,要注意在对方的办公室或私人居所里进行停留的时间的长度。

具体来讲,若宾主双方事先并未议定拜访的时间长度,则拜访者应自觉把握好时间。在一般情况下,礼节性的拜访,尤其是初次登门拜访应控制在 15 ~ 30 分钟内。最长的拜访,通常也不宜超过 2 个小时。有些重要的拜访往往需由宾主双方提前议定拜访的时间长度，在这种情况下，务必要严守约定，决不要单方面延长拜访时间。自己提出告辞时，虽主人表示挽留，仍须执意离去，但要向对方道谢，并请主人留步，不必远送。在拜访期间，若遇到其他重要的客人来访或发生重要事件，或主人一方表现出厌客之意，应当机立断地告退。

## 七、馈赠的礼仪

馈赠礼品对顺利开展商务活动是必要的，但是也要注意礼品的选择，以下八类物品在对外商务活动中不宜充当礼品。

第一类，一定数额的现金、有价证券。不接受现金、有价证券或实际价值超过一定金额的物品，这不仅是一项常规的职业禁忌，而且被视为反腐倡廉的应有之举。

第二类，天然珠宝、贵金属饰物及其他制成品。原因与第一类相同。

第三类，药品、补品、保健品。在国外，个人的健康状况属于"绝对隐私"，将与健康状况直接挂钩的药品、补品、保健品送给外方人士，往往不会受欢迎。

第四类，广告性、宣传性物品。若将带有明显广告性、宣传性或本单位标志的物品送与对方，会被误解为有意利用对方，或借机进行政治性、商业性宣传。

第五类，冒犯受赠对象的物品。若礼品本身的品种、形状、色彩、图案、数目或其寓意冒犯了受赠者的个人、职业、民族或宗教禁忌，会使馈赠行为功亏一篑。

第六类，易于引起异性误会的物品。向异性赠礼时务必要三思而后行，切勿弄巧成拙，误向对方赠送示爱之物或含有色情的礼品。

第七类，以珍稀动物或宠物为原材料制作的物品。出于维护生态环境、保护珍稀动物的考虑，在国际社会中不要赠送此类物品。

第八类，涉及国家机密、行业秘密的物品。在外事活动中，我方人员要有高度的国家安全意识与保密意识。对于外方人员，既要讲究待人以诚，又要注意防范。不可将内部文件、统计数据、情况汇总、技术图纸、生产专利等有关国家、行业的核心秘密随意送出。

## 八、其他需要注意的礼仪

公共场合吸烟会影响到他人，所以国外许多的公共场所都是不允许吸烟的，如博物院、医院、教堂、会议厅、体育馆、剧场、商店、公共汽车等处。一般在火车、飞机、轮船上也分设有吸烟与不吸烟的车厢与座位，并有禁止吸烟的明显标识，一般是画着一支点燃的烟，上面涂个红"×"，下面写上禁止吸烟。下面列举一些在外国公共场合吸烟的应注意事项：禁止吸烟的公共场所不要吸烟；不要在有空调的房间吸烟；不要边走路边吸烟；洗手间不要吸烟；商业洽谈时，即便会客室、会议室、办公室里有香烟和烟灰缸，但如果对方不吸烟，自己最好也不吸烟。尤其是欧美国家一般是不敬烟的。在可以吸烟的场所，旁边如有女士，若想吸烟时应说："对不起，我可以吸烟吗?"在征得对方同意后再吸。

合影留念时，一般主人居中，主人右侧为第一主宾的位置，左侧为第二主宾的位置，双方其他的人员相间排列，两端的位置不要要留给客方。

## 任务 2　接待外宾礼仪

**任务目标：**掌握商务人员在接待外宾时需要注意的一些基本礼仪。

**案例 8 - 2**

意外的失败

　　国外某投资集团十分看好某县独特的旅游资源，在有关部门的努力下，原则上决定投巨资开发当地独特、优美的旅游资源。为了进一步落实投资具体事宜，该投资公司派出以董事长为团长的高级代表团来到该县进行实地考察。当地县政府对这次接待活动格外重视，接待规格之高是史无前例的，县政府在代表团到达当天举办盛大欢迎宴会，然而，面对主人热情洋溢的祝酒词以及丰盛的山珍海味，外方代表团成员没有中方陪客那样兴奋，对中方的盛情款待似乎并不领情。第二天，代表团参观了当地尚未开发的旅游资源，虽然外方赞不绝口，但没有按照中方期望的那样签署投资协议。

　　**思考：**案例中的签约失败说明了什么？导致这种结果的原因？

　　随着国际交往的密切，越来越多的外宾来访我国，如何迎接好外宾是一项非常重要的工作。

## 一、接待前的准备

　　在接待外宾工作之中，要进行必要的先期准备，以求有备而行。

### (一) 掌握基本状况

　　一定要充分掌握要接待对象的基本状况。来宾尤其是主宾的个人简况，如姓名、性别、年龄、籍贯、民族、单位、职务、学历、专长、著述、知名度等。必要时，还需要了解其婚姻、健康状况，以及政治倾向与宗教信仰。在了解来宾的具体人数时，不仅要求准确无误，而且应着重了解对方由何人负责、来宾之中有几对夫妇等。来宾此前有无正式来访的记录。如果来宾，尤其是主宾在此前进行过访问，则在接待规格上要注意前后协调一致。来宾如能报出自己一方的计划，如来访的目的、来访的行程、来访的要求等，在力所能及的前提之下，应当在迎宾活动之中兼顾来宾一方的特殊要求，尽可能地对对方多加照顾。

### (二) 制定具体计划

　　制定接待的具体计划可有助于使接待工作避免疏漏，更好地、按部就班地顺利进行。按照惯例，至少要包括迎送方式、交通工具、膳宿安排、工作日程、游览、会谈会见、礼品准备、经费开支以及接待、陪同人员等各项基本内容。

　　单就迎宾而言，接待方亦应有备在先，最为重要的有下面几项内容，即迎宾方式、迎宾人员、迎宾时间、迎宾地点及迎宾车辆等。

**1. 迎宾方式**

迎宾方式包括要不要搞迎宾活动，如何安排迎宾活动，怎样进行好迎宾活动。

**2. 迎宾人员**

一定要精心选择迎接来宾的迎宾人员，数量上要加以限制，身份上要大致相仿，职责上要划分明确。在迎宾工作中，现场操作进行得是否得当乃是关键的一环。

**3. 迎宾时间**

首先要预先由双方约定清楚，然后要在来宾启程前后再次予以确认，迎宾人员务必要提前到达迎宾地点。

**4. 迎宾地点**

交通工具停靠站，如机场、码头、火车站、长途汽车站等；来宾临时下榻之处，如宾馆、饭店、旅馆、招待所等；东道主一方用以迎宾的常规场所，如广场、大厅等；东道主的办公地点门外，如办公大楼门口、办公室门口、会客厅门口等。前三类地点多用于迎接异地来访的客人。其中的广场主要用于迎接贵宾。第四类地点也就是办公地点门外，则大多用于迎接本地来访的客人。

**5. 迎宾车辆**

如有条件，在客人到达之前将住房和乘车号码通知客人。如果做不到，可印好住房、乘车表，或打好卡片，在客人刚到达时及时地发到每个人的手中，或通过对方的联络秘书转达。这既可避免混乱，又可以使客人心中有数，主动配合。指派专人协助办理入出境手续及机票（车票、船票）和行李提取或托运手续等事宜。重要的代表团，人数众多，行李也多，应将主要客人的行李先取出，及时送往住地，以便方便客人更衣。客人抵达住处后，一般不要马上安排活动，应稍作休息，起码给对方留下更衣的时间。

# 二、接待过程中需要注意的礼节

## （一）迎宾

迎宾所指的是在人际交往中，在有约在先的情况下，由主人一方出动专人前往来访者知晓的某一处所恭候对方的到来。

在一般情况下，迎宾仪式包括以下内容。

（1）宾主双方热情见面。

（2）向来宾献花。若来宾不止一人，可向每位来宾逐一献花，也可以只向主宾或主宾夫妇献花。向主宾夫妇献花时，可先献花给女主宾，也可以同时向男女主宾献花。

（3）宾主双方其他的人员见面。依照惯例，应当首先由主人陪同主宾来到东道主方面的主要迎宾人员面前，按其职位的高低，由高而低，一一将其介绍给主宾。随后，再由主宾陪同主人行至主要来访人员的队列前，按其职位的高低，由高而低，一一将其介绍给主人。

（4）主人陪同来宾与欢迎队伍见面。

## （二）商务宴请

接待外宾应该举行专门的宴会，最常见有两种：一是在外宾抵达之后所举行的宴会，故称欢迎宴会；二是在外宾离去之前所举行的宴会，称为送别宴会。凡举办宴请外宾的正式宴会务必提前发出请柬、准备菜单、排好座次，并且安排好我方出席宴会作陪人员。

为外国来宾所举行的宴会的具体程序如下。

（1）在宴会正式开始前，主人及东道主一方的少数重要人员应当排列成行，专门在宴会厅或休息厅迎接客人。

（2）当主人陪同主宾一行进入宴会厅，并在主桌上就座后，宴会宣告开始。一同入场时，其他出席宴会的陪同人员应起立鼓掌。在宴会正式开始时，应由主人首先致欢迎词，然后再请主宾致答词。此后，即可开始用餐。

（3）主人宣布宴会结束，主宾起身告辞后，主人应陪同其走出门外，并与其握手道别。原列队于门口迎宾的人员，可按原定顺序再次列队于宴会厅门口，与其他的客人握手道别。

## （三）商务会晤

### 1. 见面

在外事交往中，与外宾见面时，视对象、场合的不同，礼仪也有所差异。会见欧洲客人时，欧洲人喜欢拥抱的礼节，有时还伴以贴面和亲吻。但要注意，不可吻出声响。在商务活动中一般不行此礼，且中方人员不主动拥抱、亲吻外宾。男士还有特别的脱帽礼和对女士的吻手礼。对英国客人，人们穿得很正式，最好不要有身体接触。可以拥抱，但不能有其他的身体接触。对意大利客人，握手很重要，在业务活动中表示很正式的尊重。对德国客人，握手很正式并伴有几乎感觉不到的鞠躬，除非对主人很了解，其他的接触，如拥抱和接吻面颊是不提倡的。

会见东亚客人（如日本、韩国、朝鲜）时，鞠躬是常见的传统礼节。行礼时立正站直，双手垂在体侧，俯身低头，同时问候，弯身越低，越表示敬意。对日本、韩国和朝鲜的客人的鞠躬礼，每次必须同样还礼。对日本客人，眼睛的直接接触和身体的直接接触都不提倡，因为这代表傲慢，不要看他的眼睛，取而代之的是看他的领带打结处，以表尊敬。在日本鞠躬要哈腰，头要低到身体一半处。如果我们见到的人的年纪越大、职位越高，那么我们鞠躬应该越深，声音和态度应该平静。会见拉美客人时，握手和拥抱很频繁，说话时他们比美国人站得更近，向后站是不礼貌的。

### 2. 洽谈

（1）座次排列。座次安排是洽谈礼仪中一个非常重要的方面。尽管各国的风俗习惯有所不同，仍存在一定的国际惯例，即一个多数人能接受或理解的安排方式。座次的基本讲究是以右为尊、右高左低。在这里高低是指洽谈参与者身份地位的高低。

业务洽谈（特别是双边洽谈）多使用长方形的桌子。通常宾主相对而坐，各占一边。谈判桌横对入口时，来宾对门而坐，东道主背门而坐。谈判桌一端对着入口时，以进入正门的方向为准，来宾居右而坐，东道主居左而坐。双方的主谈人是洽谈中的主宾和主人。主宾和主人居中相对而坐，其余人员按职务高低和礼宾顺序分坐左右。原则仍是以右为尊，从就近主谈人位置开始，主谈人右手第一人为第二位置，主谈人左手第一人为第三位置，右手第二人为第四位置，左手第二人为第五位置，以此类推。记录员一般位于来宾的后侧，翻译员位于主谈人的右侧。

参与洽谈人员的总数不能是奇数，可以用增加临时陪坐的方法避免这个数字。多边洽谈一般采用圆桌的形式，有时为了强调对贵宾的尊重，己方人员有不满座的习惯，即坐 2/3 即可，但须视情形而定。由于座次排列属于重要的礼节，来不得半点的马虎，为了避免因出错而失礼或导致尴尬的场面，在座次安排妥当后，在每个位置前可安放一个名签以便识别，用引座员加以指引也是得体和恰当的。

（2）与外国友人交谈应该主动回避的话题。商务活动中的礼节性会见，由其性质所决定，不可能时间很长，所以会见的双方应掌握分寸，言简意赅，多谈些轻松愉快、相互问候的话题，避免单方面的冗长的叙述，更不可有意挑起争论。在会见中，如果人员较多，亦可使用扩音器。主谈人交谈时，其他的人员应认真倾听，不得交头接耳或翻看无关的材料。不允许打断他人的发言或使用人身攻击的语言。

## （四）陪同外宾参观

随着中国加入 WTO，中国与外国的各方面联系不断加强，来中国投资的外资企业不断增加。与此相适应，外事交往与接待工作日益频繁。许多外宾在同国际进行各种形式的经济合作之前，都要先参观一下合作伙伴的企业或公司，以便了解对方各方面的情况，为决策和合作做准备。在接待这类外宾时，一定要注意各种礼仪要求。外宾来本单位参观，必须提前派专人负责精心安排，指定陪同的人员，确定参观的基本程序，提前搞好要参观处的环境卫生。总之，要做好相关事宜的安排准备。

外宾来参观公司或企业时，公司或企业的工作一定要正常进行，绝不能停工接待。有的单位为了表示自己的热情，在外宾来参观时常自行悬挂标语、国旗及外国领袖像，如写上大幅标语"欢迎×××代表团来厂参观指导"之类的东西，这实在是弄巧成拙。外宾对这种空洞的形式十分反感。一般接待外宾，如果涉及重要的经济合作关系，必须由领导亲自陪同，同时，要指派一名聪明、干练的助手作为导游负责人。把一切都安排得井井有条会显得接待单位更有气魄和风度。领导者个人一般不要自己去当导游先生。陪同参观的人不应多，以免影响其他工作。但所有陪同之人一定不能中途退场，否则会造成误解。如有特殊情况需离开时，必须婉转地向外宾解释清楚，擅自离开陪同队伍是十分无礼的举动。在陪同外宾参观时，一般是一边观看一边介绍情况。主要情况一定要由陪同的领导亲自来介绍。在介绍情况时，一定要简明生动、实事求是，不可吹嘘或夸大其词。如果给外宾留下虚伪印象，恐怕很难达成生意协议。在一路参观过程中，要提前向雇员说明，当外宾主动同我方雇员交谈、握手时，一定要热情相迎，不可拒之不理。在参观过程中，不要自己一味大侃不停，应时时照顾到客人的反应及情绪。当外宾提问时，尤其是提出一些尖锐问题时，一定要冷静、幽默地笑而相答，切勿流露出反感的情绪。对于一些原则性问题应慎重相告，不可随便答复。在陪同外宾参观的过程中，对那些因对个别之处感兴趣停留时间过长而落在后面的外宾一定要派专人照顾，以免冷落对方。

在参观的沿途和参观结束时一般都要拍照。在同外宾一起拍照时不能回避或躲闪，应大方自然地接受拍摄。在参观结束拍照留念时，主要领导应主动同外宾参观团中的主要负责人一起。

## (五) 礼品馈赠

在外事交往中，人们经常互相赠送礼品表示心意，增进友谊。应针对不同的对象选择不同的礼品。为表达心意而选择送礼品的适当时机是一门敏感性和寓意性都很强的艺术。

### 1. 赠送礼品的价值

赠送对方礼品的价值多少应根据具体情况而定。一般情况下，欧美等国家人们重视的是礼物的意义价值而非货币价值，他们仅把礼物看作是传递友谊和感情的手段。有时赠送很昂贵的礼品，对方会怀疑你是否要贿赂他或另有所图，因而心存戒备。所以可选择那些价值不太高而具中国特色的礼品，如景泰蓝礼品、玉佩、绣品、瓷器、字画等。

### 2. 礼品的选择

在确定礼品的价值范围后，具体礼品的选择则要根据对方的习俗和文化修养来判断。来自不同地区的人们，由于文化背景不同，其爱好和要求亦有所不同。如法国人爱花，但不喜欢别人送菊花，因为在法国菊花与丧事有关；日本人不喜欢有狐狸图案的礼品，因为日本人视狐狸为贪婪的象征。所以，在送礼品时要注意这些差异。与此同时，无论送什么礼品，都要加以美观大方的包装，否则就会令对方很不愉快。

### 3. 赠送礼品的时机

赠送礼品的时机视具体情况而定，但对于初次交往，各国人都不习惯送礼。一般我国在离别前赠送纪念品，英国人多在晚餐或看完戏之后赠送礼品，而法国人则喜欢重逢时馈赠礼品。若想给对方制造惊喜，亦可在开车前赠送或飞机起飞后由空中小姐代送等。总之，赠礼时机应因人因地而宜。

### 4. 接受礼品时的礼节

接受对方的礼物后要表示感谢，但要注意方式应有所不同。接受美国人的礼物，可当场打开，并表示你的欣赏与感谢；但对来自日本人的礼物，要等客人走后再打开，并写信或电话致谢。总之，不论采取何种方式，在接受对方礼物后都要向对方表示感谢。此外，当收到不宜接受的礼物时，应及时采取委婉的方式退还给对方。

## (六) 话别、送行

话别的主要内容有：一是表达惜别之意；二是听取来宾的意见或建议；三是了解来宾有无需要帮忙代劳之事；四是向来宾赠送纪念性礼品。饯别，又称饯行，指在来宾离别之前，东道主一方专门为对方举行一次宴会，以便郑重其事地为对方送别。为饯别而举行的专门宴会通常称为饯别宴会。在来宾离别之前，专门为对方举行一次饯别宴会，不仅在形式上显得热烈而隆重，而且往往还会使对方产生备受重视之感，并进而加深宾主之间的相互了解。送行，在此特指东道主在异地来访的重要客人离开本地之时，特地委派专人前往来宾的启程返还之处，与客人亲切告别，并目送对方渐渐离去。在接待工作中需要为之安排送行的对象主要有：正式来访的外国贵宾、远道而来的重要客人、关系密切的协作单位的负责人、重要的合作单位的有关人员、年老体弱的来访之人、携带行李较多的人士等，当来宾要求主人为之送行时，一般可以满足对方的请求。考虑为来宾送行的具体时间问题时，重要的是要同时兼顾下列两点：一是切勿耽误来宾的行程；二是切勿干扰来宾的计划。为来宾正式送行的常规地点通常应当是来宾返还时的启程之处，如机场、码头、火车站、长途汽车站等。倘若来宾返程时将直接乘坐专门的交通工具从自己的临时下榻之处启程，则亦可以来宾的临时下榻之处作为送行的地点，如宾馆、饭店、旅馆、招待所等。举行送行仪式的话，送行的地点还往往要选择宜于举行仪式的广场、大厅等。为来宾送行之际，对于送行人员在礼节上有着一系列的具体要求：一是要与来宾亲切交谈；二是要与来宾握手作别；三是要向来宾挥手致意；四是要在对方走后，自己才能离去。

# 任务3 部分国家的商务礼仪

任务目标：掌握商务人员与一些国家的商务人员交际时需要注意的一些问题。

**案例 8 - 3**

鞭 刑

1993 年，在新加坡旅游的美国人迈克·菲搞了一个恶作剧，在一辆私家车上喷洒油漆，然后又把西红柿、鸡蛋、奶酪等物扔到公共汽车上，并且砸坏了一辆车的车门和反照镜。不仅如此，他还偷盗了新加坡的国旗和公路上的一些交通设施。被抓住后，被一直以低犯罪率著称的新加坡政府视为十分严重的行为，构成犯罪，必须施以鞭刑来惩治。随后新方法院就判处迈克·菲四个月监禁，罚款 3500 美元，并鞭打 6 下，其中鞭刑属于附加刑。这个判决一公布，立即引起了美国人的恐慌，毕竟美国人被其他国家实施鞭刑是极不光彩的事。"刑，小人之刑也"，这早已刻在了废除鞭刑国家的国民的心里。克林顿总统立即会晤新方高层领导，在总统的说情下，鞭刑被降至 4 下。在行刑的第二天，克林顿总统还耿耿于怀，一直宣称这种用鞭刑惩处一个异乡人是"错误"的，然后，美国政府又向全国发出紧急通知，要求去新加坡旅游的人品性必须端正，没有不良前科。

**思考：**为什么新加坡坚持实施美国人认为是"错误"的刑法？在国际交往中我们应该遵循哪些原则？

随着国际商务交往的日益频繁，充分了解各国的商务礼仪会对商务工作大有裨益。

# 一、亚洲主要国家商务礼仪

## （一）韩国的商务礼仪

韩国是一个很注重礼节的国家，韩国人讲究长幼有序和礼貌谦让。

韩国商人重视初次见面时的印象。与韩国人首次会面时要穿正装。会面时韩国商人习惯握手，也会轻微鞠躬。韩国人的姓名通常有三个字，姓在前、名在后，可称其姓，但千万不可直呼其名。韩国有一半以上的人姓"金""李""朴"这 3 个姓，因此称呼其头衔是区分他们的一个好办法。

韩国人用餐时不可边吃边谈，用餐时不能随便出声，对这一餐桌的礼节如不遵守极可能引起反感而影响到谈判的成功。

进入韩国人的住宅或是韩式饭店时，不要将室外穿的鞋穿到屋里去，要换备用的拖鞋。

如应邀做客，要准备一束鲜花或小礼物给主人，并以双手奉上。

韩国商人与不了解的人士交往时需要一位双方都尊敬的第三者介绍，否则不容易得到对方的信赖。

韩国商人不喜欢直接说或是听到"不"，所以常用"是"字来表达否定的意思。韩国人忌讳"4"这个数字。与韩国商人相处时要避谈政治话题，可以多说其文化艺术的优秀可敬之处。

与韩国商人进行商务谈判时需要耐心，他们的谈判过程比较冗长，即使感觉十拿九稳的生意也不可在谈判中过于急促，鲁莽的直率会引起不快。按照习惯，首次见面的目的在于互相认识，建立信任感而不是确定交易。

到韩国商人的公司拜会，必须事先预约，会谈的时间最好安排在上午10：00～11：00，下午2：00～3：00。韩国商人喜欢单独见面。如果是集体见面，则我方高级成员应先进去，然后按级别进去，韩方人员可能已按级别高低列队迎候。

赠送礼品在与韩国人交往中占有重要地位。韩国人收送礼品都很有讲究，他们一般不能以钱作为礼品，这样很可能会冒犯对方。最适合的包装纸颜色是红色，礼品避免包装成三角形状，因为三角形带有不好的含义。

## (二) 日本的商务礼仪

日本人具有典型的东方风格，他们一般比较慎重、耐心而有韧性，有信心、事业心和进取心都比较突出。

日本人很注重礼仪和身份。与日本的商务人员打交道，要注意服饰、言谈、举止的风度。日本人注重礼节胜过其他各国，交谈中极力回避否定语，因此，"嗨"变成为日本人的口头禅。其实，这种语意只在表明他在倾听你的意见，没有其他的意思。

日方要求对方派出的商务活动人员（主要负责人）在年龄和职务上要与其基本一致。在日方看来，如果他们派出一位职务较高、年龄也较大的人员，而对方派出的是年轻人，则认为对方没有诚意或认为对方不太重视本次商务活动。

日本人有"当日事，当日毕"的习惯，生活节奏快，时间观念强，约定的时间一般都严格遵守，不会无故失约和延误。

日本商人在商谈中一般不正面或很少直截了当地回答问题，常使对方产生模棱两可的印象，甚至误会。

日本商人注重和谐的人际关系。他们很注意商务活动中的人际关系，参加日本商人的交易谈判就像参加文化交流会，如果有人开门见山直接进入商务问题而不愿展开人际交往，其很可能会处处碰壁，欲速则不达。

日本商人寸利必争，善于讨价还价。日本商人精于讨价还价，并且笑容可掬，有地位的日本商人十分注重谈话方式，以表现文化修养。日本人认为奇数表示吉祥，但也忌用"9"，他们不太喜欢偶数，尤其是偶数中的"4"忌用。此外"13""14""19""24""42"等数字也在忌讳之列。日本人还忌讳三人合影。

日本人没有相互敬烟的习惯。与日本人喝酒，不宜劝导他们开怀畅饮。日本人接待客人不是在办公室，而是在会议室、接待室。他们不会轻易让人进入机要部门。

送礼是日本人交际中的一项重要内容，即使是小小的纪念品，他们也会铭记于心，因为它不但表明诚意，而且也表明彼此交往已经超越商务界限。日本人不喜欢在礼品包装上系蝴蝶结，而常用红色的彩带包装礼品象征身体健康，不要给日本人送动物形象的礼品。

日本人对待名片较严肃。赠送或接受名片要用两只手，仔细地看上名片四五秒钟，庄重地把它放在会议桌上，然后过会儿虔诚地把它放进一个皮革（而不是塑料）制名片夹里。

## 二、欧洲主要国家商务礼仪

### （一）德国的商务礼仪

对工作严肃认真、一丝不苟是德国人的一大特点。他们在社交场合举止庄重，讲究风度。这不光体现在穿着打扮上，也体现在言语举止上。与德国人相处，你几乎看不到他们皱眉头等漫不经心的动作，因为这些举动在他们看来是对客人的不尊重，是缺乏教养的表现。

德国商人十分注重生意，讲究效益，按部就班，不太愿意冒风险。在他们看来，没有必要在谈判前就培养亲密的个人关系，友好的关系通常是在双方谈生意期间建立起来的。他们精于讨价还价，有时与德国人交谈，对方说话的声音会越来越响，或对一个争端性的问题毫无隐晦地发表见解甚至辩论，而且态度明确，一般强调自己方案的可行性，不太愿意向对手做较大让步，有时显得十分固执，没有讨价还价的余地。德国人办事谨慎而追求完美，在商谈时会将所有的细节完全研讨过，并完全确认感到满意之后才会签约。时间观念强是德国人的又一特点。一旦德国人约定时间，就宜按时到达，因为在他们的眼中，迟到或过早抵达都是不礼貌的表现。所以，在商务谈判中，宜先熟悉问题，然后单刀直入。他们视浪费为"罪恶"，讨厌浪费的人，一般人都没有奢侈的习惯。

德国人比较注重礼节形式，他们在待人接物上所表现出来的独特风格往往会给人以深刻的印象。

随着国际交往频繁，在德国社交场合与客人见面时一般行握手礼。与德国人握手时必须注意两点：一是握手要用右手，伸手动作要大方，且握手时务必要坦然地注视着对方；二是握手的时间宜稍长一些、晃动的次数宜稍多一些，握手时所用的力度宜稍大一些。

德国人重视称呼。一般情况下，切勿直呼德国人的名字，仅称其姓大多可行，或用"先生""女士"等称呼对方。在与客人打交道时，他们更乐于对方称呼他们的头衔，但他们并不喜欢听恭维话。与德国人交谈，切勿疏忽对"您"与"你"这两种人称代词的使用。称"您"表示尊重，称"你"则表示地位平等、关系密切。对德国人称呼不当，通常会令对方大为不快。与德国人交谈时，尽量用德语，或携带翻译同往。尽管大多数的德国商人会说一些英语，但使用德语会令对方高兴。

应邀到德国人家里做客最好带点礼品。按照德国送礼的习俗，送高质量的物品，即使礼物很小，对方也会喜欢。在德国不兴厚礼，可以送一些从中国国内带来的特产，如茶叶、酒、小吃，也可以送上一本画册或一幅中国国画或书法作品。德国人对礼品的包装纸特别讲究，忌用白色、黑色或咖啡色的包装纸，更不要使用彩带系扎礼品。去德国人家里，鲜花是送给女主人的最好礼物，但必须要单数，一般5朵或7朵即可，但不宜选择玫瑰或蔷薇，因为前者表示求爱，后者则专用于悼亡。

德国人一般不会约在晚上与客人见面，因为在他们看来，晚上是家人团聚的时间。在德国，人们忌讳"13"这个数字，要是 13 日碰巧又是个星期五，人们会特别的小心谨慎。

德国商人大多会把决定性的谈判内容安排在约定的会谈时间内完成，而不是推到吃饭时接着谈。在德国，通常谁提出邀请，就由谁支付餐费。如想邀请德国商业伙伴到中国，一定要明确表达负担哪些费用，否则对方会误解成你也同时负担他来华旅费和住宿费用。

## (二) 俄罗斯的商务礼仪

俄罗斯人很注重服饰，外出时不扣好扣子或者将外衣搭在肩上会被认为不文明的表现。俄罗斯公共场所都设有衣帽间，进门后必须把大衣、帽子、围巾存放到衣帽间，否则将被视为无礼。

俄罗斯人的姓名，通常由本名、父名、姓氏三节构成。别人介绍的时候，会在名字的第二个字之前而不是第一个字之前加上头衔。以后，你可以用名字的第一个字加上父姓来称呼他，但是要等到你的谈判对象暗示你可以的时候再用。

在社交场合，一般以握手礼最为普遍。握手时应脱掉手套，站直或上体微前倾，保持一步左右的距离。若是许多人同时互相握手，切忌形成十字交叉形。亲吻也是俄罗斯人常用的重要礼节。在比较隆重的场合，男人要弯腰亲吻女子的右手背。

俄罗斯商人一般在初次见面时不轻易交换名片。进入客户会客室后，要等对方招呼才能入座。吸烟应看当时的环境并征得主人的同意才行，若是主人主动敬烟则另当别论。

商务谈判上，俄罗斯商人固守传统，缺乏灵活性。在进行正式洽商时，他们喜欢按计划办事，如果对方的让步与他们原来的具体目标相吻合，容易达成协议；如果有差距，他们让步特别困难。他们特别重视谈判项目中的技术内容和索赔条款。在谈判中要配置技术方面的专家。同时要十分注意合同用语的使用，语言要精确，不能随便承诺某些不能做到的条件。对合同中的索赔条款也要十分慎重。

应邀去俄罗斯人家里作客时可带上鲜花或烈性酒，送艺术品或图书作礼品是受欢迎的。每年的 4~6 月是俄罗斯人的度假季节，不宜进行商务活动。同时商务活动还应当尽量避开节假日。

## (三) 法国的商务礼仪

法国人初次见面时一般不需送礼，第二次见面则必须要送礼物，否则会被人认为是失礼的。在法国从事商务活动宜穿保守样式西装。访问前，绝对要预约。客人在拜访或参加晚宴时，要送鲜花给主人，送花要送单数，但不可以送不吉利的"13"。

法国商人在谈了一半的时候就会在合同上签字，但也许明天又要求修改。这一点令对手觉得头疼。在尚未成为朋友之前，法国人不会跟你成交大宗买卖的。

法国商人在公务之余的交际几乎不会有在晚上被邀或邀请对方在外面举行宴会的。家庭宴会是最隆重的款待，但无论是家庭宴会或午餐招待，都不会被看成是交易的延伸。因此当我方要招待时，如果被对方发现有利用交际而促使商谈能够顺利进行的意图的话，他们马上会断然拒绝。

当你和法国商人谈判时，即使他们的英语讲得很好，他们也会要求用法语进行谈判。在这点上他们很少会让步。除非他们恰好在国外而且在生意上对你有所求。

在正式宴会上，往往有一种习俗就是主客身份越高，他或她就来得越迟。因此，如果有人邀请你出席有公司总经理参加的宴会，你可以预见他肯定会晚到，并且宴会总要推迟半小时。但是你必须严守时间，迟到将不会被原谅。

法国人穿着极为讲究，在会谈时尽可能穿上高档次的品牌服装。

每年的8月大多数法国人都要度假，所以洽谈生意或者出国访问尽量避开这个时期。法国人忌讳黄色的花，认为这是不忠诚的表现；忌送香水等化妆品给法国女士，因为它有过分亲热或图谋不轨之嫌。法国人喜欢有文化修养和美学素养的礼品，如唱片、艺术画册等。他们非常喜欢名人传记、历史书籍、回忆录等礼品。

## （四）英国的商务礼仪

英国人崇尚"绅士风度"和"淑女风范"，讲究"女士优先"。英国商人会在开始时保持一段距离，然后才慢慢接近，这种人际关系的建立并非出于慎重，而是因为怕羞。但是，在遇到决策时，他们也会毫不犹豫地做出决定；遇到有纠纷时，他们也不会轻易地道歉，他们自信自己的所作所为是完美的。

英国人在与客人初次见面时的礼节是握手礼，不像东欧人那样常常拥抱。随便拍打客人被认为是非礼的行为，即使在公务完结之后也如此。

英国人衣着讲究，好讲派头，出席宴会或晚会时习惯穿黑色礼服，衣裤须烫得笔挺。与英国人交往要尽量避免感情外露。受到款待一定要致谢，事后致函表示谢意，更能引起注意，赠送小礼品能增加友谊。

在英国经商，必须遵守信用，答应过的事情必须全力以赴不折不扣地完成。谈生意时态度需保守、谨慎。初次见面或在特殊场合，或者是表示赞同与祝贺时才相互握手。在英国，不流行邀请对方吃饭谈生意。一般来说，他们的午餐比较简单，对晚餐比较重视，视晚餐为正餐。

若受邀到英国人家里做客，需要注意，如果是一种社交场合，不是公事，早到是不礼貌，女主人要为你做准备，你去早了，她还没有准备好，会使她难堪。最好是晚到10分钟。在接受礼品方面，英国人和我国的习惯有很大的不同。他们常常当着客人的面打开礼品，无论礼品的价值如何，或是否有用，主人都会给以热情的赞扬表示谢意。

商务交往中，英国商人重交情，不刻意追求物质，一副大家的作风。对于商务谈判，他们往往不做充分的准备，细节之处不加注意，显得有些松松垮垮。但英国商人很和善、友好、容易相处。因此，遇到问题也易于解决。英国商人好交际、善应变，有很好的灵活性，对建设性的意见反应积极。

到英国从事商务活动要避开7月和8月，这段时间工商界人士多休假。另外，在圣诞节、复活节也不宜开展商务活动。

英国人非常忌讳"13"这个数字，认为这是个不吉祥的数字。日常生活中英国人也尽量避免"13"这个数字，用餐时，不准13人同桌，如果13日又是星期五的话，则认为这是双倍的不吉利。在英国不能手背朝外，用手指表示"二"，这种V形手势是蔑视别人的一种敌意做法。

### 三、美洲主要国家商务礼仪

#### (一) 美国的商务礼仪

美国人性格外向、热情直爽、不拘礼节、追求实际，他们在礼仪中存在着许多与众不同之处。

美国商人喜欢表现自己的不正式、随和与幽默感。经常说几句笑话的人往往易为对方接受。美国商界流行早餐与午餐约会谈判。当你答应参加对方举办的宴会时，一定要准时赴宴，如果因特殊情况不能准时赴约，一定要打电话通知主人，并说明理由，或者告诉主人你什么时间可以去。赴宴时，当女士步入客厅时，男士应该站起来，直到女士找到了位子你才可坐下。美国社会有付小费的习惯，凡是服务性项目均需付小费。

应邀去美国人家中做客或参加宴会最好给主人带上一些小礼品，如化妆品、儿童玩具，本国特产或烟酒之类。美国人不太计较礼物贵重，但却很讲究包装。给美国人送礼时不要送双数，他们认为单数是吉祥的。除节假日外，应邀到美国人家中坐客甚至吃饭不必送礼。对做家中的摆设，主人喜欢听赞赏的语言，而不愿听到询问价格的话。

美国人不重视"地位"，尤其是社会地位。大多数美国人都不愿意自己因年龄或社会地位的关系而特别受人尊敬，这样会令他们觉得不自在。许多美国人甚至觉得"先生""太太""小姐"的称呼太客套了。不论年龄，大家都喜欢直呼其名。

美国人做生意喜欢开门见山、明确答复。当无法接受美国商人提出的条款时，要坦白相告，不要含糊其辞。谈判时，不要指名批评某人或者贬低处于竞争关系的公司的缺点。

美国人忌讳"13""3""星期五"。认为这些数字和日期都是厄运和灾难的象征。他们还忌讳有人在自己的面前挖耳朵、抠鼻孔、打喷嚏、伸懒腰、咳嗽等，他们认为这都是不文明的，是缺乏礼教的行为。若喷嚏、咳嗽实在不能控制，则应避开客人，用手帕掩嘴，尽量少发出声响，并要及时向在场的人表示歉意。

#### (二) 加拿大的商务礼仪

加拿大是世界上驰名的"枫叶之国"。加拿大人的生活习性包含着英、法、美国人的综合特点。加拿大人性格乐观、友善和气、喜欢说笑，被喻为是世界上"永不发怒的人"。

在加拿大从事商务活动，首次见面一般要先作自我介绍，在口头介绍的同时递上名片。加拿大人喜欢别人赞美他的衣服或是向他请教一些加拿大的风俗习惯及旅游胜地。在商务谈判中，要集中精力，不要心不在焉。在正式谈判场合，衣服要整齐庄重。加拿大人有较强的时间观念，他们会在事前通知你参加活动的时间。

加拿大商人崇尚办事立竿见影。与加拿大商人谈判时，切忌绕圈子、讲套话。谈话时，切忌把加拿大和美国进行比较，尤其是拿美国的优越方面与他们相比。切忌询问加拿大客户的政治倾向、工资待遇、年龄以及买东西的价钱等诸如此类的事情。他们会认为这些都属于个人的私事。切忌对加拿大客户说"你长胖了""你长得胖"。由于加拿大商人没闲心锻炼身体所以偏胖，因而说上面那样的话他们会认为带有贬义。

　　按照加拿大商务礼俗，宜穿保守式样西装。一般而言，加拿大商人颇保守，大部分招待会在饭店和俱乐部举行。如果应邀去加拿大人家里做客，可以事先送去或随身携带一束鲜花给女主人。但不要送白色的百合花，在加拿大，白色的百合花只有在葬礼上才用。

　　邀请加拿大商人赴宴，切忌请他们吃虾酱、鱼露、腐乳和臭豆腐等有怪味、腥味的食物；忌食动物内脏和脚爪。切忌在自己的餐盘里剩食物，他们认为这是一种不礼貌的行为。与加拿大商人交往时，应注意送的礼品不可太贵重，否则会被认为在贿赂对方。切忌送带有本公司广告标志的物品，他们会误认为这不是通过送物品表达友谊，而是在做广告。

　　出席商务性宴会，如果对方请柬上注明"请勿送礼"，那你请遵照主人的意见，不要携带礼品出席宴会。

## 项目小结

　　涉外礼仪是商务人员涉外交际必须掌握的知识，是对外交际的必要部分。本项目分为三个任务：主要讲述了出国访问礼仪、接待外宾礼仪和部分国家的商务礼仪。无论是出国访问还是在国内接待外宾，希望学生们通过本项目的学习能够掌握正确的涉外交际礼仪，使以后的对外交际能够顺利地完成。

## 项目实训

### 实训目标

通过实训，使学生了解涉外商务事务中的接待礼仪，熟悉接待工作中的具体事务及注意事项，能够灵活、得体地接待来访宾客。

### 场景设置

A 是某公司的总经理，他负责带领公司的营销经理 B 和项目经理 C 以及销售经理 D 接待来南昌参加交流会的法国客人 E 及其同事 F 和 G 一行三人，他将如何做好接待事务？

### 实训步骤

（1）教师介绍本次实训的内容及模拟实训场景。

（2）教师示范讲解涉外礼仪及注意事项。

（3）根据场景将学生按 7 人一组分组。

（4）确定实训角色：A 为某公司总经理；B 为某公司营销经理；C 为某公司项目经理；D 为某公司销售经理；E 为法国某公司总经理；F 为法国某公司采购经理；G 为法国某公司财务人员。

（5）分组模拟实训。

（6）教师点评。

### 效果评价（见表 8 - 1）

**表 8 - 1**　　　　　　　　　　**涉外礼仪效果评价表**

姓名：　　　　　　　　　　　　　　　　　　　　　　　　　时间：

| 考核项目 | 考核内容 | 分值 | 小组评分（50%） | 教师评分（50%） | 实得分 |
|---|---|---|---|---|---|
| 涉外礼仪 | 接待身份相当 | 10 | | | |
| | 提前到达接待现场 | 10 | | | |
| | 接站标志醒目 | 10 | | | |
| | 介绍热情、标准 | 10 | | | |
| | 送礼礼仪 | 10 | | | |
| | 尊重对方风俗习惯 | 10 | | | |
| | 表情礼仪 | 5 | | | |
| | 仪态礼仪 | 10 | | | |
| | 着装礼仪 | 10 | | | |
| | 仪容礼仪 | 5 | | | |
| | 言语礼仪 | 10 | | | |
| 合计 | | 100 | | | |

注：考评满分为100分，60~70分为中等，81~90分为良好，91分及以上为优秀。

教师签名：

# 参考文献

1. 张文. 求职礼仪 [M]. 华南理工大学出版社, 2000.
2. 周裕新. 求职上岗礼仪 [M]. 同济大学出版社, 2006.
3. 王颖, 王慧. 商务礼仪 [M]. 大连理工大学出版社, 2007.
4. 孔晓莉, 李巧玲. 现代职业礼仪 [M]. 中国地质大学出版社, 2011.
5. 余忠艳, 李荣建. 现代商务礼仪 [M]. 武汉大学出版社, 2007.
6. 窦吉. 面试时, 学会展示自己 [J]. 成才与就业, 2005 (9).
7. 王晓. HR 高手教你面试技巧 [J]. 劳动保障世界, 2007 (7).
8. 金正昆. 商务礼仪教程 [M]. 中国人民大学出版社, 2005.
9. 金正昆. 涉外礼仪教程 [M]. 中国人民大学出版社, 2010.
10. 李惠中. 跟我学礼仪 [M]. 中国商业出版社, 2002.
11. 何秉尧等. 魅力礼仪 [M]. 人民出版社, 2008.
12. 任之. 教你学礼仪 [M]. 当代世界出版社, 2003.
13. 赵颖梅. 现代人完全礼仪手册 [M]. 海南出版社, 2002.
14. 李莉. 实用礼仪教程 [M]. 中国人民大学出版社, 2004.
15. [加] 英格丽. 修炼成功 [M]. 中国发展出版社, 2003.
16. 杨向奎. 礼的起源 [J]. 孔子研究, 1986 (创刊号).
17. 蒋璟萍. 礼仪的伦理学视角 [M]. 中国社会科学出版社, 2007.
18. 易银珍, 蒋璟萍等. 女性伦理与礼仪文化 [M]. 中国社会科学出版社, 2006.
19. 金正昆. 实用商务礼仪 [M]. 中国人民大学出版社, 2009.
20. 杨丽. 商务礼仪 [M]. 清华大学出版社, 2010.
21. [美] 惠特摩尔著, 姜岩译. 商务礼仪 [M]. 中央编译出版社, 2010.
22. 吕维霞, 刘彦波. 现代商务礼仪 [M]. 对外经济贸易大学出版社, 2006.
23. 许爱玉. 现代商务礼仪 [M]. 浙江大学出版社, 2006.
24. 徐汉文. 商务礼仪实训 [M]. 东北财经大学出版社, 2010.
25. 李波. 商务礼仪 [M]. 中国纺织出版社, 2006.
26. 杜明汉. 商务礼仪·理论、实务、案例、实训 [M]. 高等教育出版社, 2010.
27. 张兰平, 罗元. 商务礼仪实训指导 [M]. 化学工业出版社, 2010.
28. 张宏亮, 陈琳. 商务礼仪与实训 [M]. 北京大学出版社, 2009.
29. 史锋. 商务礼仪 [M]. 中国科学技术大学出版社, 2006.
30. 罗树宁. 商务礼仪与实训 (第二版) [M]. 化学工业出版社, 2012.
31. 杨再春, 陈方丽. 商务礼仪实训教程 [M]. 清华大学出版社, 2010.